El vacío del alma

que solo Dios
puede llenar

Miguel Contreras López Araiza

Editorial CLIE
www.clie.es

EDITORIAL CLIE
C/ Ferrocarril, 8
08232 VILADECAVALLS
 (Barcelona) ESPAÑA
E-mail: clie@clie.es
http://www.clie.es

EL VACÍO DEL ALMA QUE SOLO DIOS PUEDE LLENAR
ISBN: 978-84-17620-73-8
Depósito Legal: B 23538-2022
Vida cristiana
Memorias personales
REL012170

Impreso en Estados Unidos de América / *Printed in the United States of America*

Acerca del autor

MIGUEL CONTRERAS LÓPEZ ARAIZA, nacido en México, es Director del ministerio –en español– de radio y publicaciones del Pastor John MacArthur desde el año 2000. Fue Director de Programación de la Red de Radiodifusión Bíblica en Charlotte North Carolina; Director para Latinoamérica de Trans World Radio Internacional en la Isla de Bonaire. Es Master en Ministerio Bíblico (MMB) por The Masters Seminary (TMS). Licenciado en Administración de Empresas por el Instituto Tecnológico Autónomo de México (ITAM). Miembro del National Religious Broadcasters (NRB). Escritor de varios ensayos y estudios en Biblia y Teología. Se une a su experiencia en la radio, su aportación y empeño por capacitar líderes y pastores para ser mejores predicadores. Su pasión por el deporte lo llevó a organizar cinco expediciones montañistas, con la conquista del Aconcagua en Argentina y el Huascarán en Perú. Casado con Lupita, tienen tres hijos y nueve nietos.

Índice

Agradecimientos

Quiero dedicar este libro con todo cariño y en primer lugar a mi amada compañera de juventud, la madre de mis tres hijos y la abuela de mis nueve nietos, Lupita, quien me ha acompañado con su amor, dulzura, cuidados y consejo por casi cincuenta años. A mis queridos hijos, Luis Miguel, Gabriela y Rodrigo; a Robin, Jacqueline y Burt, mis nueras y yerno; y a mis nietos, Olivia Sofía, Rodrigo Natán, Caleb Talbot, Andrew Michael, Ana Gabriela, Alexandra Lousia, Robert Thomas —quien ya está con Dios—, Bennett Tousant y María José, como también al más pequeño de todos (hasta ahora), Tanner Burton, y a aquellos nietos que, Dios mediante, pudieran venir a este mundo. Y deseo aprovechar para incluir en esta dedicatoria a mis queridos hermanos de sangre que tanto amo, a José Manuel y Jorge Eduardo, a mis queridas hermanas, Ligia, Claudia, y desde luego a Martha, Irma y Lourdes. Y, por último, pero no por ello menos importante, quiero con estas líneas honrar a quienes, con su amor, cuidados, disciplina y consejo me llevaron de la mano en mi niñez y juventud, a mis queridos padres Conchita y Manuel, que ya partieron de esta vida.

Creo también que esta es una excelente oportunidad, una de esas ocasiones especiales, para traer a la memoria un apoyo muy importante, y también el valor del consejo de otros para llevar a feliz término un proyecto como este. Es natural la tendencia a observar de cerca y analizar con detalle la vida y la congruencia de ciertas personas de nuestro entorno. Y hay, por lo tanto, una persona a la que debo darle las gracias por su ejemplo y consejo, porque fue quien, sin siquiera saberlo, me motivó para trabajar en este libro. Él no me dijo "escribe un libro"; tampoco sabe que su vida y la necesidad que he tenido por dar a conocer la obra de Dios en mí fueron usadas para ser un detonador del inicio y la culminación de este esfuerzo. Entiendo que a un teólogo le corresponde la tarea de explicar en detalle las verdades y las respuestas a las preguntas a partir de lo que dice la Biblia, y todo esto constituye la identidad de un cristiano. Doy el reconocimiento y la gratitud más amplia a John MacArthur como el más fiel, claro y profundo expositor de la Palabra de Dios en estos tiempos. Con su estudio y predicación, su fidelidad y liderazgo, no solo ha sido un gran ejemplo para mi vida diaria, sino además un hombre a imitar. Trabajar en los últimos más de veinte años de mi vida dentro del ministerio de radio y publicaciones de John MacArthur, *Grace to You*, ha sido el más grande privilegio y experiencia que jamás he tenido, por lo que vivo profundamente agradecido. A través de mi responsabilidad en la coordinación de los esfuerzos para llevar la enseñanza bíblica al mundo de habla hispana, mi vida, la de mi esposa y la de toda mi familia ha sido enormemente bendecida y llevada al crecimiento espiritual como resultado de estar expuestos a la Palabra de Dios de manera seria y profunda. Y no solo mediante la enseñanza, sino también gracias al ejemplo de John, cuyo testimonio, tanto lo que predica como lo que vive, es congruente.

Finalmente, quiero dar las gracias a quienes, con su tiempo y esfuerzo, han colaborado conmigo en el formato final, la revisión, edición y tipografía, como así también en la lectura del documento para llegar a la conclusión del libro. Doy gracias a Lupita por su lectura esmerada y comentarios objetivos a lo que he escrito. A Alan Quinones, fiel siervo de Dios que puso sus talentos en la edición de este libro, y finalmente, a Jessica Fonseca, dedicada a la integración y el orden del material. Y a todos aquellos que me alentaron de diferentes formas para que llevara a feliz término este libro.

Prólogo

Uno de los más conocidos y destacados ensayos del gran filósofo español Miguel de Unamuno, publicado en 1913, incluido por la Iglesia católica romana en su *Index librorum prohibitorum* por decreto del Santo Oficio al final del papado de Pio XII (1957), lleva por título *Del sentimiento trágico de la vida en los hombres y en los pueblos*, aunque sea más conocido simplemente como *Del sentimiento trágico de la vida*.

En sus páginas, el insigne rector de la Universidad de Salamanca, influenciado por el pesimismo existencial de Søren Kierkegaard, vertebra una epistemología de fe agónica que oscila en constantes analogías entre el quijotismo utópico del Caballero de la triste figura y el fanatismo ciego encarnado en la persona de Ignacio de Loyola, fundador de la Compañía de Jesús. Sus conclusiones sobre el sentido de la vida, aunque esperanzadas, no resultan para el lector muy reconfortantes. Recordemos las palabras finales de su reflexión:

> ¿Cuál es, pues, la nueva misión de Don Quijote hoy en este mundo? Clamar, clamar en el desierto. Pero el desierto oye, aunque no oigan los hombres, y un día se convertirá en selva sonora, y esa voz solitaria que va posando en el desierto como semilla, dará un cedro gigantesco que con sus cien mil leguas cantará un hosanna eterno al Señor de la vida y de la muerte.
>
> Y vosotros ahora, bachilleres Carrascos del regeneracionismo europeizante, jóvenes que trabajáis a la europea, con método y crítica...

científicos, haced riqueza, haced patria, haced arte, haced ciencia, haced ética, haced o más bien traducid sobre todo Kultura, que así mataréis a la vida y a la muerte. ¡Para lo que ha de durarnos todo!

El presente ensayo autobiográfico, escrito por Miguel Contreras López Araiza—*El vacío del alma que solo Dios puede llenar*— gira, cabe decir, en torno al mismo tema:

Es en el alma donde se encuentra la esencia de la vida del hombre, la parte espiritual. [...] Luego, en la vida de todos los días, el vacío del alma es el vacío que nos otorga la desnudez de nuestros egos. Un vacío que nos despoja del materialismo; a pesar de tener posesiones, sentimos como si no tuviéramos nada. Es un vacío que no sabemos cómo llenar, y eso resulta demoledor, nos rompe, nos inunda.

Vivir, sentir el vacío en el alma, como yo lo viví, es experimentar la nada y la oscuridad, desde lo más hondo del ser. Es un descenso hacia una profundidad que no parece tener fin. Hubo momentos en los que viví en la nada oscura, en una sensación que arrasa por dentro. Es una experiencia que aprisiona, ata, desgarra y ahoga.

También él, en similitud a los dos personajes analizados por Unamuno, antes de tomar el camino de Dios, ansiaba llenar su vida con la gloria y el renombre humano:

Durante mucho tiempo intenté buscar la razón de mi desasosiego. Llegué a pensar que yo simplemente no estaba hecho para sentir algunas cosas y que esta falta de sentimiento era el motivo. Busqué de manera ligera en la religión católica romana, en las prácticas de la masonería, en la fiesta mundana, en la actividad deportiva de alto rendimiento, teniendo claros logros. En la música, al tocar un instrumento o aficionarme por diferentes géneros musicales. Al incursionar en la política, o buscando posiciones profesionales de diferente índole. Busqué cualquier motivo o actividad para llenar ese vacío. Pero mi alma se mantenía igual. Vivía engañándome a mí mismo. Buscaba poder, dinero, éxito y posición social, o un estatus y vida que me hicieran sentir diferente y lleno, pero al final todo era "vanidad" y vacío. [...] Mi orgullo crecía y la felicidad era solo el resultado de un momento. Era pasajera y, más que llenar el vacío de mi alma, aumentaba la frustración. Mi vacío se hacía más profundo.

Pero su experiencia espiritual lo lleva por otros derroteros:

Escribo como un convertido al cristianismo bíblico por la gracia de Dios, a través de la fe y los méritos de Jesucristo. Casi me atrevería a decir que este libro no es más que un compendio explicado en el que se recoge parte de la historia de mi vida, pero, sobre todo, los cambios que Dios ha ido ejerciendo en ella por su gracia. Y también la forma en la que Dios ha resuelto problemas difíciles en mí, al sacarme de los más profundos escollos que suele vivir un hombre al que Dios le ha cambiado su mundo humano —un mundo que tiene valor, el espiritual y, sobre todo, el futuro eterno. Es un libro que explica los aspectos prácticos de la obra de Dios en el alma que él transforma y cómo son expresados en la Biblia. También escribo sobre la forma en la que Dios me hizo diferenciar entre una vida de egocentrismo, anhelo de materialismo y logros deportivos, y una vida en el mundo con el propósito de vivir para Él. He podido entender la verdad a los ojos de Dios y cómo es que la existencia se convierte en una vida con sentido, para que, por otra parte, las pruebas y el sufrimiento nos den fortaleza, crecimiento y madurez. También hago notar lo que realmente es la fe de un hombre cuando su corazón ha sido regenerado.

En consecuencia, sus conclusiones son distintas:

Hoy, con el alma llena, he aprendido a reconocer mis errores, a mortificar mi pecado. También incluyo esto, porque a diario debo vivir alimentado de lo que su Palabra dice para que mi fe crezca y sea fortalecida. […] Estoy muy lejos de ser la persona que Dios quiere que sea. Dios llenó el vacío de mi alma, no por lo que yo era, sino por lo que Él quiere que yo llegue a ser. Mis deseos, así como mis motivos, están en el camino que lleva a su voluntad en la vida diaria, al buscar aplicar los principios que describen el andar de un hombre que teme a Dios y busca obedecerlo.

Contreras sustituye las palabras inquietantes con las que el gran filósofo español cierra —en un toque de incertidumbre— su magistral ensayo sobre el sentido de la vida, en el que decía al lector "¡Y Dios no te dé paz y sí gloria!", por la afirmación certera y contundente del salmista: "Con tu consejo me guiarás, y después me recibirás en gloria" (Sal. 73:24; NBLA).

Va narrando a lo largo de los capítulos que estructuran la obra sus vivencias personales en un lenguaje comunicativo, dinámico y fácil de leer, en un estilo que engancha. Y apuntalando a su vez, con notable acierto, cada una de sus conclusiones mediante pasajes de la Escritura y citas de otros autores, tanto clásicos como modernos. Página tras página, desfilan con brutal sinceridad tanto sus éxitos como también sus fracasos, sus retos, sus victorias y derrotas; se centra particularmente en la forma maravillosa en la que Dios utilizó cada suceso para modelar su carácter y llenar su alma.

Desde los gélidos picos del Aconcagua y otras cumbres alpinas coronadas en su época de montañista que representaba a su país natal (México), pasando por las facetas intrigantes del mundo de la política, con sus habituales traiciones y decepciones, por el frenesí competitivo de los despachos ejecutivos de grandes multinacionales, por las aventuras y decisiones difíciles, ya como creyente, en su época de colaborador de Radio Trans Mundial, hasta alcanzar finalmente su posición actual como coordinador del programa radial *Gracia a vosotros*, sus experiencias se desenvuelven en escenarios variopintos y a menudo extremos, de los cuales sabe extraer hábilmente importantes lecciones espirituales. Todo esto convierte a este libro en un híbrido singular que abarca los géneros de testimonio personal, motivación, consejería y formación bíblico-teológica.

Elevamos, pues, nuestra oración para que el Altísimo tenga a bien convertir estas páginas llenas de sinceridad personal y fe inquebrantable en una herramienta escogida para guiar a muchas almas que, atrapadas en ese vacío del alma, viven desasosegadas por el sentimiento trágico de la vida, hasta la fuente de la vida eterna.

Eliseo Vila
Presidente de Editorial CLIE
Terrassa (Barcelona), marzo de 2022

Introducción

Por muchos años viví con el alma vacía. Y no entendía por qué Dios me cuidó y permitió que disfrutara la vida. Hoy, con el alma llena, sé que fue como resultado de su perfecta soberanía. Todo lo que fui y soy se lo debo a Él. Por otra parte, entiendo que son muchos mis privilegios sirviendo a Dios dentro del ministerio y compartiendo su Palabra por más de treinta años, principalmente al mundo de habla hispana. Esta amplia tarea me ha llevado a reflexionar acerca de mi realidad como hijo de Dios y la forma como el Señor ha hecho progresar mi entendimiento de su persona y su Palabra.

Al mismo tiempo, he podido ser testigo del fracaso de una vida sin Cristo. El rey Salomón fue un hombre de corazón "sabio y entendido" (1 R. 3:7-12). Él ganaba renombre cada vez que tomaba alguna decisión. Pero lo que más ha cautivado mi atención al estar escribiendo este libro y meditando en la literatura de este tema es que la palabra clave en los escritos de Salomón en el libro de Eclesiastés es "vanidad" (1:2, 14; 2:1, 11, 15, 17, 19; 3:19; 4:4; etc.). El autor relata el intento fútil de poder lograr satisfacción independientemente de Dios. Y me he identificado ampliamente con sus conceptos y conclusiones. Cuando todas las metas, objetivos y ambiciones que este mundo ofrece son buscadas como un fin en sí mismo, lo único que producen es precisamente el vacío del alma: vanidad.

Salomón repetidamente preguntó: "¿Qué provecho tiene el hombre de todo su trabajo?" (Ec. 1:3; 2:24; 3:9). De esta forma, el sabio rey meditó acerca del dilema de la vida. Y es el mismo dilema con el que yo me encontré una y otra vez por muchos años al buscar anhelantemente llenar el vacío de mi alma con lo que este mundo ofrece. Así como Eclesiastés mantiene un equilibrio entre "disfruta la vida" y el "juicio divino", yo también he tratado de lograrlo, como lector y escritor, a través del enlace seguro de la fe.

Cuando el alma está vacía, se sufre por tratar de vivir la vida sin tomar en cuenta el temor a Dios y su juicio. Este es el camino de la desobediencia. Solo por su gracia finalmente pude entender lo importante que es la obediencia a los principios de Dios y su plan soberano para mi vida. El resultado de mis actos y experiencias personales a través de los años, junto con el entendimiento de la sabiduría que Dios posee, me hicieron escribir este libro.

En Eclesiastés, todo hijo de Dios es advertido y llevado a crecer en la fe (cf. 2:1-26). Si nos damos cuenta de que hemos recibido todo lo que tenemos, hasta en el mínimo detalle está la provisión como regalo inmerecido de Dios. Al aceptarlo de su mano, vivimos una vida abundante, reconocemos que todo proviene de Dios. Juan 10:9-10 dice: "Yo soy la puerta; el que por mí entrare, será salvo; y entrará, y saldrá, y hallará pastos. El ladrón no viene sino para hurtar y matar y destruir; yo he venido para que tengan vida, y para que la tengan en abundancia". Este texto describe el motivo por el que Jesucristo vino a este mundo para hacer su obra de salvación, dando su vida en la cruz. Pero si alguien busca estar satisfecho fuera de Dios, entonces vivirá con el vacío del alma, independientemente de lo que acumule. Ese vacío del alma se tiene desde que uno nace hasta que Dios en su plan soberano lo llena. Entonces la vida es transformada. Hoy entiendo que lo más importante es la certeza de la eternidad al lado de Dios.

En este libro salteo abruptamente la primera fase de mi vida —la que tiene que ver con mi niñez, juventud y estudios generales—; no entro en mayores detalles al respecto. Después llego hasta la época de mi desarrollo profesional, de mi vida y matrimonio y lo que a la fecha sigo haciendo. Sí, cubro desde luego experiencias, historias y anécdotas, con problemas que ilustran la diferencia que hace el vivir con el alma vacía, pero, sobre todo, describo la etapa que ahora disfruto. La que tiene que ver con tener el alma llena de Dios y la clara diferencia que existe entre esta vida y el alma vacía. Esta parte de mi vida es esencialmente el motivo de este libro. Es aquí donde se encuentra el cambio fundamental de mi manera de pensar y actuar. El cambio que ha dado sentido real, razón y propósito a todo lo que hago.

El objetivo principal de este libro es explicar los hechos precisos que Dios ha llevado a cabo en mi historia. Él sigue tratando conmigo y seguramente lo hará hasta que yo parta de esta vida para estar a su lado eternamente.

Entiendo también la necesidad de integrar mis pensamientos e ideas a lo más importante, lo espiritual. Entonces busco mostrar algo de la historia de mi pasado y su entorno, y explicar con convicción clara lo que creo, y la diferencia entre lo que no veía y cómo puedo ver hoy.

El día 14 abril del año 2014, cumpleaños de mi querida esposa Lupita, nació mi interés por escribir este libro. Asumo que cuando se escribe un libro necesariamente se busca desarrollar un tema. Entonces me pregunté: ¿qué puedo aportar? Debo aclarar, como dijo Carlos Loret de Mola, que "redacto, no escribo, porque desde hace una década mi maestro Eleazar Franco me reprendió diciendo: 'Escriben Carlos Fuentes y García Márquez, nosotros redactamos'".[1] Entonces, lo que me motiva de manera especial es dejar "redactado" en un libro el plan de Dios a través de Cristo para la humanidad, con atención a lo que Dios ha hecho en mí.

En este proceso de poner ideas en orden y de preguntarme qué puedo aportar, puedo ver hombres y mujeres que son sensibles. Actores, pintores, músicos, cantantes, escritores y compositores, cuya capacidad y arte ofrecen al mundo parte de sí mismos a través de su expresión, y finalmente aportan a la cultura y al conocimiento, o simplemente brindan entretenimiento. Ellos nos ayudan a quienes apreciamos su arte. Ellos nos dan parte de sí mismos a través de esas manifestaciones. Nos hacen disfrutar de Dios a través del arte que crean, mediante los mismos talentos que Él les ha dado.

Hablé con Lupita, entonces, en diferentes ocasiones, y le comenté sobre mi deseo de trabajar en este libro. Le comenté que quería dejar escritas las vivencias que me han enriquecido de diferentes maneras. Estoy seguro de que habrá personas que se identifiquen conmigo y quizá puedan llegar a vivir también experiencias similares, en cuanto al camino y la obra de Dios para llenar su alma. Pero al poner la idea concreta en perspectiva, confieso que he tenido cierta incertidumbre, provocada por el hecho de haber escrito muy poco. La mayor parte han sido reportes burocráticos, algunos ensayos, algún que otro documento técnico y proyectos, muchos estudios y trabajos requeridos en el seminario teológico. También sermones sobre diferentes temas o libros de la Biblia expuestos en diferentes oportunidades y países a través de los años. Pero no he escrito nada para ser publicado como libro, y esto me aterra.

Sin embargo, decidí hacerlo. También he incluido experiencias y vivencias que a mi entender pueden contarse a través de un libro. Entiendo que decir algo interesante y redondo no es tarea simple. Debe haber una aplicación

---

1. "Historias de reportero". *Periódico El Universal*, Ciudad de México. 23 de agosto de 2011.

correcta de las palabras que conviertan en oraciones las ideas, que tengan sentido, expresadas de la manera más clara posible. Y ese es otro reto que también he tomado.

Siempre tuve claro el título: *El vacío del alma que solo Dios puede llenar.* Es en el alma donde se encuentra la esencia de la vida del hombre, la parte espiritual. El alma es inmortal. Sin duda alguna, he considerado como un aspecto importante las definiciones y el estudio del alma y de cómo Dios obra en ella. Y es la razón del título y el contenido de este libro.

En este libro doy a conocer el cambio que Dios ha hecho en mí, el cual es enorme, no tengo la menor duda. Pero las partes y capítulos que lo integran fueron saliendo uno a uno como resultado de un proceso. No me propongo cubrir todos los sucesos de mi vida —que no son tantos, aunque sí muy variados— al detalle. Busco ser lo más claro posible para que lo que he escrito fluya de manera natural, pero no en orden rigurosamente cronológico. En este libro describo momentos y circunstancias del pasado de manera breve, pero dando valor al fundamento más importante, el espiritual.

El hilo narrativo de este libro —que unirá los capítulos, enseñanzas, reflexiones y anécdotas— serán algunos encuentros del Señor Jesús con personas clave a lo largo de su ministerio. En esas escenas maravillosas, plasmadas con maestría en los evangelios, encontraré una tierra fértil sobre la cual sembrar mis propios pensamientos y meditaciones. Cada uno de los capítulos de este libro comenzará con uno de esos encuentros; en las historias de Nicodemo, Zaqueo o el joven rico encontraré los destellos que me ayudarán a poner en palabras mi propio camino con Dios y mis aprendizajes a la luz de su Palabra.

No pretendo en modo alguno haber descubierto nada nuevo a ojos de quienes son escritores formados o mucho menos avezados teólogos. Escribo como un hombre simple, en proceso de saber más de la vida y sobre todo de conocer más a Dios para servirle y glorificarle, y así tener la oportunidad de servir también a otros de mejor forma. Escribo como un convertido al cristianismo bíblico por la gracia de Dios, a través de la fe y los méritos de Jesucristo.

Casi me atrevería a decir que este libro no es más que un compendio explicado en el que se recoge parte de la historia de mi vida, pero, sobre todo, los cambios que Dios ha ido ejerciendo en ella por su gracia. Y también la forma en la que Dios ha resuelto problemas difíciles en mí, al sacarme de los más profundos escollos que suele vivir un hombre al que Dios le ha cambiado su mundo —un mundo que tiene valor, el espiritual y, sobre todo, el futuro eterno.

Es un libro que explica los aspectos prácticos de la obra de Dios en el alma que él transforma y cómo son expresados en la Biblia. También escribo sobre la forma en la que Dios me hizo diferenciar entre una vida de egocentrismo, anhelo de materialismo y logros deportivos, y una vida en el mundo con el propósito de vivir para Él. He podido entender la verdad a los ojos de Dios y cómo es que la existencia se convierte en una vida con sentido, para que, por otra parte, las pruebas y el sufrimiento nos den fortaleza, crecimiento y madurez. También hago notar lo que realmente es la fe de un hombre cuando su corazón ha sido regenerado.

Hoy, con el alma llena, he aprendido a reconocer mis errores, a mortificar mi pecado. También incluyo esto, porque a diario debo vivir alimentado de lo que su Palabra dice para que mi fe crezca y sea fortalecida. Cuando veo la diferencia entre haber sido un esposo y padre que no entendía mis responsabilidades de manera precisa y la vida tras haber sido mi alma llenada, puedo entender de manera correcta mi papel en esas áreas. Por esto también le doy gracias a Dios, porque hay un cambio radical en mis motivos y actitudes que van siendo conformadas cada día a la imagen del Señor Jesucristo.

Estoy muy lejos de ser la persona que Dios quiere que sea. Dios llenó el vacío de mi alma, no por lo que yo era, sino por lo que Él quiere que yo llegue a ser. Mis deseos, así como mis motivos, están en el camino que lleva a su voluntad al buscar aplicar los principios que describen el andar de un hombre que teme a Dios y busca obedecerlo.

Un libro de estas características es el resultado de aprender a través de la experiencia, la lectura constante y la vida diaria. Trato de explicarlo al ilustrar los acontecimientos de una vida llena de experiencias, del cambio de motivos y maneras de pensar en mí. También he tomado en cuenta los lugares que han sido importantes, donde he vivido por razones de familia, de actividades profesionales y de negocios, incluyendo la práctica de ciertos deportes. He incluido además la maravillosa experiencia que he tenido —en diferentes circunstancias guiadas por Dios— con algunas personas.

Este libro contiene elementos que emanan de los apuntes y estudios que a diario hago en mi tiempo devocional, en mis actividades y mis estudios formales realizados en instituciones como Reformed Theological Seminary y The Master's Seminary. Incluyo información ya resumida y editada de la agenda de trabajo que organiza mi vida cada semana. Algunas notas, junto con varios de mis comentarios escritos para la locución en la radio por casi tres décadas, también han sido tomadas en cuenta. La lectura de libros a través de los años enriquece el contenido de lo que aquí escribo. Sobre todo, he buscado que la teología sobresalga en términos sencillos para explicar, desde una perspectiva bíblica, cada una de las áreas que afectan el andar de un hijo de Dios y lo que deben aplicar como principio cada día aquellos a quienes Dios ha llenado el alma.

Hay una seria carga en mi corazón al escribir este libro; es mi deseo llegar tanto a quienes están cerca de mí como a quienes no lo están, al corazón de familiares y amigos, pero también de otras personas que al día de hoy no me conocen. Escribir este libro es el resultado de la meditación, la investigación y, sobre todo, de mucho tiempo a solas con Dios en oración —de mi comunión con Él y de su obra transformadora en mí. Encontrará en este libro la descripción de momentos en los cuales no he tenido control alguno, una realidad que a mi entender es importante. Es mi deseo que este libro sea influido por lo que la Biblia contiene y cómo todo esto ha afectado cada etapa y momento de mi vida. Si algún mérito tiene este esfuerzo, quédese en el deseo de ofrecer al curioso lector una compilación de cuestiones que son un recordatorio de cómo Dios soberanamente transforma al hombre a través de la obra completa del evangelio, llevada a cabo por el Señor Jesucristo en la cruz.

Soy testigo de la enorme diferencia que existe entre vivir sin Dios y vivir con Él. Hay una transformación de motivos y metas, de deseos y aspiraciones, de objetivos y sueños. Los describo como manifestación clara del actuar de Dios y de cómo hace su obra de santificación después de regenerar el corazón de una persona. Hago mías las palabras de san Agustín de Hipona:

> Porque hubo un tiempo de mi adolescencia en que ardí en deseos de hartarme de las cosas más bajas, y osé oscurecerme con varios actos no correctos y se marchitó mi hermosura, y me volví podredumbre ante tus ojos por agradarme a mí y desear agradar a los ojos de los hombres.[2]

Por todo lo anterior, agradezco a Dios por llevar mi mente y mi corazón al punto de pensar y llevar a cabo este proyecto. Mi objetivo es primero darle gloria a Él, y exponer cómo en su soberano plan me cuidó de no morir antes de haberle conocido. Dios me guardó de su ira, la cual merecía debido a mi naturaleza caída y mi vida apartado de Él.

La gracia común de Dios me protegió. Esa gracia es la expresión de la maravillosa bondad de Dios para todo ser humano, incluso para aquellos que no

---

2. San Agustín, *Confesiones*, 19.

han creído en Él. Esa gracia común, de forma maravillosa, frena temporalmente el pecado del hombre. Esa gracia permite que los incrédulos, los que todavía no tienen el alma llena por Dios, disfruten de la vida, de la bondad y de toda la belleza de la creación. Es la gracia que me permitió tener tiempo para escuchar el evangelio y ser llevado al arrepentimiento, a sabiendas de que Dios podría, y con toda razón, quitarme la vida de manera instantánea si así lo hubiera querido. La gracia común de Dios es el resultado de su amor por el mundo creado y sus habitantes. Esa gracia hace salir el sol cada día. Esa gracia común, aunque el mundo no lo sepa, es la que hace posible la vida y lo que se lleva a cabo en la Tierra. Todo lo que se tiene, se vive y se respira. Esa gracia nos permite gozar de la familia, de la salud, la recreación y la práctica de deportes, de actividades sociales y culturales diversas, de esos cuidados que el plan misericordioso de Dios otorga a toda criatura. Esa gracia común de Dios me llevó en el momento preciso a las personas correctas, las que tenían la capacidad de explicarme el evangelio; en ese entonces, su gracia soberana me transformó a través de la obra redentora de Cristo. La gracia soberana de Dios cambió mi carácter, fortaleció mi personalidad, enfocó mis objetivos y motivaciones, y me dio la certeza eterna.

Deseo que, al leer este libro, si alguien se encuentra con el alma vacía, su conciencia sea inquietada y, a través de reconocer quién es Dios, pueda ver su necesidad de Él. Que reconozca lo que Cristo hizo en la cruz por su pecado, se arrepienta y le pida perdón. Y que entonces Dios le conceda fe y llene el vacío de su alma. Que experimente lo que hoy vivo yo: el gozo de tener el alma llena. Ese gozo es un eslabón de orden divino entre la fe y la salvación. Es una de las realidades más importantes aparte de la certeza de la justificación, la cual establece la paz entre Dios y el hombre (Ro. 5:1-2). Y esto es algo muy contundente que tengo el privilegio de vivir. Esta relación tiene su raíz en Cristo, su obra redentora y su constante intercesión por nosotros a la diestra del Padre.

A los que ya tienen el alma llena, que han puesto ya su fe en Jesucristo, deseo que al leer este libro sean exhortados a perseverar en la fe. Que crezcan y maduren, buscando el camino diario que Dios nos da para vivir dentro de su voluntad, y que su vida los lleve a tener una relación cada día más íntima y profunda con Dios.

¿Qué es el vacío del alma?

Nada sería yo, Dios mío, nada sería yo en absoluto si tú no estuvieses en mí; pero, ¿no sería mejor decir que yo no existiría en modo alguno si no estuviese en ti, de quien, por quien y en quien son todas las cosas?

SAN AGUSTÍN

El capítulo cuatro del evangelio de Juan relata una historia de sed junto a un pozo de agua. Bajo el sol calcinante de Samaria, una anónima mujer llega para cargar su cántaro y se encuentra con el Señor Jesús, que le dice: "Dame de beber"; esas pocas palabras abren las puertas a un diálogo existencial sobre el sentido de la religión y de la vida.

Jesús usa un asunto cotidiano para adentrarse en la reflexión espiritual: el agua. En una tierra desértica y seca como Palestina, la provisión de agua era una lucha diaria, de vida o muerte. Su presencia representaba la posibilidad de construir civilizaciones; su escasez significaba la extinción. A lo largo de la historia del pueblo de Dios, la búsqueda de agua es una constante (Éx. 15:22-25, Nm. 20:10-13, etc.). Los pozos eran sinónimo de vida para las personas y los animales, y muchos de los grandes momentos de la historia de Israel sucedieron en la cercanía de pozos de agua (Gn. 16:13-14, 24:11-17, etc.).

Ante semejante contexto, Jesús le dice a la samaritana: "Cualquiera que bebiere de esta agua, volverá a tener sed; mas el que bebiere del agua que yo le daré, no tendrá sed jamás; sino que el agua que yo le daré será en él una fuente de agua que salte para vida eterna" (Jn. 4:13-14). La respuesta de la mujer, que todavía no logra entender la dimensión teológica de lo que acaba de oír, conecta sin embargo con un anhelo humano de satisfacción y bienestar: "Señor, dame esa agua, para que no tenga yo sed, ni venga aquí a sacarla" (vs. 15).

En unas pocas palabras dichas bajo el sol abrasador de Samaria, Jesús resume el Evangelio. Las necesidades materiales (en este caso, el agua) requieren una atención interminable; nunca dejamos de tener sed. Y no solo de agua: también de relaciones, experiencias, desafíos, consuelo, objetivos y más. Si nuestro horizonte de plenitud depende de la satisfacción de nuestras necesidades, estamos condenados a la infelicidad. Jesús afirma que cualquier otro pozo fuera de Él nos dejará eternamente insatisfechos, pero "el que bebiere del agua que yo le daré, no tendrá sed jamás".

Blaise Pascal, el filósofo y matemático francés, tiene una cita famosa: "En el corazón de todo hombre hay un vacío que tiene forma de Dios. Este vacío no puede ser llenado por ninguna cosa creada. Él puede ser llenado únicamente por Dios, hecho conocido mediante Cristo Jesús". La palabra "corazón" en este contexto, por cierto, no se refiere solo a la parte inmaterial del hombre, sino que denota un ser animado. Es la descripción del hombre como un todo. El teólogo holandés Herman Bavinck escribió:

Elohim [Dios] no es presentado en Génesis 1 como un escultor cósmico que, como si fuera humano, produce una obra de arte con material preexistente, sino como Aquel que, al simplemente hablar —al expresar la palabra de Su poder— llama a todas las cosas a la existencia.[3]

De acuerdo con esta perspectiva, Dios es el creador tanto del alma como de todo el universo. Génesis 1:1 dice: "En el principio creó Dios los cielos y la tierra". Esto incluye lo que vemos y lo que no vemos, lo material y lo inmaterial. Por otra parte, la filosofía griega dedicó mucha atención al problema del alma y la naturaleza humana. Los teólogos de la Iglesia hicieron uso de estas ideas, aunque las modificaron lo suficiente como para crear una antropología distintivamente cristiana.

En la Iglesia primitiva, la doctrina de la preexistencia del alma y su importancia se limitó prácticamente a la escuela alejandrina. El filósofo y erudito cristiano Orígenes (185-254 d. C.) fue el principal representante de este

---

3. Herman Bavinck, *Reformed Dogmatics*, Vol. 2: *God and Creation*, 417.

concepto y lo combinó con la noción de una caída pre-temporal.[4] Orígenes intentó sintetizar los principios fundamentales de la filosofía griega, particularmente los del neoplatonismo y el estoicismo, con el cristianismo del credo y las Escrituras. De acuerdo con la antropología platónica y neoplatónica, el cuerpo no es nada más que la cárcel del alma.

San Agustín de Hipona (354-430), la figura más importante de la Iglesia primitiva, fue influenciado por estas ideas. Por eso, permanecieron normativas en la Iglesia hasta que Tomás de Aquino (1225-1274) adaptó la antropología de Aristóteles para reflejar lo que dice la Biblia acerca de la naturaleza humana. Desde ese entonces, y aún después de la Reforma protestante, la antropología cristiana ha sido asistida por Aristóteles en lugar de Platón.

Esto significa en última instancia que la teología cristiana ve una íntima unidad entre alma y cuerpo. No es el alma, sino el hombre el que peca. No es el cuerpo el que muere, sino que muere el hombre. Y no es meramente el alma, sino el hombre —cuerpo y alma— al que Cristo redime. Esta unidad encuentra expresión ya en uno de los primeros pasajes del Antiguo Testamento, que indica la naturaleza completa del hombre: "Entonces Jehová Dios formó al hombre del polvo de la tierra, y sopló en su nariz aliento de vida, y fue el hombre un ser viviente" (Gn. 2:7). Cuando Dios formó el cuerpo del hombre, lo hizo de tal manera que mediante el soplo del Espíritu Santo, fuera un ser viviente.

En su *Teología Sistemática*, John MacArthur dice que la palabra "alma" (*nefésh*) aparece 750 veces en el Antiguo Testamento.[5] Al respecto de los humanos, *nefésh* se refiere frecuentemente a una persona en su totalidad como ser viviente. Génesis 2:7 declara que después de formar al hombre a partir del polvo de la tierra, Dios "sopló en su nariz aliento de vida, y fue el hombre un ser [*nefésh*] viviente". Siendo el alma parte integral del cuerpo que Dios nos da, podemos vivir con un alma vacía, sin Dios, o llena de su Espíritu y por consiguiente del conocimiento de la verdad de Dios. Lo más importante del alma es que es inmortal, que es definida, creada y sostenida por Dios.

Hay diferentes razones para entender, aun con una mente humana, que el alma es inmortal. MacArthur también dice:

---

4. Teólogo egipcio, director de la escuela catequética de Alejandría, donde fue instruido por Clemente. Su propósito era demostrar que la visión cristiana del universo era compatible con el pensamiento griego. A pesar de su fama como apologista, existían dudas sobre su ortodoxia; su combinación algo recóndita de filosofía pagana con teología cristiana lo llevó a ser condenado por Justiniano en la controversia monofisita. Hay buenas razones para creer que a menudo fue víctima de citas erróneas e interpretaciones injustas. Cf. J. W. Trigg, *Orígenes: La Biblia y la filosofía en la Iglesia del siglo III*.

5. John MacArthur, *Teología Sistemática*, 426.

La palabra del Nuevo Testamento para "alma" es *psujé* y aparece unas 110 veces. Se traduce "alma", y "yo". Este término denota: (1) toda la persona (Hch. 2:41; Ro. 13:1; 2 Co. 12:15); (2) el ser esencial o la sede de la identidad personal, frecuentemente en relación con Dios y la salvación (Mt. 10:28, 39; Lc. 1:46; Jn. 12:25); (3) la vida interior del cuerpo (Hch. 20:10; Ef. 6:6); (4) el intelecto (Hch. 14:2; Fil. 1:27); (5) la voluntad (Mt. 22:37; Ef. 6:6); (6) las emociones (Mt. 26:38; Mr.14:34); y (7) la vida moral y espiritual (He. 6:19; 1 P. 1:22; 3 Jn. 2).[6]

Por lo tanto, podemos decir que cuando una persona muere, lo que sobrevive es el alma que regresa de forma inmediata a la presencia de Dios (Ec. 12:7).

También la ciencia —desarrollada por el hombre dentro del plan soberano de Dios— encuentra lugar en el alma. Agustín de Hipona escribió:

La ciencia existe en alguna parte y no puede existir, sino en un ser que vive, y existe siempre; y si cualquier ser en el que algo siempre existe, debe existir siempre: siempre vive el ser en el que encuentra ciencia. Si nosotros somos los que razonamos, es decir, nuestra Alma, si esta no puede razonar con rectitud sin la ciencia y si no puede subsistir el Alma sin la ciencia, excepto el caso en que el Alma esté privada de ciencia, entonces existe la ciencia en el Alma del hombre.

A través de la ciencia es como el hombre ha "venido conociendo" a través del tiempo todo lo creado por Dios y cómo Él lo sostiene. Y, siguiendo a san Agustín, podemos decir también que la razón es el alma o existe en el alma; es una substancia y es mejor ser substancia que no ser nada, desde luego, pero nuestra razón es algo. Por otra parte, cualquier armonía propia que exista es necesario que lo haga de una forma inseparable en nuestro cuerpo. Y cuando el alma se encuentra sin la parte más importante, que es motivo, razón y efecto solo producido por el habitar de Dios en nosotros, a través de su Espíritu Santo, entonces ese vacío se agudiza. Y ni la razón, ni la ciencia, ni nada que el hombre siga descubriendo hará mella en la parte fundamental y motivo de la existencia.

Luego, en la vida de todos los días, el vacío del alma es el vacío que nos otorga la desnudez de nuestros egos. Un vacío que nos despoja del materialismo;

---

6. Ibíd.

a pesar de tener posesiones, sentimos como si no tuviéramos nada. Es un vacío que no sabemos cómo llenar, y eso resulta demoledor, nos rompe, nos inunda.

Vivir, sentir el vacío en el alma, como yo lo viví, es experimentar la nada y la oscuridad, desde lo más hondo del ser. Es un descenso hacia una profundidad que no parece tener fin. Hubo momentos en los que viví en la nada oscura, en una sensación que arrasa por dentro. Es una experiencia que aprisiona, ata, desgarra y ahoga.

El ánimo muchas veces nos abandona. La melancolía y la desazón nos atrapan. Los sentidos dejan de captar y el pensamiento se vuelve incapaz de discernir. Cuando intentaba satisfacer el vacío con lo que las circunstancias me daban, por momentos se desvanecía, se hacía intangible. Parecía un falso recuerdo de un mal sueño, pero siempre estaba ahí. Ni el éxito, ni el fracaso, ni el aplauso, ni el dinero, mucho menos el poder, nada llenó el vacío de mi alma.

Durante mucho tiempo intenté buscar la razón de mi desasosiego. Llegué a pensar que yo simplemente no estaba hecho para sentir algunas cosas y que esta falta de sentimiento era el motivo. Busqué de manera ligera en la religión católica romana, en las prácticas de la masonería, en la fiesta mundana, en la actividad deportiva de alto rendimiento, teniendo claros logros. En la música, al tocar un instrumento o aficionarme por diferentes géneros musicales. Al incursionar en la política, o buscando posiciones profesionales de diferente índole. Busqué cualquier motivo o actividad para llenar ese vacío. Pero mi alma se mantenía igual. Vivía engañándome a mí mismo. Buscaba poder, dinero, éxito y posición social, o un estatus y vida que me hicieran sentir diferente y lleno, pero al final todo era "vanidad" y vacío.

Dice Eclesiastés: "Miré yo luego todas las obras que habían hecho mis manos, y el trabajo que tomé para hacerlas; y he aquí, todo era vanidad y aflicción de espíritu y sin provecho debajo del sol" (2:1). Aun la sabiduría que pudiera existir no era garantía de satisfacción; mi orgullo crecía y la felicidad representaba solo un momento. Era pasajera y, más que llenar el vacío de mi alma, aumentaba la frustración. Mi vacío se hacía más profundo. La madurez del cuerpo va modificando la certeza de nuestra propia mortalidad.

Cuando llegamos a este punto, el apoyo de nuestra alma puede hacernos afrontar lo inevitable con enorme intranquilidad y temor. El alma abandonará nuestro cuerpo cuando llegue el último suspiro y marchará hacia la eternidad. Viví momentos de peligro en los que mi vida estuvo en juego; el desasosiego quebrantó mi ser por momentos y me llevó a la reflexión, a pensar adónde iría si hubiese muerto.

"Nada" es una expresión que usamos a menudo al referirnos a una sensación de vacío o la ausencia de algo, una indiferencia en nuestro sentir y en la propia vida. Decimos con cierta facilidad "No siento nada", como sinónimo de que todo es vacío. Pensar por unos instantes en estas expresiones, en estos conceptos, es un sentimiento difícil. Esos momentos de pesimismo, de negatividad, de angustia o tristeza, nos hacen ver la incapacidad humana de poder llenar por nosotros mismos el vacío del alma.

Si hubiese pensado por alguna razón en Dios, quizás hubiera sido diferente. Sin embargo, el hombre no tiene la capacidad de buscar a Dios porque está espiritualmente muerto en delitos y pecados. No está muerto por causa de los actos pecaminosos que ha cometido, sino por su naturaleza pecaminosa, como dice Efesios 2:1: "Y él os dio vida a vosotros, cuando estabais muertos en vuestros delitos y pecados". Este es el estado serio de la perdición antes de que una persona sea redimida, antes de que el vacío de su alma sea llenado. Como resultado de no tener a Dios, tolerar el pecado es algo tan simple como la respiración que nos mantiene vivos.

Es ese hecho real que durante años viví y desarrollé lo que el escritor del libro de Hebreos llama "el pecado que nos asedia" (12:1). Mi pecado —el mismo que clavó a Jesucristo en la cruz— se hacía cada día más familiar. Experimentar la vacuidad de nuestro ser, de nuestro sentir, de nuestra persona, es también expresar la inexistencia en nosotros de quien debería ocupar el espacio de ese vacío: Dios.

¿Y quién es Dios? No pretendo definir al creador del universo; menos aún, mostrar su obvia existencia. Pero todos aquellos que no lo conocen se han preguntado quién es. Sigmund Freud dijo:

> Dios es un incentivo del hombre, necesitamos desesperadamente seguridad, porque tenemos temores de vivir arraigados en un mundo profundamente amenazador, en el cual tenemos muy poco control sobre nuestras circunstancias. Inventamos a Dios como un padre protector; tememos a su naturaleza, a su carácter imprevisible, a su impersonalidad y su rudeza. Todos vemos la terrible realidad de la enfermedad, el hambre y la angustia contra lo que tenemos como defensa nominal. Hacemos conjeturas sobre lo natural que puede librarnos. Tenemos miedo a la muerte.[7]

---

7. Sigmund Freud, *The Future of an Illusion*, 106.

Este vago concepto de Dios y lo que es para el hombre, como fundamento de la religión, es muy simplista.

La realidad es que parte de la naturaleza humana es preferir que Dios no exista. Lo primero que Adán y Eva hicieron después de pecar fue esconderse de Dios. Génesis 3:8 dice: "Oyeron la voz de Dios que se paseaba en el huerto, al aire del día; y el hombre y su mujer se escondieron de la presencia de Jehová Dios de entre los árboles del huerto". Liberarse de Dios, que llama a los pecadores a rendirle cuentas ha sido el patrón, la meta de la humanidad a través de la historia. El pecador se esconde en todo momento y circunstancia de Dios. Todo ser humano sabe de la existencia de Dios y a pesar de ello, "no aprobaron tener en cuenta a Dios" (Ro. 1:28). John MacArthur dice: "Rechazan la autorrevelación de Dios y rehúsan reconocer sus gloriosos atributos".[8] El concepto de Freud estaba equivocado. Porque, recordando Romanos 3:10: "Como está escrito: No hay justo, ni aun uno". El apóstol Pablo en ese pasaje cita el Antiguo Testamento y deja en claro el carácter del ser humano, su plática (vs. 10-12) y forma de actuar (vs. 13-14).

Las personas no desean buscar al único Dios verdadero. Lo que quieren es rechazar y negar de manera tajante su existencia. Dios creó al hombre con necesidad espiritual: un vacío en el alma. El ser humano necesita llenar su alma de Dios a través de la obra que Jesucristo hizo en la cruz por el pecado de un mundo perdido. Solo por la gracia de Dios, a través de la fe en los méritos de Jesucristo, se creará la dependencia en Dios para vivir bajo sus principios y dirección.

Si hiciéramos un estudio de las religiones que hay en el mundo, encontraríamos que los ídolos o dioses a los que veneran son más opresores que libertadores y necesitan ser apaciguados. Ninguno es como el único Dios, el Dios de la Biblia. Agustín de Hipona, en sus *Confesiones*, se deleitaba en exaltar a Dios y todos sus atributos:

¿Y qué Señor hay fuera del Señor o qué Dios fuera de nuestro Dios? Sumo, óptimo, poderosísimo, omnipotentísimo, misericordiosísimo y justísimo; secretísimo y presentísimo, hermosísimo y fortísimo, estable e incomprensible, inmutable, mudando todas las cosas; nunca nuevo y nunca viejo; renuevas todas las cosas y conduces a la vejez a los soberbios, y no lo saben; siempre obrando y siempre en reposo, siempre recogiendo y nunca necesitado; siempre sosteniendo, llenando y

---

8. John MacArthur, *Nuestro extraordinario Dios*, 13.

protegiendo; siempre creando, nutriendo y perfeccionando; siempre buscando y nunca falto de nada.[9]

Mi experiencia de ese vacío del alma generó un sinnúmero de problemas desde la niñez hasta ya entrada mi madurez. No había límite, objetivo, meta ni puerta que se cerrara delante de mis pasos o que mi orgullo, ego o ambición no fueran capaces de vencer. Al menos eso pensaba. Desde el punto de vista del mundo y su filosofía, estas características son las que definen a una persona de empuje y carácter, aquella cuyos objetivos deben ser alcanzados sin importar a veces cómo se logren. La realidad es que a menudo esta actitud, teniendo una vista muy corta, alimentada solo por el materialismo y sus beneficios temporales, propicia que las caídas por los errores cometidos sean continuas.

No se piensa en nada ni en nadie más que en uno mismo. El egoísmo está exacerbado. La oportunidad de pensar en los demás y, sobre todo, en sus necesidades no tiene lugar. La autoestima genera el aislamiento de la realidad, alimenta el orgullo y el vacío del alma. Creer que uno es capaz de todo y que todo se puede acrecienta la soberbia y desarrolla cada día más la dureza del corazón.

Desde luego, en el proceso se viven severos problemas. Las leyes son violadas. Las normas no se cumplen, aunque se hicieron para regular los actos y sistemas de convivencia racional. La falta de ética profesional y el respeto son anulados. Todo se hace a un lado y se hace todo lo necesario en aras del éxito.

Cuánta confusión y desasosiego genera vivir con el alma vacía, con esa falta de realidad que yo (al igual que muchos) no conocía. Pasaron más de treinta y cinco años desde que creí que el mundo estaba a mis pies y que podía todo. Pero hoy puedo decir con gratitud a Dios que mi alma ya no está vacía. Desde ese momento creo que realmente me conozco. Entiendo la razón para vivir la vida. Este cambio ha afectado mi forma de pensar, mis motivos y mis metas. Ahora no solo tengo esperanza y certeza en esta vida, además de razones para vivirla, sino que estoy seguro de una vida eterna con Dios.

Al haber sido justificado, Dios cambió mi corazón. Hoy veo lo que no veía antes. Siento y palpo lo que el amor de Dios encierra y cómo esto trasciende a mi amor hacia otros de manera fundamental. Ya no me intereso únicamente en mí. Comprendo que todas las cosas bellas de esta vida son temporales y que debemos disfrutarlas con plenitud, con gratitud a Dios mientras vivimos. Agustín también escribió:

---

9. San Agustín, *Confesiones*, 4.

Nada sería yo, Dios mío, nada sería yo en absoluto si tú no estuvieses en mí; pero, ¿no sería mejor decir que yo no existiría en modo alguno si no estuviese en ti, de quien, por quien y en quien son todas las cosas? Así es, Señor, así es. Pues, ¿adónde te invoco estando yo en ti, o de dónde has de venir a mí, o a que parte del cielo y de la tierra me habré de alejar para que desde allí venga mi Dios a mí, él que ha dicho: Yo lleno el cielo y la tierra?[10]

Nos debemos preguntar: ¿quién es la persona más importante para mí en este mundo? Mi respuesta es, desde luego, Dios. Pero, en segundo lugar, el prójimo. El prójimo es mi esposa, mis hijos, mis compañeros de trabajo y de la iglesia, incluso aquellos a quienes no conozco. Tener este concepto de Dios y del prójimo nos lleva a entender nuestra dependencia de Dios; es precisamente a través del prójimo que muchas veces el Señor trabaja en nosotros, nos da la oportunidad de servirlo, nos instruye, nos anima a amarlos tal como Él nos ama a nosotros. En palabras del mismo Señor Jesucristo: "Amarás al Señor tu Dios con todo tu corazón, y con toda tu alma, y con toda tu mente. Este es el primero y grande mandamiento. Y el segundo es semejante: Amarás a tu prójimo como a ti mismo" (Mt. 22:37-39). No está hablando de facultades humanas, sino que está subrayando el tipo de amor requerido de alguien a quien Dios ha llenado el alma.

Todo lo que tenemos pertenece a Dios; nosotros somos simples mayordomos. Todo lo que tenemos es solo un instrumento para vivir una vida con necesidades que demandan ser satisfechas. Tener el alma llena me dio la capacidad de tener un concepto adecuado del dinero y las posesiones materiales, así como también la manera de manejarlas bíblicamente. Esto constituye un reto serio para cualquiera. El dinero en sí mismo no es bueno ni malo; es amoral porque es neutral. Pero a pesar de ello, el manejo y la administración del dinero permiten tener una medida de la realidad moral de cada persona con mucha exactitud. Hablar de dinero nos lleva a definir la forma en la que vivimos cada día. Mateo 6:20-21 dice: "Porque donde esté vuestro tesoro, allí estará también vuestro corazón". Y de forma opuesta, cuando decimos que el dinero es neutral, encontramos que la sabiduría convencional ha creído por muchos años que realmente el dinero corrompe. Aun así, esta especie de valoración es opuesta a lo que la experiencia normal y la lógica nos indican. ¿Por qué? Porque a pesar de que hay quienes tienen mucho dinero y son

---

10. Ibíd.

corruptos, también hay otros con muchos recursos que son justos y piadosos, y buscan invertir sus riquezas de forma sabia y legal. Puedo decir, entonces, que el dinero no necesariamente es un instrumento de corrupción, pero el uso del dinero sí muestra la corrupción interna de las personas. El dinero no es la base esencial, sino que es un instrumento que indica un severo problema en un corazón pecaminoso.

El hecho de no tener el alma llena da lugar muchas veces a ser gobernado por el materialismo que exalta la soberbia y el orgullo. Dice la Biblia: "Porque raíz de todos los males es el amor al dinero, el cual codiciando algunos, se extraviaron de la fe, y fueron traspasados de muchos dolores" (1 Ti. 6:10). El vacío del alma provoca falta de satisfacción; lo material solo llena de manera temporal. Pero, para quien tiene el alma llena, la satisfacción está más allá de los aspectos que el éxito y las riquezas otorgan.

La verdadera satisfacción de una persona se encuentra en saber primero que Dios es el dueño de todo. Él es el único dueño de todo, incluidos los seres queridos y todo lo que podamos imaginar. El rey David afirmó en 1 Crónicas 29:11-12:

> Tuya es, oh Jehová, la magnificencia y el poder, la gloria, la victoria y el honor; porque todas las cosas que están en los cielos y en la tierra son tuyas. Tuyo, oh Jehová, es el reino, y tú eres excelso sobre todos. Las riquezas y la gloria proceden de ti y tú dominas sobre todo.

Él también dijo: "De Jehová es la tierra y su plenitud, el mundo y los que en él habitan" (Sal. 24:1). Estas verdades me llevaron a ver con objetividad mi realidad de vacío del alma. Realmente ninguna posesión podía ser mía cuando ya de hecho era de Dios.

Ya tenía la capacidad de entender cómo todo el universo es operado por Dios, de ver lo general y también lo particular. De manera general, "Jehová estableció en los cielos su trono, y su reino domina sobre todos" (Sal. 103:19). De manera específica, esto incluye todos los detalles del universo, incluida la historia; también las personas y su vida de forma individual, pero particularmente los escogidos de Dios, "según nos escogió en él antes de la fundación del mundo" (Ef. 1:12).

Puedo notar que, aunque uno se encuentre en situaciones financieras o de salud difíciles, en momentos de sufrimiento y necesidad, esa participación de Dios en todo asunto o suceso es parte de la providencia de Dios, quien opera las cosas creadas soberanamente por medio de su intervención directa o por medio de su providencia, ordenando las diferentes causas y efectos. Tenemos ejemplos en las Escrituras como el de José. Él afirmó que fue Dios quien lo envió a Egipto y no sus hermanos, quienes lo habían vendido como esclavo (Gn. 45:5-8; 50:20).

He aprendido que todos tenemos que lidiar con las mismas preguntas. ¿Qué puedo hacer con mis recursos? ¿Cómo debo gastar mi dinero? ¿Cuánto debo ahorrar e invertir? ¿Cómo debo guiar, cuidar y servir a mi familia? Esas preguntas han puesto a prueba mi vida de manera recurrente desde que me di cuenta de mi realidad y de la importancia de la integridad que requiere nuestro andar diario. La forma en la que una persona maneja y administra sus finanzas habla de su condición espiritual.

Es verdad: tuve muchas veces la intención de hacer algunas cosas lo mejor posible. Pero ahora entiendo lo que sucedió. Todo lo que ocurre, ocurre de acuerdo a su plan y a un estímulo de las circunstancias y momentos que esta vida tiene en su dinámica, para nuestro beneficio inmerecido, pero sobre todo para su gloria.

¿De dónde nace o viene este vacío del alma? ¿Qué produce que un ser humano sufra la realidad del vacío del alma, esa desesperanza y falta de certeza eterna? La respuesta tiene que ver con el pecado. La Palabra de Dios es clara en culpar al primer hombre, Adán, y por consiguiente a todos sus descendientes. Romanos 5:12 dice: "Por tanto como el pecado entró en el mundo por un hombre, y por el pecado la muerte, así la muerte pasó a todos los hombres, por cuanto todos pecaron". No está hablando de un pecado particular, sino de la propensión o tendencia pecaminosa que entró en el género humano. Podemos decir que el hombre, genéricamente hablando, se convirtió en pecador por naturaleza. El pecado de Adán fue el instrumento por el cual la naturaleza pecaminosa se transmitió a toda su progenie. Este fue el resultado del pecado original.

La naturaleza pecaminosa desde ese entonces está presente inclusive desde el momento de la concepción de la vida del hombre. El Salmo 51:5 dice: "He aquí en maldad he sido formado, y en pecado me concibió mi madre". Aquí David reconoce que su pecado era esa disposición caída, la cual estaba en él desde el momento de su concepción. Esa pecaminosidad hace que sea imposible para el hombre agradar a Dios.

Con el pecado que Adán cometió, Dios definió tajantemente que toda la humanidad también había pecado en sus lomos. Este pecado dio origen a la transformación de la naturaleza humana en su interior y produjo la muerte espiritual. El hombre es depravado. En otras palabras, es totalmente incapaz de hacer lo bueno. Adán no murió físicamente de inmediato después de haber pecado, pero murió espiritualmente, y con él, toda su descendencia. Entonces, la muerte tiene manifestaciones muy precisas, como la muerte espiritual o separación de Dios (Ef. 2:1-2), la muerte física (Heb. 9:27) y la muerte eterna, descrita como la segunda muerte. Esta conlleva separación eterna de Dios y el tormento eterno en el lago de fuego (Ap. 20:11-15).

De gran importancia aquí es el hecho de que la relación del hombre con Dios a partir de la desobediencia de Adán quedó destruida. Y desde ese momento, el hombre murió espiritualmente: su alma quedó vacía. Como resultado del pecado de nuestro padre, Adán, todos hemos sido distanciados de Dios. Todo ser humano (el Señor Jesucristo es la excepción) nace muerto espiritualmente.

Efesios 2:1 dice: "Estabais muertos en vuestros delitos y pecados". En ese pasaje, el apóstol Pablo enfatiza que todo aquel que no es salvo está "muerto en sus pecados". El pecado de Adán causó que Dios nos desterrara del Paraíso; en ese momento, la pérdida de vida espiritual tuvo efecto (Gn. 2:23-24): "Y lo sacó Jehová del huerto de Edén para que labrase la tierra de la que fue tomado. Echó, pues fuera al hombre, y puso al oriente del huerto de Edén querubines, y una espada encendida que se revolvía por todos lados, para guardar el camino del árbol de la vida".

Desde entonces todo descendiente de la raza humana nace en la misma situación. Todo hombre queda sin respuesta ante la verdad espiritual. Romanos 8:7-8 dice: "Por cuanto los designios de la carne son enemistad contra Dios; porque no se sujetan a la ley de Dios, ni tampoco pueden, y los que viven según la carne no pueden agradar a Dios". Y es de suma importancia entender que el único que llena el vacío del alma del hombre es Dios. Mediante el milagro divino de la regeneración, Dios respira una vez más vida espiritual al hombre, y por lo tanto lo vivifica. "Porque Dios que mandó que de las tinieblas resplandeciese la luz, es el que resplandeció en nuestros corazones, para iluminación del conocimiento de la gloria de Dios en la faz de Jesucristo" (2 Co. 4:6).

Dios determinó no matar a Adán y Eva después de su pecado. Sin embargo, el proceso de la muerte empezó cuando ambos pecaron. Dice Génesis 3:19: "Con el sudor de tu rostro comerás el pan hasta que vuelvas a la tierra, porque de ella fuiste tomado; pues polvo eres, y al polvo volverás". Dios aquí nos da a conocer una realidad con cierta ironía, porque como resultado del pecado, el hombre volvería al polvo y sería absorbido por la muerte. Entonces la muerte física se lleva a efecto desde que Dios apartó a Adán y Eva del árbol de la vida (Gn. 3:24).

De esta forma, la muerte física caería sobre todos los descendientes de Adán. Génesis 5 nos revela en los descendientes de Adán que la muerte física caracteriza a toda la vida humana. Con las excepciones de Enoc y Elías, así como también los que estén vivos cuando el arrebatamiento se lleve a cabo (1 Ts. 4:13-18), la muerte consumirá a todos los descendientes de Adán. En Hebreos 9:27 leemos: "Y de la manera que está establecido para los hombres que mueran una sola vez, y después de esto el juicio".

La vida física fue acortada después del Diluvio: "Los días de nuestra edad son setenta años; y si en los más robustos son ochenta años, con todo, su fortaleza es molestia y trabajo, porque pronto pasan y volamos" (Sal. 90:10). John MacArthur escribe que

> un grupo perteneciente a quienes se denominan arminianos afirma que la culpa de Adán es que los hijos de él, o sea la descendencia del hombre, son concebidos con un carácter inclinado al pecado, pero que la gracia elimina la culpa y también la depravación total que viene de él. Pero el realismo, llamado también la perspectiva agustina o seminal, afirma que la humanidad completa ya estaba físicamente en Adán cuando él pecó. Entonces, él representaba colectivamente a toda la naturaleza humana.
>
> Entonces, todos forman parte del pecado de Adán. Toda persona es moralmente culpable y condenada. Así, tanto la naturaleza corrupta como la culpa misma se trasmiten de manera natural desde Adán.[11]

Entonces, no hay duda de que la llamada imputación forense de justicia a cada pecador es pertinente. No se podría decir que cada pecador sería debidamente imputado con la justicia de Cristo solo si fuera participante de forma real y seminalmente de su obediencia; es claro que ningún humano podría hacerlo. La unión real de Cristo con quienes son su pueblo no es seminal por la simple razón de que Cristo no fue padre de ningún hijo físico. La unión de Cristo con los suyos es una unión legal. Dios nos imputa o acredita judicialmente la obediencia de Cristo, quien es nuestro representante, como si fuera nuestra obediencia. Y esto con el único fin de que ese paralelismo entre el primer y el postrer Adán se sostenga. Romanos 5:12-21 dice:

> Por tanto, como el pecado entró en el mundo por un hombre, y por el pecado la muerte, así la muerte pasó a todos los hombres, por

---

11. John MacArthur, *Teología Sistemática*, 472-73.

cuanto todos pecaron. Pues antes de la ley, había pecado en el mundo; pero donde no hay ley, no se inculpa de pecado. No obstante, reinó la muerte desde Adán hasta Moisés, aún en los que no pecaron a la manera de la transgresión de Adán, el cual es figura del que había de venir. Pero el don no fue dado como la transgresión; porque si por la transgresión de aquel uno murieron los muchos, abundaron mucho más para los muchos la gracia y el don de Dios por la gracia de un hombre, Jesucristo. Y con el don no sucede como en el caso de aquel uno que pecó; porque ciertamente el juicio vino a causa de un solo pecado para condenación, pero el don vino a causa de muchas transgresiones para justificación. Pues si por la transgresión de uno solo reinó la muerte, mucho más reinarán en vida por uno solo, Jesucristo, los que reciben la abundancia de la gracia y el don de la justicia. Así que, como por la transgresión de uno vino la condenación a todos los hombres, de la misma manera por la justicia de uno vino a todos los hombres la justificación de vida.

El pecado de Adán debe transferirse de la misma forma que la justicia de Cristo. Como Adán era representante de la humanidad, Dios imputa de manera legal o judicial su desobediencia tal como si fuera de todos los que estaban en él. "Si hay alguien que dijera que esta imputación es equivocada, dado que no todos son participantes del pecado de Adán, estaría reflejando incongruencia al no aducir lo mismo contra la imputación de la justicia de Cristo".[12] Todo esto es importante porque nos aclara la relevancia de la imputación del pecado, la cual es la razón del vacío del alma. John Murray dice:

La analogía de Romanos 5:12 presenta una formidable objeción a la construcción realista. Los realistas admiten que no hay unión "realista" entre Cristo y los justificados. [...] Por tanto, en base a las premisas realistas, se puede suponer una disparidad radical entre el carácter de la unión existente entre Adán y su posteridad, por un lado, y la existente entre Cristo y los suyos, por otro. [...] Pero no hay atisbo de que esa clase de discrepancia se materializara si la distinción entre la naturaleza de la unión en ambos casos fuera tan radical como debe suponer el realismo. [...] El caso no es simplemente que no haya atisbo de esta clase de diferencia; el paralelismo sostenido milita contra cualquier

---

12. Ibíd.

suposición así. [...] Este hincapié no solo sostenido en el hombre único Adán y en el hombre único Cristo, sino también sobre la transgresión de uno y el acto justo del otro, apunta a una identidad básica en lo que se refiere al *modus operandi*.[13]

Esta operación maravillosa de identidad en la forma de operar de la obra de Cristo por el pecador, a pesar de que el hombre no tiene la capacidad de buscar a Dios para lograr que su justificación sea una realidad, está enmarcada en lo que se llama "depravación total". Con estos términos, los teólogos definen la falta de capacidad para hacer algo para librarse de la atadura del pecado. No estamos diciendo que no haya hombres que hagan el bien en muchos de sus actos, momentos y circunstancias de sus vidas. Desde luego que los hay. Sin embargo, la Biblia enseña que el pecado ha corrompido la naturaleza del hombre de tal manera que no puede satisfacer las demandas de Dios, o buscarlo sinceramente.

Ese es el impacto del pecado de Adán. En ello hay tres elementos claramente relacionados. La teología los define como: "1) la contaminación y corrupción de todos los aspectos de la persona; 2) la incapacidad total de la persona para agradar a Dios; y 3) la universalidad en que todos son concebidos y nacen como pecadores".[14] Estas definiciones nos muestran el estado de la humanidad no redimida, su depravación.

Todo esto quiere decir que los no redimidos tienen una conducta negativa cuando les es posible tenerla. Por otra parte, no estamos diciendo que una persona no salva sea incapaz de llevar a cabo actos bondadosos. Hay muchas personas no creyentes que toman acciones misericordiosas y generosas para su familia, trabajo y sociedad. También intervienen como mediadores en asuntos y problemas entre otras personas de la sociedad, o se apegan a la ley en sus acciones cotidianas. Pero todos estos actos tienen en sí mismos una bondad relativa. Jesús dijo: "Pues si vosotros siendo malos sabéis dar buenas dádivas a vuestros hijos..." (Mt. 7:11). De acuerdo a lo que la Biblia nos enseña, no hay una sola parte del hombre que se pueda escapar de la corrupción del pecado. El cuerpo se encuentra en decadencia y se dirige hacia la muerte física.

Juan Calvino dijo: "Estamos completamente controlados por el poder del pecado, toda la mente, todo el corazón y todas nuestras acciones se

---

13. John Murray, "The Imputation of Adam Sin: Second Article", *WTJ* 19, 36.
14. John MacArthur, *Teología Sistemática*, 476.

encuentran bajo su influencia".[15] La Biblia también afirma que el pecado es universal: "Porque no hay hombre que no peque" (1 R. 8:46). Y el Salmo 14:3 dice: "Todos se desviaron, a una se han corrompido; no hay quien haga lo bueno, no hay ni siquiera uno". Lo anterior nos pone en el contexto de la realidad humana.

Yo me encontré en esa realidad, cuando entendí lo que es el vacío del alma. Hoy tengo profunda gratitud a Dios. Reconozco que todo viene de Él. Dios llena mi alma y me permite vivir una santificación realmente progresiva. Llegar al punto de vivir esta nueva vida, después de que el vacío del alma ha sido llenado, es el resultado de la fe en Dios, en su obra creadora, su plan redentor y su providencia soberana. A diferencia de personas como Sigmund Freud, los cristianos aceptamos la existencia de Dios por fe. Y el principio de la fe es que "el que se acerca a Dios crea que le hay" (Hb. 11:6).

La primera evidencia y razón para creer en Dios se encuentra en su revelación general, que es la creación misma. Día a día experimentamos la existencia de Dios en su creación y la forma como Él la sostiene. Las Escrituras nos enseñan con claridad que Dios es el autor de todas las cosas. Él hizo todo a partir de la nada. Dios llamó al universo para que existiera con una sola palabra. Este fue un mandato omnipotente de Dios, quien creó por *fiat* ("hágase").

Podemos decir que este es uno de los dogmas fundamentales de la fe verdadera: "Por la fe entendemos haber sido constituido el universo por la palabra de Dios, de modo que lo que se ve fue hecho de lo que no se veía" (Heb. 11:3). El testimonio del universo aparece consecuente y claro, pero la humanidad lo resiste y rechaza de forma persistente. Por esta razón, la revelación general no puede convertir a los pecadores de las tinieblas a la luz admirable, pero sí los hace enormemente responsables. "Porque la ira de Dios se revela desde el cielo contra toda impiedad e injusticia de los hombres que detienen con injusticia la verdad" (Ro. 1:18).

La salvación viene mediante la revelación especial, es decir, por la Palabra de Dios, aplicada eficazmente por el Espíritu de Dios. Albert Einstein admitió la existencia de una fuerza en el universo, pero concluyó que es incognoscible.[16] Einstein estaba equivocado. Dios es concebible, pues la Biblia dice: "Y me buscaréis y me hallaréis, porque me buscaréis de todo vuestro corazón" (Jer. 29:13). El hombre busca racionalizar y filosofar sobre Dios y su existencia, pero la naturaleza de Dios es espiritual, tal como señala la

---

15. Juan Calvino, *Commentaries in the Epistles of Paul*, Vol. 19, 261.
16. Albert Einstein, *Cosmic Religion*, 47-48.

afirmación: "Dios no es hombre" (Nm. 23:19). Y también está manifestado materialmente en absolutamente todo lo que tenemos en esta vida.

Dios está presente hoy, igual que cuando creó todo, o cuando actúa para bien del hombre. El carácter inmutable de Dios lo separa de todas las demás cosas. Su creación maravillosa sufre cambios, en diferentes esferas de su existencia y desarrollo. Los cielos, por ejemplo, cambian de manera constante. Se mueven, siguen su curso. La Tierra también sufre cambios. Cambió mediante el Diluvio. Las personas a través de los siglos han estado modificando su superficie. Y la tierra volverá a cambiar cuando el intenso calor la consuma.

Sin embargo, nunca antes la vida de los seres humanos ha sido tan plena como en estos días; la ciencia nos ha hecho increíblemente confortables. Por consiguiente, los incrédulos piensan que ahora tienen una vida feliz, o al menos aceptable, como yo lo pensé por muchos años, al grado inclusive de mofarme de quienes me hablaban de Dios y su plan redentor. Pero algún día se darán cuenta de que la eternidad sin Dios es una existencia trágica. La manera en que una persona comparece delante de Dios establece lo que ocurre con él o con ella. No podemos de ninguna forma culpar al sol por derretir con su calor, o secar y endurecer el barro. La diferencia está en los materiales con los que están hechas las cosas, no en el sol.

De la misma forma, Dios nunca cambia. El continuará premiando el bien y castigando el mal. Llenar el vacío del alma está relacionado directamente con las promesas de Dios y su cumplimiento. Estas incluyen la salvación para los creyentes, la cual es eterna. Dios fielmente manifestará su amor, su perdón, su misericordia y su gracia sobre nosotros por siempre. En sus promesas, Él nos asegura: "Porque los montes se moverán, y los collados temblarán, pero no se apartará de ti mi misericordia, ni el pacto de mi paz se quebrantará, dijo el Señor, el que tiene misericordia de ti" (Is. 54:10). Este es el Dios inmutable en quien podemos confiar completamente. Él siempre será fiel a su Palabra y cumplirá todas sus promesas. Él es el único que puede llenar el vacío del alma.

«El que bebiere del agua que yo le daré,
no tendrá sed jamás».

JUAN 4:14

El éxito y el vacío del alma

El éxito no tiene que ver con lo que mucha gente imagina.

CARLOS SLIM

Mateo 19 nos cuenta la historia de un joven que se acercó a Jesús en una ocasión. Venía acompañado del éxito material que había conseguido y de una de las grandes preguntas de la historia de las religiones: "¿Qué bien haré para tener la vida eterna?" (vs. 16). El Señor lo llevó a pensar en el valor de los mandamientos. Por honestidad o quizás por arrogancia, el joven rico respondió que ya los había cumplido a todos. Antes de salir de escena, nuestro personaje lanza al aire una última pregunta, la que nos acompañará el resto de este capítulo: "¿Qué más me falta?" (vs. 20).

Encontramos esta historia en los otros evangelios sinópticos: en Marcos 10:17-31 y en Lucas 18:18-30. Aunque las variaciones son mínimas, llama la atención la punzante pregunta del joven rico —¿qué más me falta?—, que solo se encuentra en el primer evangelio. No sabemos mucho sobre este joven, más allá del hecho de que sus riquezas pesaron más que su preocupación espiritual. Cuando Jesús lo invitó a vender sus bienes y dárselos a los pobres, el joven "se fue triste, porque tenía muchas posesiones" (vs. 22).

Cristo aprovecha la ocasión para enseñar a sus discípulos sobre las riquezas: "De cierto os digo, que difícilmente entrará un rico en el reino de los cielos. Otra vez os digo, que es más fácil pasar un camello por el ojo de una aguja, que entrar un rico en el reino de Dios" (vs. 23, 24). Al escuchar estas palabras de Jesús, los discípulos "se asombraron en gran manera, diciendo:

¿Quién, pues, podrá ser salvo?" (vs. 25). En la sociedad judía del tiempo de Jesús, se pensaba que las riquezas eran una recompensa divina para los obedientes; de igual manera, la pobreza era un castigo a la desobediencia. La fortuna era considerada una especie de índice espiritual. Si la vida intachable del joven y sus riquezas (consideradas una bendición de Dios) no habían conmovido a Jesús, ¿qué quedaba para los pobres y pecadores discípulos? ¿Quién podría ser salvo?

Dios ha establecido un plan perfecto para cada persona dentro de su soberanía. La providencia divina es el medio por el cual Dios hace que todas las cosas se lleven a cabo según su voluntad. La Biblia, entonces, tiene promesas particulares sobre la dirección divina en todo ser humano, particularmente para aquellos que pertenecen a Dios. "Te haré entender, y te enseñaré el camino en que debes andar; sobre ti fijaré mis ojos" (Sal. 32:8).

En el Nuevo Testamento encontramos la misma realidad de la dirección divina. Vemos la oración de Pablo para que los Colosenses sean "llenos de conocimiento de su voluntad en toda sabiduría e inteligencia espiritual" (Col. 1:9). Aquí no está hablando de un sentimiento, sino que expresa conocimiento realmente profundo sobre la voluntad de Dios que fue revelada de forma clara en la Palabra de Dios: "La palabra de Cristo more en abundancia en vosotros, enseñándoos y exhortándoos unos a otros en toda sabiduría, cantando con gracia en vuestros corazones al Señor con salmos e himnos y cánticos espirituales" (Col. 3:16). Hay muchas referencias en la enseñanza bíblica que confirman esta confianza en Dios, el hecho de que Él guía a los suyos, los protege y los edifica (cf. Lev. 19:31; Sal. 32:8; 37:23-24; 119:105; Pr. 3:5-6; 16:9; Is. 30:21; 58:11; Lc.1:79; Jn. 14:26; 16:13; Stg. 1:5-8; etc.).

Pero el hombre ha buscado el éxito en su vida de forma persistente, sin importar el costo. Yo mismo lo hice por muchos años. Se dice a menudo que la persona realmente exitosa no es exitosa solo en situaciones de triunfo; una persona exitosa sería aquella que siente autosatisfacción en momentos de dolor, fracaso y rechazo, que en la frustración se mantiene firme, determinada y perseverante ante sus objetivos, sin importar lo adverso de las circunstancias que la rodean. Para este tipo de personas, el fracaso es la mejor oportunidad de crecer. Saben que cada fracaso los acerca a la meta que se han propuesto.

Se cuenta que algunas personas se burlaban de Thomas Alba Edison cuando insistía en encender una bombilla de luz. Le decían: "Edison, llevas cientos de fracasos, ya renuncia". Pero Edison respondía: "Llevo cientos de éxitos. He encontrado muchas maneras de cómo no encender una bombilla". Dice C. C. McCarthy:

Así, el 21 de octubre de 1879, Thomas Alba Edison, consiguió que su primera bombilla luciera durante 48 horas seguidas. Y en la víspera de Año Nuevo del mismo año, se hizo funcionar con éxito en Menlo Park, Newark, New Jersey, el primer sistema de alumbrado, construido por Edison, constituido por cincuenta y tres focos.[1]

En este contexto, la actitud del éxito no da cabida a renunciar. No existen fracasos, solo aprendizajes, y el aprendizaje siempre es beneficioso.

En 1992 apliqué para una posición ejecutiva en mi país natal, México. Fue la última entrevista de trabajo que tuve antes de iniciar mi vida a tiempo completo en el ministerio para llevar el evangelio a través de la radio y los libros. Tenía una experiencia laboral amplia, resultado de haber trabajado en organizaciones y empresas en diferentes responsabilidades por más de veinticinco años. Durante ese tiempo, mis actividades cambiaban; al mismo tiempo, iba cumpliendo con mis estudios, los primarios y también los profesionales. Y en todo el recorrido, acumulaba tremendas experiencias.

A los trece años empacaba víveres en una tienda de autoservicio; llevaba la mercancía de los clientes a sus autos y recibía por ello unas monedas. También fui auxiliar de contador: registraba a mano las cifras en los libros. Fui vendedor de muebles y de seguros, fui almacenista. Más adelante, fui coordinador de proyectos y luego llegué a tener la responsabilidad de ser jefe de oficina, de departamento, subdirector, director de área, llegué incluso a ser director general de diferentes empresas.

Al tener esa entrevista en el año 1992, se pusieron en práctica todas las técnicas de selección de personal utilizadas para quienes solicitan un empleo a nivel ejecutivo. Este proceso, en su segunda etapa, me llevó a un encuentro y a juntas con directivos de la empresa Enrich, en la ciudad de Salt Lake City, en el estado de Utah, Estados Unidos. Ya inmerso en las reuniones, una de las preguntas que el presidente de la empresa me hizo en relación al éxito que había conseguido (lo que él llamaba éxito) fue cómo podría desarrollarse un plan de negocios que llevara una estrategia de mercado para introducir productos alimenticios a México. Expliqué el bosquejo de ese plan en términos generales y lo que pensaba que debería planearse para cumplir los objetivos.

También me preguntó si yo era exitoso. Para él era importante saber mi opinión. Me dijo: "Su respuesta es la base con la que guiará gran parte de su vida y sus aspiraciones de aquí en adelante". Después volvió a preguntar si

---

1. C. C. McCarthy. *Colección científica de Time-Life*, 48.

me consideraba exitoso. Mi respuesta fue: "He estado a cargo de empresas, he sido director de área en secretarías de estado en mi país, de organismos paraestatales, he dirigido empresas privadas y proyectos que a la fecha han cumplido sus objetivos con éxito". Al terminar mi exposición, me volvió a preguntar lo mismo. Quería saber si mi concepto de éxito giraba alrededor del plano laboral y material únicamente.

En ese momento me di cuenta de que, a sus ojos, mi enfoque no estaba donde él pensaba que debía estar. Lo que él quería escuchar era que mis metas y objetivos eran iguales al reto y la posición de ese nivel ejecutivo para el cual yo estaba aplicando. Pero algo importante estaba sucediendo en mí. Mientras explicaba a mi interlocutor mi concepto de éxito o los pasos de un proceso de planeación a partir de los logros alcanzados, me daba cuenta de que lo que estaba diciendo no sonaba convincente. Y él lo notó. Mi postura y convicción sobre el éxito ya había cambiado radicalmente.

Lo que yo le había dicho era lo que pensaba antes del cambio que Dios había hecho en mí, antes de que Dios llenara el vacío de mi alma. No hablaba con seguridad, y menos con convicción y emoción. Hablaba con el lenguaje de los negocios y de acuerdo a la posición que se ofrecía. El objetivo y la posibilidad de que me dieran esa posición no me motivaba a hacer lo que buscaban que hiciera. Esto sucedía porque, entre el tiempo de mi éxito profesional y la fecha de la entrevista, mis motivos habían cambiado. Mis conceptos eran totalmente diferentes. Yo titubeaba cuando respondía a las preguntas porque ya no creía lo que estaba defendiendo. Mis objetivos estaban siendo transformados día a día por lo que Dios estaba haciendo en mí. Mi estructura profesional, en ese tiempo, ya estaba basada en principios bíblicos, que más allá de hacer todo con eficiencia y responsablemente para obtener los resultados según los objetivos de la empresa, incluían también pensar en la gente y buscar su beneficio.

El éxito, a la luz de lo que Dios describe en su Palabra, era y es diferente de lo que define y busca el materialismo. También mi pensamiento estaba centrado en la necesidad espiritual de las personas, en la forma de llevar el evangelio y en la idea de que el prójimo es lo más importante, incluso antes que yo mismo.

Esta fue una gran lección. Me hizo ver con claridad el cambio positivo que estaba experimentando, el cual también impactó mi perspectiva profesional y, en particular, mi concepto de éxito. En el pasado, la ambición me guiaba a lograr la mejor posición ejecutiva, la que me ofreciera poder, fama y, desde luego, una remuneración económica grande. Eso me daría también la capacidad de aumentar mi orgullo al considerar que todo lo que yo hacía funcionaba sobre la base de mi capacidad e inteligencia.

En el mundo de los negocios, la ambición tiene formas, conceptos y tonos negativos. Si alguien toca un tema usando la palabra ambición, casi se puede asumir que sus palabras implican hacer lo necesario, sin escrúpulos. Dicho de otra forma, la ambición lleva a considerar cualquier cosa, menos algo relacionado con la virtud. La ambición es el ingeniero, por decirlo así, del engaño, la madre de la hipocresía, el padre de la envidia. La ambición es el vicio original. Sabemos que es lo que llevó a Satanás y a los ángeles que lo siguieron a que fueran expulsados del cielo. Fue la ambición lo que hizo que Judas fuera arrojado al infierno. La ambición es la destructora de la virtud, la enceguecedora de los corazones. La ambición es lo que convierte a la medicina en enfermedad y al remedio en algo malo.

Pero debemos decir algo muy importante al respecto: Jesús vino al mundo como resultado de la ambición. Y esto es así porque nosotros, que no merecemos nada, que somos pecadores, queremos ser muy grandes. Así que Cristo se volvió pequeño. Dado que nosotros no queremos humillarnos, Él se humilló. Dado que nosotros anhelamos gobernar, Él vino a servir. Aquí hay un sentido real del porqué vino Cristo al mundo: para ejercer el rescate de nuestra ambición condenadora.

Mis pensamientos en el momento de esa entrevista no eran de ninguna manera iguales a los que tuve antes, ni a los que los profesionales de esa y otras empresas tenían. Entiendo que mis objetivos hoy son una ofensa para muchos. Son como una locura. El trabajo de los hombres sin Dios establece el programa de cada hombre profesional en diferentes actividades, pero es Dios el que establece el programa de una persona que tiene el alma llena de Él. Cuando entendemos que el primer compromiso de Dios es con su propia gloria, entonces hemos comenzado a comprender quién es Dios.

El hombre con el alma llena busca hacer todo para Dios. Sabe lo que tiene y puede lograr. Es el resultado de lo que Dios le da, lo que incluye talentos, dones, habilidades e inteligencia. Los grandes hombres de la historia, en cualquiera de las ramas de la ciencia, las artes y los negocios, no saben (y a veces incluso niegan) que todas sus obras, creaciones y posesiones dependen de que a Dios le haya placido que así sea. La providencia de Dios ejerce su fuerza en su bondad y misericordia en cada ser humano, comenzando por la vida misma que Él nos da. La participación de Dios es, por así decirlo, simultánea. Podemos ver que el hombre no es independiente de Dios en lo que hace.

Dentro de su voluntad eficaz, Dios está cerca del hombre. Lo acompaña, pero sin manipularlo, y en ello no se ve tentado a violar su naturaleza en ningún momento. Estoy hablando de acciones simultáneas en las que se pueden ver como producto las dos circunstancias, la de Dios y también la del hombre, notando que tienen de alguna forma diferente apariencia. Dice L. Berkhof: "Esta actividad divina acompaña la acción del hombre en todo punto; pero sin despojar al hombre en ninguna forma de su libertad. La acción permanece como un acto libre del hombre, un acto por el que él se debe considerar responsable". Sin esa comprensión de quién es Dios, hay personas que se esfuerzan en escalar posiciones. Lo que no saben es que han colocado sus objetivos en el lugar equivocado. Cuando terminen de ascender para alcanzar con ambición todo el éxito que puedan, se darán cuenta que no será tan satisfactorio como pensaban.

Es importante entender que la voluntad no regenerada de todo ser humano tiene cierta libertad dentro de las limitaciones de la depravación del hombre. La depravación humana, como expliqué en el capítulo uno, es entendida como la incapacidad para obedecer a Dios, y la libertad que tiene para pecar. El hombre lleva a cabo su pecado sin ningún tipo de coacción, sin que nadie lo obligue a hacerlo.

La teodicea bíblica no establece que un hombre caído pueda tener la capacidad de obedecer a Dios. La teodicea consiste en la justificación de Dios y sus atributos, busca confirmar todas las perfecciones que Él posee: todo lo que ha revelado detalladamente sobre la grandeza de lo que es y ha hecho en el pasado, lo que está llevando a cabo durante estos tiempos y lo que, de acuerdo a su plan soberano, hará en el futuro.

He aprendido que en esta vida hay muchas variables disfrazadas de éxito que luchan por captar nuestra atención. En realidad, estas no son más que pequeñas satisfacciones efímeras que, lejos de darnos una tranquilidad de conciencia, nos engañan y desvían del camino correcto. Así viví por mucho tiempo, creyendo que el éxito era ocupar una posición importante, trabajar para tener dinero y que alguien me felicitara por mi éxito. John MacArthur dice: "El profeta Jeremías, en cierta manera, habló de este asunto en términos muy directos (Jer. 45:5): '¿Y tú buscas para ti grandezas? No las busques'".[2] Es algo que podría ir en contra de lo que busca alguien con el alma llena, un verdadero hijo de Dios. Pero, ¿de qué está hablando Jeremías en este pasaje? Y, junto con esta, viene otra pregunta obligada: tener ambición ¿es siempre algo pecaminoso?

---

2.   John MacArthur, *Lecciones prácticas de la vida*, 139.

Para el profeta Jeremías, si nuestros motivos y búsquedas son grandes cosas que nos exaltan a nosotros mismos, es mejor no buscarlas, ya que su fin primario será enorgullecernos, lo que nos llevará a la ruina. En la misma sintonía, Pablo dice, en 2 Corintios 5:9: "Por tanto procuramos también, o ausentes o presentes, serle agradables". Pablo no buscaba nada para él, sino servir a Dios y vivir para Él.

No estoy en contra de progresar sobre la base del esfuerzo, ni de que con el trabajo se logren exitosos puestos y se remuneren correctamente esos esfuerzos. Pero no se debe confundir lo que realmente llena el corazón con lo que se logra con un mero ego que exalta el orgullo. Vivimos en una cultura ligera, que propone el "usar y tirar" propio del consumismo y el pragmatismo. Una cultura que se olvida de que las personas no son de plástico, que necesitan y reclaman un ámbito en el cual el pensamiento les ayude a formar convicciones firmes que orienten decisiones y sentimientos. En otras palabras: fijar nuestra meta en aquello que debe ser lo más importante para nosotros.

No es sinónimo de ganar dinero ni de tener más títulos profesionales, sino de ser individuos cuya prioridad sea una relación personal con Dios; esto nos hará dedicar más tiempo (y de más calidad) a nuestra esposa, a nuestros hijos, y también a ser más productivos en el trabajo. El concepto correcto y bíblico del éxito nos hará más sensibles a otros. Pensaremos de manera objetiva en las necesidades y el dolor de los demás, y en cómo podemos hacer algo por ellos.

Debemos imitar a Cristo cuando dijo en el Evangelio de Lucas: "Si alguno quiere venir en pos de mí, niéguese a sí mismo, tome su cruz cada día y sígame" (9:23). En este pasaje, Jesús está anunciando su muerte y la clase de abnegación que él demanda, la cual no era de ninguna forma un ascetismo, sino que establecía una firme disposición para obedecer los mandamientos, los disponía claramente para servir a otros y si fuese necesario sufrir e incluso morir por su causa.

Isaac Lee entrevistó a Carlos Slim, un hombre mejicano de negocios, uno de los más ricos del mundo. Le preguntó: "¿Para usted qué es el éxito?". Y Carlos Slim contestó:

Yo creo que el éxito no está en lo económico. Yo creo que una persona no es de éxito porque le va bien en los negocios o le va bien profesionalmente, o por las altas calificaciones en la escuela. Lo que vale es tener los pies en la tierra, el concepto de familia correcto, en los amigos. El éxito no tiene que ver con lo que mucha gente imagina. Se debe a cuánta gente te sonríe, a cuánta gente amas, y cuántos admiran tu sinceridad y la sencillez de tu espíritu. Se trata de si te recuerdan cuando te vas. Se refiere a cuánta gente ayudas, a cuánta gente evitas dañar y si guardas o no rencor en tu corazón.[3]

Para Carlos Slim, la labor altruista y un éxito que exalta al hombre es lo correcto. A quienes tenemos el alma llena, también nos gusta el éxito en la vida: como profesionales, como hijos, como padres, como esposos, como amigos, como líderes, como servidores y también en todas aquellas cosas en las que nos involucramos voluntariamente. Pero un cristiano entiende lo que la Biblia dice y lo abraza para poder conocer lo que tiene valor eterno, para tener convicciones éticas y morales, para hacer la diferencia en cualquier lugar, sabiendo que en este mundo abunda más la oscuridad que la luz.

El cambio que Dios imprime en aquellos a los que Él llena nos lleva a desear el éxito en la vida. Yo deseo tener éxito en todo lo que hago, pero no como lo deseaba antes, porque sé que lo que hago con mi alma llena, lo hago para Él. La Palabra de Dios está llena de promesas de bienestar, abundancia, prosperidad y gozo para los que buscan a Dios. Pero es importante recordar que en la vida el éxito es la consecuencia de hacer la voluntad de Dios. Se puede decir que lo más importante debería ser que Dios tenga éxito en nuestra vida. Nos apegamos a su Palabra, a su manera de hacer las cosas, sus propósitos y objetivos. Lamentablemente, para muchos cristianos, en la mayor parte de sus vidas, esto no es así. El Señor tiene éxito en sus planes, pero desgraciadamente a veces "no dejamos" que tenga éxito en ciertas áreas de nuestra vida.

El Señor Jesús nos enseña a orar: "Que se haga tu voluntad en la tierra, así como en el cielo" (Mt. 6:10). Las personas en este mundo no andan buscando el mejor deseo para las vidas de otros ni se preocupan por sus necesidades. No van preguntando, ¿qué puedo hacer para ayudarte, para servirte, para que mi vida sea de utilidad a la tuya? Más bien, buscan únicamente sus planes, llevar adelante sus sueños personales.

El hombre con el alma vacía no sabe que aun los logros que experimenta cada día son el resultado de la providencia de Dios. Ese éxito y vanagloria que los hombres y mujeres se atribuyen como resultado de su talento, sus capacidades, su inteligencia y brillante sabiduría no sería posible si Dios no lo permitiera. Todo lo que el hombre tiene y disfruta, así como todo lo que gana y gasta, sucede porque a Dios le place que así sea, incluyendo las

---

3. *Revista Poder*, noviembre 2002. Entrevista de Isaac Lee a Carlos Slim.

habilidades y el talento físico para practicar un deporte o la habilidad para desarrollar algún tipo de arte.

Y, en este contexto, el gusto y deseo por practicar deportes es algo que he tenido desde que era un niño. Parte de la historia de mi vida está centrada en esa búsqueda por llenar mi alma a través de logros que me dieran satisfacción y alimentaran mi orgullo.

Desde joven, en mi tiempo en la secundaria, la preparatoria y los estudios profesionales, practiqué diferentes deportes, entre ellos el atletismo y el montañismo. En la primera etapa, desde los doce años y con cierta disciplina deportiva, el atletismo fue la disciplina en la que más sobresalí: el salto de longitud de las pruebas de pista y campo. Era el año 1962 y yo era estudiante del Colegio Williams; competí dentro de la asociación de escuelas particulares en la Ciudad de México y obtuve premios locales y regionales.

Los entrenadores y profesores de mi escuela decidieron que debían entrenarme de forma seria y ver hasta dónde podría llegar. Tristemente, a pesar de mi dedicación y deseo de triunfo, los apoyos no llegaron. Necesitaba un entrenador, mejorar mi alimentación y mi condición física, además del equipo necesario para desarrollarme como deportista. Con algunos apoyos, asistía por mi cuenta a instalaciones deportivas cercanas a mi casa, pero no tenía la orientación, ni el entrenamiento ni mucho menos los recursos para mejorar. Sin embargo, había probado el éxito de practicar un deporte de manera disciplinada. Había logrado el mejor salto de longitud en esa época de mi vida. Estaba dentro de los mejores tres deportistas de la Ciudad de México.

Pero sentía claramente el vacío del alma ya desde ese tiempo de mi vida. Esas medallas no lograron satisfacerme ni me detuvieron en la búsqueda del éxito. En ese caminar, diez años después, en 1972, tras varios años de practicar el montañismo en las bellas montañas de México, tomé la decisión de buscar un objetivo más grande: organizar una expedición para conquistar la cumbre de una montaña fuera de mi país. Quería alcanzar metas con más renombre y prestigio, más ambiciosas dentro del desarrollo deportivo. Buscaba experiencias que me llenaran, aunque fuera temporalmente. Esta idea me llevó a reunir a un grupo de amigos, afines a este deporte, con el mismo propósito de éxito, enamorados como yo de practicar la escalada en roca, en hielo y las grandes travesías en alta montaña, para planear juntos una expedición de alto nivel.

El objetivo era serio y de mucha importancia. Alcanzar la cumbre de la montaña más alta de los continentes americano, africano y europeo: el Aconcagua, llamado también el Coloso de América, de 7 040 metros de altura sobre el nivel del mar, ubicada en la frontera de Argentina y Chile. Necesitaríamos un año de preparativos y entrenamiento para cumplir este objetivo. Desde luego, mis pensamientos no estaban en Dios, menos aún en lo que ahora conozco de mi dependencia total de quién es Él y la importancia de una vida en Cristo. Si tuviera que definir mi situación en esos días, quizá sería adecuado decir que mi idolatría y egocentrismo guiaban mi orgullo y realidad.

Hoy puedo entender lo que Éxodo 20:4 define: "No te harás imagen, ni ninguna semejanza de lo que está arriba en el cielo, ni abajo en la tierra, ni en las aguas debajo de la tierra. No te inclinarás a ellas, ni las honrarás; porque yo soy Jehová tu Dios, fuerte, celoso". Este claro mandamiento puede verse como extraño, poco más que una prohibición que forma parte de los diez mandamientos básicos de la religión cristiana. Ahora entiendo que el cristianismo afirma este segundo mandamiento que prohíbe el uso de cualquier figura del Señor Jesús con el objetivo de enseñar algo como ejemplo de Dios. El que busca con la mente ídolos que llenen u ocupen el vacío que solo Cristo puede llenar es un idólatra. La respuesta es clara y la Biblia nos muestra que la gloria de Dios y el bienestar espiritual de cualquier hombre están directamente relacionados con quién es el que llena el alma del hombre.

Hoy, ya con el alma llena, comprendo que cualquier práctica o imagen de Dios afecta nuestro concepto de Él. Toda situación, pensamiento o incluso la teología especulativa fundada en el razonamiento filosófico —en lugar de centrada en la revelación de Dios en la Biblia— falla en este importante punto. El apóstol Pablo nos hace ver que esos pensamientos e ídolos llevan a la ignorancia sobre Dios: "El mundo no conoció a Dios mediante la sabiduría" (1 Co. 1:21). Dios estableció de manera precisa que los hombres no puedan venir a Él por medio de ninguna filosofía o sabiduría humana. Si eso sucediera, el hombre sería exaltado. Esa es la razón por la que Dios salva a pecadores indefensos, en bancarrota espiritual, y esto mediante la predicación de un mensaje también sencillo, que los supuestos sabios rechazaron como algo absurdo.

La idolatría a uno mismo, el ego y el orgullo son instrumentos que nos mantienen adorando imágenes, ignorantes de quién es Dios. Entiendo la advertencia de la Biblia sobre vivir negando a Dios y queriendo llenar el alma por caminos equivocados. Por eso también la práctica deportiva fue para mí como un medio de solución espiritual.

En este entrenamiento para alcanzar este enorme objetivo deportivo, el Aconcagua, debimos correr cuatro veces a la semana. Hicimos excursiones semanales a las tres montañas más altas de México, con nombres prehispá-nicos (*náhuatl*): *Ixtacihuatl, Popocatepetl* y *Citlaltepetl.* Tres montañas de más de 5 000 metros de altura que se encuentran cercanas a la ciudad de México. Con esas prácticas y entrenamiento mejorábamos la condición técnica y física para alcanzar la meta planteada. Había que trabajar en la planeación del proyecto, detallar la organización, seleccionar el equipo, considerar la ali-mentación y el aspecto financiero. En el renglón de las finanzas se trabajó arduamente: haciendo citas y tocando puertas de empresas privadas, organis-mos del deporte, algunas dependencias del gobierno y organismos paraestata-les para poder reunir los recursos económicos que eran necesarios y se habían presupuestado. Fueron tiempos en los que objetivos de esa envergadura, aun siendo deportivos, no tenían en México la importancia promocional de otras prácticas deportivas en otros países. Tenían que ser financiados principal-mente por el gobierno, o con apoyo de personas y empresas privadas.

Cuatro semanas antes de la fecha del viaje, por iniciativa del presidente de la Confederación Deportiva Mexicana, el profesor José García Cervan-tes, acudimos a la residencia oficial de Los Pinos, la casa presidencial, para recibir la bandera de México de parte del presidente, Luis Echeverría Álvarez (1970-1976), en un acto protocolario sin precedentes. El presidente nos retó a cumplir con dedicación y esfuerzo el objetivo de poner en alto el nombre de México, alcanzando la cumbre del Aconcagua.

Este largo proceso de entrenamiento, eventos, retos y emociones en-contradas me llevaban al análisis del peligro que este viaje encerraba por las características de la expedición: la orografía de la montaña, su temperatu-ra extrema y la responsabilidad al dejar a Lupita y a Luis Miguel, nuestro primer hijo, con solo once meses de edad, cuando todavía no caminaba por sí mismo, etc.

El apoyo de Lupita fue fundamental para el desarrollo de este proyecto. Su apoyo creció durante los años, no solo con otras expediciones, sino en toda área de mi vida: profesional, deportiva y de desarrollo personal. Haber podido concretar diferentes proyectos en los años que Dios me ha permitido vivir es algo que le debo primero a Dios, desde luego, pero humanamente a mi querida, fiel y amorosa compañera Lupita.

La conciencia en ciertos momentos se cauteriza ante el peligro por el deseo de lograr metas basadas en emociones que solo buscan alimentar el ego y llenar el vacío del alma. Esa búsqueda de éxito solo se resuelve cuando en-contramos al único camino para entender el porqué de esta vida, solo tiene respuesta cuando Dios nos busca y nosotros respondemos a Él.

La agenda del proyecto seguía su curso. La expedición dio inicio el día 17 de diciembre del año 1973. Después del arribo a Buenos Aires, Argentina, en vuelo directo desde la Ciudad de México, nos trasladamos de inmediato a Mendoza. En esa bella ciudad hicimos por tres días el abastecimiento de artículos y víveres que nos hacían falta y partimos a Puente del Inca, el último lugar poblado dentro del sistema montañoso de esa frontera entre Argentina y Chile. Aquí se encuentra el campamento de resguardo militar argentino, de donde parten todas las expediciones al Aconcagua, tanto a la cara sur como a las rutas de la vertiente norte.

Al llegar a Puente del Inca, frontera entre Argentina y Chile, nos alojamos en el cuartel militar. Hubo una comida con los jefes del lugar. Visitamos la aldea y algunas cosas dignas de ver, como el puente natural que ha dado nombre a la localidad. En este bello lugar, el agua ha socavado la roca. El agua termal y altamente mineralizada y caliente brota de los manantiales que antes se utilizaban como baños y atracción turística. El agua corre libremente por las pendientes. Se dice que esta agua sulfurosa caliente (a cuarenta grados centígrados) es muy saludable; hay quienes se bañan en ella y la disfrutan.

Tres días después de haber contratado los animales de carga y haber confirmado el permiso de ascenso por parte de las autoridades del lugar, nos pusimos en marcha con todas nuestras pertenencias, alimentos y equipo necesario. Los seis integrantes del equipo, apoyados por militares, caminamos acercándonos al lugar donde estableceríamos el campamento base, Plaza de Mulas. El nombre es atribuido a que solo se llega hasta ahí con la ayuda de mulas que cargan el equipo y alimentos para el desarrollo de las expediciones que buscan ascender el Aconcagua por las rutas de la cara norte de la montaña. Doce horas nos llevó llegar hasta ese lugar. Allí ubicamos la base de operaciones de la expedición.

Como jefe de la expedición, la aventura que había de encontrar su punto culminante en la cima de aquel gigante andino había comenzado un año y medio antes. El proceso de selección del grupo que integraría la expedición fue sin duda muy importante. Dos profesores de educación física, Mariano Caro y Mariano Aguilera, con varios años de experiencia en el montañismo; mi entusiasta amigo Emilio Solís, con muchos años más en esta práctica deportiva que todos los demás del grupo, quien junto con José Luis González, había ya estado en el Aconcagua en 1969 sin haber podido alcanzar la cumbre;[4] y complementando el grupo, mi querido hermano Manuel, un extraor-

---

4. En esa expedición vivieron la trágica muerte de un montañista que inspiró sus vidas, un sacerdote católico de nombre Fernando de la Mora.

dinario deportista, ingeniero químico de profesión, con menos años en este deporte, pero con férrea dedicación y disciplina. El sexto integrante era yo.

Conocía a cada uno por experiencias vividas en la práctica de nuestro deporte y por una relación y amistad que crecía cada día más. En cada excursión, durante nuestra preparación, poníamos nuestras vidas en las manos el uno del otro. Aprendimos a ser un equipo. Yo esperaba que con este grupo pudiéramos alcanzar el objetivo de la expedición, la cumbre del Aconcagua, pero mis sueños se elevaban pensando que algún día podríamos organizar una expedición para conquistar otras montañas más difíciles y peligrosas. La sed por el éxito estaba latente.

En el transcurso de mis ocho años como montañista hasta esa fecha de la expedición al Aconcagua conocí diferentes rutas en ascensiones a diferentes montañas. Me familiaricé con la belleza y los peligros. Me imaginaba algún día en el Himalaya, con su Everest, el K2 y el Annapurna, las más altas del mundo. A diario levantaba los ojos hacia la cabeza del rey de los Andes, el Aconcagua, y pensaba en la ascensión. Con una anchura de varios kilómetros, se eleva por encima del glaciar de Horcones. El paisaje ya de por sí desolado se extiende por debajo del macizo de los glaciares muertos, gigantescos pedregales. Los campos de nieve adquieren un aspecto salvaje y amenazador a causa de los aludes que se producen en la cara sur.

El lugar tan apartado y el viento constante que sopla en el valle posterior de Horcones hacen que esta montaña resulte doblemente antipática para quienes buscamos conquistarla. Su temperatura puede variar en minutos de un agradable ambiente de veintiséis grados centígrados a una terrible tormenta de treinta grados bajo cero. Y solo cuando se contempla desde arriba y la vista se dirige hacia la suntuosa corriente del glaciar se perciben claras sus dimensiones y entonces surge el entusiasmo.

A la cumbre más alta de los Andes se la puede alcanzar por la cara norte o por la cara sur. Nuestra ruta era la norte, con una variación hacia el Glaciar de los Polacos, abierta por primera vez en el año 1934, por el lado este. Una clásica ascensión sobre hielo que quizás hoy sea la ruta ideal para subir el Aconcagua. Pero esta clase de expedición significa para el montañista una aventura que exige los máximos cuidados y esfuerzos, como también conocimientos, contar con experiencia y un amor grande por el deporte. Siempre he pensado que, para vivir la maravillosa experiencia de llegar a las cumbres de las montañas, se debe ascender con el corazón y descender con las piernas.

Después de la tarea de ubicar los campamentos, subiendo por la ruta establecida previamente, considerando también la experiencia de Emilio y José

Luis, se llevó a cabo el ascenso. Tres campamentos, incluyendo el base, hasta llegar finalmente a la cumbre. Mariano Caro se convirtió en el primer mexicano de nuestro grupo en llegar a la cima más alta del gigante de los Andes. Y a las 17:15 horas del 5 de enero de 1974, el éxito de esta expedición, que llevaba la representación de México, se había consumado. La alegría rebosaba todo tipo de emoción que pueda existir. Se había conquistado la cumbre del coloso de América, el Aconcagua.

Más o menos a treinta metros de la cumbre, sobre la canaleta de piedras que lleva hacia allí, revoloteaban al viento jirones de tela. Colgaban evidentemente del cuerpo de un montañista muerto. No hubo ocasión de reconocerlo con detalle. El agotamiento era general a 7 000 metros de altura; el oxígeno se enrarece, las fuerzas disminuyen y cuesta el doble dar cada paso. El hombre yacía sentado, con la cara hacia abajo, sobre las piedras, como si se hubiese rendido al sueño de repente y no hubiese encontrado la fuerza para reincorporarse. Ahora pienso (en ese momento no lo hacía), ¿habrá escuchado este montañista el evangelio? ¿Le habrá hablado alguien de la importancia de la obra de Cristo por este mundo perdido y la vida eterna con Dios?

Los sentidos se resistían a admitir semejante impresión. Se respiraba con dificultad. Mariano Caro me dijo después: "A pesar de que cerraba mis ojos, continuaba viendo ante mí al montañista muerto". Yo recordaba que, en el cuartel militar de Puente del Inca, cuando dimos inicio a la expedición, los oficiales nos informaron que un año antes, en el verano argentino de 1972, dos japoneses habían llegado a la cumbre y uno de ellos había muerto en el descenso. Los militares no habían podido hacer el rescate por el mal tiempo que tuvieron esa temporada.

Pero, ¿qué fue lo que sucedió? El viento blanco quizás, el agotamiento o el mal de montaña (la falta de oxígeno). La tormenta tiraba de su ropa. En la cumbre había una cruz blanca, de un metro de altura aproximadamente. Había también una placa en la cima. Adentro y abajo había banderitas, algunos papeles y una bandera de Japón de tela blanca hecha a mano junto con documentos japoneses dentro de una bolsa de plástico. La bandera de Japón, pintada probablemente por el hombre que había muerto, tenía escrito su nombre en su idioma, Masao Uji, también decía el nombre de la universidad a la que pertenecía y la altitud del Aconcagua. Esta información se tradujo cuando regresamos a México. También nos enteramos de que Masao Uji había recibido el premio nacional del deporte de Japón en el año 1972.

Nosotros también dejamos en la cumbre nuestro comprobante de ascensión, la bandera de México y los nombres de los seis integrantes de la expedición dentro de una bolsa de plástico con la fecha del ascenso. Era nuestro testimonio de que la expedición había tenido éxito al alcanzar la cumbre.

En el libro *Las grandes paredes*, Reinhold Messner relata su expedición al Aconcagua por la ruta de la pared sur. Dice: "El día 23 de enero de 1974, la expedición de los sud-tiroleses a los Andes, con la primera escalada directa de pared sur del Aconcagua".[5] Messner encontró nuestro testimonio: "Saqué una cajita de debajo de una placa de aluminio que yacía en la cima, la abrí y revolví su interior, lleno de toda clase de tarjetas y banderitas que habían dejado los que me habían precedido y leí algunos nombres de montañistas mexicanos". Esto es profundamente emocionante y deportivamente honroso. Reinhold Messner, después de todo, es el alpinista de mayor éxito de la historia, el primero en llegar al Everest sin uso de oxígeno y el primer vencedor de cinco cumbres de ocho mil metros: "En 1970, el Nanga Parbat (8 125 m.); en 1972, el Manaslu (8 125 m.); en 1975, el Hidden Peak (8 068 m.) y en 1978, el Everest (8 848 m.); y de nuevo el Nanga Parbat (8 125 m.) en solitario".[6] Messner tuvo otras notables hazañas; fue él quien confirmó el éxito de nuestra expedición al Aconcagua, al encontrar nuestro testimonio. Me siento muy agradecido a Dios por esto.

Después del descenso al campamento base, muy cansados, pero sin lesiones, regresamos a Plaza de Mulas. Y de ahí, un día después, a Puente del Inca, hasta el cuartel militar. Informamos a las autoridades sobre el cuerpo del japonés encontrado en la canaleta. Pudimos descansar dos días y partimos de regreso a Mendoza. En el hotel nos visitaron dos funcionarios de la embajada de Japón en Argentina, solicitándonos que les entregáramos la bandera que el montañista había dejado en la cumbre y nosotros habíamos rescatado. Seguramente fueron informados del hallazgo por los militares. Después de deliberar, el grupo les informó que, aunque sentíamos profundamente su muerte, no era posible entregarles el banderín, ya que era nuestro comprobante de cumbre. En otras palabras, era nuestro trofeo. Creo que lo entendieron.

Teniendo presente al japonés en mi mente, recordé que en varias ocasiones me preguntaron por qué me arriesgaba a emprender aventuras tan peligrosas como estas. Y yo contestaba que todos necesitamos hacer algo exclusivamente personal. Sobre todo en una época en la que casi cualquier cosa se consigue con dinero. "Esto es un aliento a mi interior y a mi orgullo", decía yo. Y me preguntaban también por el miedo. Yo respondía:

---

5. Reinhold Messner, *Las grandes paredes*, 82.
6. Ibíd.

Yo creo que el miedo es un compañero inseparable en este deporte. Sin miedo no se puede vivir activamente en la práctica del montañismo. Ante los momentos críticos se intensifica. Cuando estoy escalando tengo pocas dudas y preocupaciones. A cada paso pienso lo que puedo y lo que no puedo hacer cada día. Entonces, el miedo se constituye en un elemento esencial al que yo escucho. Es algo natural. Estoy consciente de que la muerte es parte de la vida. No se puede reprimir el miedo instintivo a despeñarse o ser barrido por el viento o una avalancha.

Esa era una forma de búsqueda del éxito. De querer llenar el alma vacía. Es un deporte que nos lleva a buscar objetivos más difíciles, montañas más altas y peligrosas cada día. En ese tiempo, eran las ganas de destacar. Mi forma constante de planear objetivos que llevaran al éxito no cesó con este gran logro deportivo ni con la dramática experiencia con el montañista japonés muerto cerca de la cumbre. La búsqueda de ese éxito, una vez más, me motivó a organizar más expediciones. Se había vuelto un reto y casi una obsesión. Era casi incontrolable porque mi alma se mantenía igual: vacía.

Al estar escribiendo este libro soy consciente de que la providencia divina está claramente expresada por parte de Dios en la forma en que preserva su creación y hace que opere. En cada momento, en cada situación que ocurre en cualquier lugar del mundo, incluyendo mi intención incesante de que el vacío de mi alma fuera resuelto, Dios está en control. Él tiene un final perfecto para cada una de ellas. Ahora puedo conocer que la maravillosa providencia de Dios tiene incluido el universo integralmente: "Jehová estableció en los cielos su trono, y su reino domina sobre todos" (Sal. 103:19). Dios ha gobernado de la eternidad a la eternidad sobre todo lo creado. Pero creo pertinente hacer una distinción sobre su providencia general y la que es especial.

La primera, la general, abarca el control total de parte de Dios sobre el universo, como dice el ya citado Salmo 103:19. La providencia específica, por otro lado, cubre el control detallado de Dios en el mismo universo, lo que integra también la historia (Heb. 1:3-12) y la vida de cada individuo, y particularmente también a cada persona que Él ha escogido (Ef. 1:3-12). Al respecto de la providencia de Dios en su concurrencia de todos los sucesos, John MacArthur dice en su *Teología Sistemática*:

Es su operación con las cosas creadas, que las hace actuar (ya sea por medio de una situación directa o de su ordenación a través de causas secundarias), según sus propiedades. La concurrencia de Dios en todos los acontecimientos no lo involucran en el pecado. Los hombres pecan conforme a la predeterminación de Dios en su decreto, pero por causas secundarias, de modo que Dios no provoca de forma directa ni efectiva los actos de pecado. Éxodo 10:1: "Jehová dijo a Moisés: Entra a la presencia de Faraón; porque yo he endurecido su corazón, y el corazón de sus siervos, para mostrar entre ellos estas mis señales". Asimismo, Dios refrena a menudo el pecado: "Dijo Jehová a Satanás: He aquí, todo lo que tiene está en tu mano; solamente no pongas tu mano sobre él. Y salió Satanás de delante de Jehová" (Job 1:12). O convierte un acto malvado para que tenga buenos efectos.[7]

De esta forma, la mano de Dios en esa providencia divina se mantuvo durante mi búsqueda de llenar mi alma. Así como Dios permitió que Satanás pusiera a prueba la fe de Job, permitiendo que atacara lo que tenía, de esa misma forma Dios dio su anuencia en mi vida en todo lo que hice practicando el montañismo y muchas otras actividades porque Él tenía un plan inmerecido y soberano para mí.

Ese mismo año, 1974, en junio, seis meses después del Aconcagua, ya teníamos organizada la segunda expedición. El objetivo era otra cumbre, con mayores dificultades técnicas, aunque de menor altura. La planeación y logística de la expedición anterior fueron de gran ayuda para la nueva, organizada para ir a la Cordillera Blanca del Perú, y alcanzar la cumbre del Huascarán.[8] Es un macizo nevado, ubicado en la cordillera occidental de los Andes peruanos, en las provincias de Yungay y Carhuaz, dentro de la región Áncash, en el sector orográfico denominado Cordillera Blanca, dentro de la zona reservada del Parque Nacional Huascarán.

El Huascarán involucra dos picos: la cumbre norte de 6 655 m., y la cumbre sur de 6 757 m. Es el punto más elevado del país y de toda la zona intertropical. Es la quinta montaña más alta del continente americano después de los picos del Aconcagua, Ojos del Salado, monte Pissis y cerro Mercedario. Desde el centro de la tierra, el Ecuador, es la segunda montaña más alta del planeta luego del volcán Chimborazo, superando en casi dos kilómetros la altura del Everest.

Para poder lograr este nuevo objetivo, los integrantes del grupo habían cambiado. Mariano Aguilera y Emilio Solís habían dejado el grupo y, en

---

7.   John MacArthur, *Teología Sistemática*, 224-25.
8.   En el idioma quechua, *Ancashino quiere decir Mataraju*, "Nevados mellizos".

su lugar, ingresaron José Luis Mier, quien también fue al Aconcagua en el año 1969 con Emilio Solís y José Luis Gonzáles. También se incorporaron Samuel Díaz y Vicente Hinojosa, cuya experiencia en escalada era relevante. Unir montañistas talentosos aportaría solidez y una expectativa de éxito clara, humanamente hablando. Otro expedicionario muy capaz estaba entrenando con nosotros, Raúl Bárcenas, quien finalmente no pudo participar en la expedición por razones de trabajo.

De esta forma, la expedición quedó conformada por seis integrantes. Mi hermano Manuel iría en este segundo reto también, y tal como lo hizo en la primera expedición, estaría a cargo de toda la logística de la alimentación. Yo tenía el privilegio de participar una vez más como director del grupo. Los objetivos eran producto de esa sed de éxito. Los resultados de la primera expedición fueron contundentes y de gran promoción nacional e internacional. En términos humanos, ahí debería haberse quedado todo intento o proyecto nuevo, incluyendo saciar mi ego de triunfo. Había alcanzado el éxito deportivo y político. ¿Qué más debía hacer?

La desesperación por el éxito, por sentirse triunfador, es algo que lo ciega a uno. No pensaba en lo que sucedería si yo moría en esos intentos y dejaba viuda a Lupita y huérfano a mi Luis Miguel. Cuando el alma está vacía, el hecho mismo de llenarla con lo que sea para alimentar el orgullo endurece el corazón. Lo endurece para no pensar más que en uno mismo al grado de volverse insensible también al peligro.

La organización de esta segunda expedición en cuanto a la planeación fue similar a la primera. Pero se tomaron en cuenta detalles propios del objetivo a realizar: los aspectos dietéticos y técnicos, incluyendo el equipo a usar, tanto personal como de campamento y escalada. Consultamos de manera especial a médicos especialistas en medicina del deporte para armar el botiquín y llevar medicinas adecuadas. Había ciertas diferencias con lo que habíamos llevado a la expedición al Aconcagua; buscábamos que fuera ligero y también práctico en caso de emergencia.

El objetivo a conquistar era la cumbre sur del Huascarán, de 6 757 m., la montaña más alta de Perú. Una escalada difícil, con bajas temperaturas constantes: un macizo gigantesco de hielo con dos cumbres y un glaciar con movimiento de más de cinco centímetros por día. En esta expedición, la técnica de escalada en hielo fue exhaustiva porque de principio a fin la expedición se llevó a cabo caminando, durmiendo y escalando sobre nieve y hielo.

La expedición se realizó en el mes de julio, en el verano de 1994, aunque comenzó a principios del mes de junio. En un vuelo directo, llegamos a la ciudad de Lima, Perú. Dos días después de confirmar nuestro arribo con las autoridades del Parque Nacional, partimos desde Lima en avión. Volamos a la ciudad de Huaraz, población enclavada en el callejón central de la Cordillera Blanca, de donde parten todas las expediciones a varias importantes montañas, entre ellas el Artesonraju y el Alpamayo.

En Huaraz se hizo el aprovisionamiento final de alimentos, se contrataron los porteadores que ayudarían a subir el equipo y los alimentos hasta el campamento base. Tres días después de haber llegado partimos hacia Musho, pueblo ubicado al pie de la montaña, desde donde iniciaríamos el ascenso. Desde ese día y punto de partida hasta la conclusión de la expedición necesitamos doce días más de trabajo diario para completar el objetivo. Se establecieron el campamento base y tres campamentos más; el primero a 4 800 m., el segundo a 5 500 m. y el tercero a 6 000 m., desde donde se hizo el ataque final a la cumbre norte de la montaña. Entre el campamento dos y el tres se ascendió directamente en dirección este, encontrando una loma triangular de aproximadamente 450 m. de hielo; una vez que nos encontramos en el lugar, pudimos superarla escalando algunos tramos con cuerda en el hielo hasta pasar el obstáculo. Hicimos una travesía ascendente hacia la garganta o collado bajo el cual se instalaría el campamento tres, en una zona protegida de avalanchas, a 6 000 metros de altura.

En la etapa entre el campamento dos y el tres —partiendo del campamento dos a 5 500 metros de altura—, salimos en cordadas o grupos, perfectamente asegurados el uno del otro, siguiendo todas las técnicas y medidas de seguridad y apoyo. La primera cordada para abrir la ruta la integramos Vicente Hinojosa y yo. La segunda, José Luis Mier y Samuel Díaz. En la tercera, Mariano Caro y mi hermano Manuel. La cantidad de grietas que encontramos en la primera travesía fue vasta, y por ello el paso era lento. En cierto momento, Vicente pasó por una grieta cubierta ligeramente de hielo; yo, detrás de él, lo aseguré. Pero cuando yo inicié el cruce de la misma, con su seguro, el hielo se rompió y me deslicé abruptamente. Comencé a irme hacia el fondo.

Afortunadamente, Vicente estaba alerta mientras caía y me detuvo con la cuerda, aunque me hundí poco más de veinticinco metros. Me golpeé con las paredes de la grieta, me lastimé las manos y la cara, pero gracias a Dios y a la técnica con el uso del piolet, y los crampones —herrajes para caminar en hielo y nieve— en las botas, pude frenarme. Tardé unos veinte minutos para salir lentamente de esa grieta con la ayuda y el apoyo de Vicente. Tenía mucho frío y estaba golpeado por el rebote en la grieta, pero todavía tenía mi vida. Cuando caí, sentí que no paraba de descender, y que ese sería el final de mi vida. Muchos montañistas han perdido la vida en el Huascarán como resultado de su peligroso glaciar, su movimiento que cambia la ruta por donde se asciende de un día para el otro y la cantidad de grietas que tiene.

Después de haberme repuesto, continuamos y llegamos al campamento tres después del mediodía. Descansamos desde temprano. Al día siguiente partimos para la siguiente travesía. El grupo se dividió al tener que subir una pared en cordadas de dos. Vicente y yo partimos de inmediato hasta el siguiente lugar para instalar el campamento. Armamos las tiendas y estuvimos esperando al resto del equipo; las otras dos cordadas se habían tenido que quedar la noche anterior bajo una pared de hielo para resguardarse de la noche y de posibles avalanchas. Al día siguiente, por la mañana, llegaron hasta donde estábamos con un grupo de cinco montañistas suizos que buscaban el mismo objetivo que nosotros: alcanzar la cumbre norte del Huascarán. Ellos venían escalando y ascendiendo por la ruta que nosotros veníamos abriendo. Llegaron tres horas antes que las otras dos cordadas de nuestros compañeros. Descansamos esa tarde, llegaron nuestros compañeros y planeamos los detalles de lo que sería el asalto a la cumbre.

Al día siguiente iniciamos las mismas tres cordadas de la jornada anterior. La travesía dio inicio a las cinco de la mañana para el ataque final a la cumbre. El día era precioso y los suizos se quedaron a descansar un día más en el campamento. Por casi doce horas de arduo trabajo, con una pendiente de más de cuarenta y cinco grados, buscamos la mejor vía de acceso para evitar escarpadas aristas y no caer en rimayas con piso falso. Con cansancio y mucho frío logramos finalmente la cumbre del Huascarán el 13 de junio de 1974 a las 18:15 horas.

Todo era júbilo, aunque la estadía en la cumbre fue muy breve. Tomamos descansos de quince minutos para sacar fotografías, darnos un abrazo y, sin relajarnos, iniciamos el descenso. Convoqué a todos a recordar que una de las etapas más importantes de la expedición apenas comenzaba; después de conquistar una cumbre, al descender, es cuando —en más del sesenta y cinco por ciento de las ocasiones— suceden los accidentes fatales. En muchos casos, llegan a perecer todos los integrantes de una expedición.

Al descender al campamento tres, donde pasamos la noche y descansamos lo mejor que pudimos, estábamos exhaustos. Los suizos ya habían partido hacia la cumbre por la ruta que habíamos abierto el día anterior. En la madrugada decidimos descender en una sola jornada. El mismo día fuimos desarmando a nuestro paso los campamentos dos y uno hasta llegar al campamento base. Era un reto muy difícil, y a la vez peligroso. El entusiasmo nos motivaba. Bajaríamos casi dos mil metros en aproximadamente doce horas. El riesgo estaba ahí, mucho descenso en pocas horas con peso excesivo en nuestras espaldas, pero nos arriesgamos.

Levantamos el campamento dos, el uno, y cuando llegamos a Mucho, el poblado y lugar de ubicación del campamento base, nos encontramos con un grupo de rescate alpino del Parque Nacional Huascarán, que respondía a un aviso por radio. Una expedición de origen suizo había sufrido un accidente. Varios integrantes del equipo de rescate se preparaban para subir. A la mañana siguiente nos informaron de la trágica muerte de los cinco expedicionarios suizos, el grupo completo con el que habíamos convivido días antes de nuestro ataque a la cumbre. Ellos siguieron la ruta por la que nosotros habíamos llegado hasta el campamento tres, antes de llegar a la cumbre. Según nos compartió el grupo de rescate, se sumergieron en una grieta grande y fueron absorbidos por el glaciar.

Platicamos sobre la posibilidad de ir al rescate de sus cuerpos, pero estábamos agotados y de nada serviría nuestro intento. Fue un momento sumamente triste, por el trágico final de este grupo. Ellos venían desde Suiza con la misma ilusión que nosotros: lograr otro éxito para sumar a su carrera deportiva.

La montaña se traga al hombre como la pieza más insignificante en su inmensidad. Se dice en el montañismo, como un slogan filosófico, que cuando el montañista pierde el respeto por la montaña, se relaja de las precauciones necesarias para este difícil y peligroso deporte. Su riesgo de accidentarse es mayor. No estoy diciendo que esta haya sido la causa del accidente y muerte de estos cinco montañistas, porque ahora sé que el autor de la vida y de la muerte es Dios. En mi experiencia en este deporte, viví varios casos de amigos y compañeros que perdieron el miedo, no fueron precavidos y tuvieron accidentes serios. Otros inclusive perdieron la vida.

Fue un momento de seria reflexión para cada uno de nosotros. Habíamos alcanzado la cumbre —el éxito— y habíamos descendido sin ningún percance. Pero también teníamos la tristeza del fatal accidente. Habíamos dejado el comprobante de ascensión en la cumbre, con la bandera de nuestro país y la lista de nombres de quienes integramos la expedición, con la fecha y la hora en que se había alcanzado el objetivo. Después de esta experiencia, que tenía una mezcla de gran satisfacción y de profunda tristeza, yo me preguntaba: ¿qué más me falta? Había experimentado el éxito una vez más, pero también el dolor de la pérdida de vida de colegas en el deporte, de quienes había recibido enorme motivación. Pude haber muerto cuando caí a la grieta, o en la ruta que abrimos Vicente y yo para llegar a la cumbre.

Me pregunté qué estaba buscando con todas estas experiencias, poniendo mi vida de nuevo en riesgo. Pensaba otra vez en Lupita y Luis Miguel, y me decía a mí mismo que esta sería la última expedición. Venía a mi mente, como resultado del actuar de mi conciencia, un remordimiento por estar actuando irresponsablemente como esposo y padre. Mi prioridad era vivir para el cuidado de mi familia. Me daba cuenta de lo que era correcto y lo que no lo era. Entendía racionalmente, pero incluso con la alerta de mi conciencia por mis acciones, mi orgullo era más fuerte que lo racional.

La conciencia actúa como si fuera un mediador o árbitro de índole moral y divino. La falta de sensibilidad para escuchar la conciencia nos lleva en ocasiones a la culpa y la vergüenza. Aunque está ahí y es algo que Dios otorga a todo hombre, ignoramos esa fuente de alarma que Dios nos ha dado. El Antiguo Testamento incluye un concepto preciso para la conciencia. Un ejemplo de esto es sin duda el rey Salomón, que pidió a Dios un "corazón entendido" para "discernir entre lo bueno y lo malo" (1 R. 3:9). Y en el griego del Nuevo Testamento, "conciencia" es *suneídesis*, la cual se encuentra alrededor de treinta veces, la mayoría en el libro de Romanos. El apóstol Pablo aborda el término conciencia en Romanos 2:14-15, hablando de los gentiles que no tenían entrada o acceso a la ley de Moisés. John MacArthur dice: "Las mentiras y el error pueden anular la ley moral que Dios ha dejado a cada persona y eso informa mal a la conciencia. El pecado también puede embotar y cauterizar la conciencia".[9]

Además de todas estas experiencias, mi alma continuaba vacía. Cuando estaba de regreso en casa, después de varias semanas de descanso, reinicié mis excursiones en las montañas de México. La tentación del éxito me volvía a envolver y me guiaba a tener otros sueños para promover otros objetivos. Pero tenía que ser un objetivo de mayor importancia que los que había alcanzado antes; si lograba una meta contundente, creía que entonces lograría el éxito. La necedad y el orgullo me apresaban, controlaban mis pensamientos. Al escribir sobre estas experiencias, no puedo creer en la necedad de continuar exponiendo mi vida de esa manera.

Mi búsqueda de llenar el vacío del alma me llevó a organizar otras tres expediciones, aparte de las que he narrado. Anhelaba algo que llenara mi alma. Buscaba experiencias cada día más peligrosas, de mayor renombre, que me dieran satisfacción personal. Pero la realidad es que ninguna aportaba nada a mi vaciedad. Y con este patrón de pensamiento, al año

---

9.   John MacArthur, *Teología Sistemática*, 429.

siguiente, en 1975, se organizó la tercera expedición. Esta vez a la montaña Alpamayo, también en Perú.

El objetivo era escalar la cumbre de esta montaña, considerada la más bella del mundo. El Ministerio de Cultura, a través de la Dirección Desconcentrada de Cultura Ancash (DDC-A) y el Instituto Nacional de Investigación en Glaciares y Ecosistemas de Montaña (INAIGEM), celebraron el quincuagésimo primer aniversario de la proclamación del nevado Alpamayo como la montaña más bella del mundo por la revista *Alpinismus* en 1966, en la exposición fotográfica en Múnich, Alemania, de ese mismo año. El Alpamayo es una montaña de extraordinaria forma piramidal de 5 947 m., con mayor grado de dificultad técnica que el Aconcagua y el Huascarán. Demanda una gran determinación y un temple a prueba de todo. Lograr llegar a la cumbre no es fácil. Los últimos 500 metros son un serio reto para cualquier montañista en cuanto a condición física, técnica y coraje.

Cuando estuvimos en esta maravillosa montaña pensé que, si en realidad no había roca, si solo era un bloque gigante de hielo, no podía creer su belleza y perfección. Si tengo oportunidad, aun cuando sea de gran edad, buscaré visitarla de nuevo. Y el círculo de mi vida, como montañista que fui, será completo como si fuera un niño. El Alpamayo está localizado en el departamento de Ancash, en el extremo norte de la Cordillera Blanca. Cuenta con dos rutas que son las más frecuentes: la popular, por el cañón Santa Cruz, y la segunda, siguiendo el cañón de Los Cedros, que ofrece una maravillosa vista de la pirámide. Por cualquiera de las dos rutas se debe caminar llevando todo lo necesario para la expedición por 120 km para llegar al campamento base, que equivale a cinco días de acercamiento, para de ahí dar inicio a la ascensión y escalada.

En esta tercera expedición, el grupo estaba integrado por Vicente Hinojosa, Raúl Bárcena y César García, quienes, junto con mi hermano Manuel, Mariano Caro y yo, formábamos una expedición física y técnicamente fuerte, y con un mismo objetivo. Así dimos inicio a la expedición en el mes de junio de 1975, viajando desde México hasta la ciudad de Lima, Perú, y de ahí en avión también hasta la ciudad de Huaraz. Después de cuatro días de aclimatación y conclusión de detalles en Huaraz, salimos en un transporte terrestre al poblado de Caraz, entrando por el callejón de Huaylas para llegar hasta el campamento base. En ese mes de junio y parte de julio de 1975, la corriente del Niño afectó las costas del Pacífico y su impacto deterioró el clima.

Las causas de este fenómeno obedecían a profundas alteraciones entre la atmósfera y el océano, que se generarían en la región del Pacífico tropical, lo que ocasionaría anomalías en la circulación general de la atmósfera. Esto generó efectos muy variados a nivel global. Trajo como consecuencia alteraciones climáticas, acompañadas principalmente de abundantes lluvias, alteraciones en los ecosistemas marinos y terrestres, como también fuertes nevadas en todas las cordilleras del Perú. Después supimos que, según documentos históricos, ocurrieron eventos extraordinarios asociados con El Niño durante diferentes años (1982, 1983, 1975, 1997 y 1998). Los efectos de esta corriente afectaron de manera especial la expedición al Alpamayo, generando fuertes nevadas que impactaron negativamente a las otras expediciones montañistas en Perú.

Sabíamos del pronóstico de la llegada del Niño, pero no creíamos que fuera a tropezar con nuestro objetivo. El primer efecto en nuestra expedición fue que no pudimos contratar cargadores de apoyo para llevar el equipo y alimentos hasta el campamento base. Tuvimos que hacerlo nosotros mismos e ir llevando después, desde el campamento base a los subsecuentes campamentos, lo que pertenecía a cada etapa de la expedición, desde el lugar adonde nos llevó el transporte contratado, caminando también a través del glaciar. Ya en la montaña era tanta la nieve que avanzar era muy difícil; nos hundíamos hasta la cintura. Esto requiere de un trabajo exhaustivo. Fue mucho el esfuerzo para poder equipar la montaña como habíamos planeado. Finalmente, con más días de los estipulados en el programa, logramos plantar el campamento uno, pero cayó una tormenta que nos mantuvo dentro de las tiendas de campaña por cuatro días y cuatro noches. No me resignaba a pensar que no lograríamos superar esa situación.

Finalmente, la tormenta cedió un poco y después de varias horas de travesía, logramos acercarnos a la pared somera de 450 metros, que permite llegar al collado; desde allí, planeamos los siguientes tres días de escalada por la arista norte hasta llegar a la cumbre. Equipamos la pared para tener más seguridad en el ascenso y para, en caso de emergencia, descender de forma segura, lo más rápido posible. Al cuarto día de dedicada labor, en el momento preciso, decidimos que todo el grupo debía subir la pared y tratar de ubicar otro campamento en el collado para, desde ahí, estudiar la viabilidad de una ruta hacia la cumbre.

Logramos llegar al collado y, estando en el campamento dos, otra tormenta nos azotó por varias horas. Esa tormenta estaba poniendo en peligro nuestras vidas, porque el equipamiento de la pared, que era necesario para cualquier emergencia en el descenso, podía quedar sepultado por la nieve. Al día siguiente analizamos la situación y decidimos que, a pesar de la cantidad de nieve, debíamos encontrar un paso por el cual pudiéramos cruzar la garganta del collado hasta la arista norte. Pero fue imposible. El exceso de nieve no nos permitía ver. No era terreno firme; era falso y muy peligroso. La frustración se generalizó. El desánimo nos apresó a todos y tuvimos que resignarnos. Después de varios días de esfuerzo, la expedición había fracasado. Días después nos enteramos de que todas las expediciones que habían entrado a Perú ese año habían fallado. Esto no era de consuelo, pero de alguna manera mitigó el efecto producido por el fracaso.

Mi orgullo había sufrido otro serio revés; según mi opinión, podía alcanzar cualquier meta que me propusiera. Ni siquiera el fracaso me doblegó para entender que solo hay una persona que es capaz de llenar el vacío del alma: el Señor Jesucristo. Mi propósito, sin embargo, no es enumerar los detalles de mi vida deportiva dentro del montañismo, sino enlazar de alguna manera todo lo que fue mi vida vacía con lo que fue posteriormente el fruto de mi vida llena por Dios. Con ese fin resumiré los objetivos en el montañismo que siguieron a los ya descritos.

Organicé dos expediciones más, una en el año siguiente, 1976, a la misma montaña (El Alpamayo); la expedición tuvo éxito, pero hubo consecuencias por causa de problemas de índole psicológico de uno de los integrantes. El pánico no le permitió moverse del campamento base. Al ver la magnitud de la montaña frente a él, se acobardó; eso implicó más trabajo para los demás: carga, caminata y días de expedición. Además, por todo ese esfuerzo, mis rodillas se vieron severamente afectadas. Sin embargo, alcanzamos la cumbre el 18 de junio a las 15:40.

El sueño de ir al Everest estaba latente. José Luis González, quien había estado en las expediciones al Aconcagua en 1973 y el Huascarán en 1974, contaba ya con los permisos del gobierno del Reino Unido de Nepal. La primera parte de la planeación ya se había iniciado, y el proceso de buscar los fondos empezaba a dar sus primeros pasos. Fui invitado a esta maravillosa expedición, pero después de analizarlo con Lupita, decidí no participar. En ese tiempo, nuestra querida hija Gabriela ya había nacido y hubiera sido muy irresponsable de mi parte estar otra vez ante ese peligroso reto. Dejé ir la oportunidad deportiva más grande que he tenido en mi vida. Pero en 1984, ocho años después de la última expedición al Alpamayo, cuando estaba trabajando como director de planeación en el Banco Mexicano Somex, Vicente Hinojosa me motivó para que organizáramos otra expedición buscando cumbres en Perú que jamás hubiesen sido conquistadas. Aunque no superaban los 6 000 metros de altura, tenían un importante grado de dificultad; había varias montañas así en la zona de la Cordillera Blanca del Perú. Si las conquistábamos, el nombre de México y los nuestros quedarían en los registros internacionales.

Una vez más llegaba una pregunta que ya era retórica: ¿qué estaba pasando conmigo? Le estaba fallando a Lupita de nuevo; después de las cuatro expediciones realizadas, tras haber renunciado al Everest, luego de haber enfrentado tres intervenciones quirúrgicas en mis rodillas y reflexionar sobre mi responsabilidad con mi familia, había decidido que no participaría en otra expedición. De nuevo, como resultado del apoyo de mi amada esposa, decidí hacerlo. Yo sentía en lo más profundo de mi corazón que el vacío del alma no desaparecía; mi vida transcurría sobre la misma ilusión: creer que la búsqueda de esos objetivos o su éxito llenarían en algo ese vacío profundo.

Con mucha frecuencia, los seres humanos buscamos aislarnos creyendo que, de esa forma, estamos más cerca de Dios. Algunos llaman a eso "retiro espiritual". Yo también llegué a creer lo mismo; al admirar desde esas alturas la belleza indescriptible de la creación de Dios, pensaba que estaba cerca de Él. Pero, más bien, lo que deseaba era saciar mi ego con éxitos. Como dice el doctor Greg Harris: "Lo que convierte al desierto en un desierto es la ausencia de Dios. Es esa desconcertante situación de pasar de la luz espiritual a la oscuridad espiritual, y con frecuencia darse cuenta recién cuando uno está rodeado por la niebla".[10] El Dr. Harris se refiere a los momentos de sufrimiento que un cristiano tiene en su vida, en los que piensa que Dios le ha abandonado. En mi caso, esto significaba oscuridad espiritual; mi ceguera me llevaba a buscar incesantemente, intentando llenar un vacío que no podía acallar.

Así comenzó un nuevo proyecto. Había vivido más experiencias de toda índole durante esos años —entre la última expedición al Alpamayo en 1976 y esta otra en 1984. Decidimos empezar el entrenamiento con el objetivo de alcanzar dos montañas en la Cordillera Blanca, en la zona del Callejón de Huaylas, que se encuentran entre las montañas Santa Cruz y Chacrarraju: el Nevado Ishinca (de 6 030 m.) y una montaña sin nombre. Para esta expedición, lo más difícil fue integrar el grupo. Mi hermano Manuel había decidido no practicar más este deporte. Raúl Bárcenas no estaba en condiciones de salir. José Luis Mier ya se había retirado de las expediciones y estaba dedicado a Carmelita, su esposa, que atravesaba un cáncer difícil. Mariano Caro y Mariano Silva estaban en otras etapas de sus vidas. Así que Vicente y yo decidimos buscar una tercera persona para que, en una cordada de tres, intentáramos conquistar estas montañas. Se unieron dos jóvenes al grupo: Jorge

---

10. Greg Harris, *La copa y la gloria*, 14.

Ordoñez —escalador entusiasta y muy buen técnico en montaña— y David Sastre —productor de cine y buen deportista. David nos acompañaría hasta donde fuera seguro, tomando fotografías y filmando, observando lo que sucedía para producir un cortometraje sobre montañismo.

El 1 de junio de 1984 a las 12:15 horas logramos bautizar una montaña de 5 870 m., el "Pucamacarraju" —que en idioma quechua quiere decir "Flor de hielo"—: un coloso bellísimo de empinadas paredes de hielo. Para acceder a su cumbre, desde el campamento base, necesitamos cuatro días de trabajo. Desde ahí fuimos descendiendo y cruzando un collado hacia el este. Así llegamos a la base del Nevado Ishinca; el 5 de junio a las 15:45 alcanzamos su cumbre (6 015 m.). Entregamos la evidencia de los ascensos al Pucamacarraju y el Ishinca al parque nacional Huascarán, y dejamos comprobantes de cumbre en cada montaña, como en las expediciones anteriores.

De esta forma concluí mi dedicada afición por escalar montañas en mi país y en el extranjero. Así como un boxeador cuelga los guantes o un ciclista fija a la pared su bicicleta, yo colgué el piolet en una pared de mi casa. Ese pequeño instrumento técnico me salvó la vida muchas veces. A la fecha es lo único que guardo como recuerdo de esta etapa emocionante y peligrosa de mi vida.

Yo era todavía joven, y de haberlo deseado, podría haber continuado con este tipo de expediciones, pero era consciente de mi responsabilidad como esposo y padre. Desde luego, continué mis excursiones en México, pero espaciadamente y corriendo menos riesgos que antes; un día, finalmente, en el mes de octubre del año 1988, decidí no practicar más mi adorado deporte. Me di cuenta de que, a pesar de haber convivido con amigos con los que arriesgué la vida y haber vivido un cúmulo de éxito y experiencias extraordinarias (para no hablar también de un número importante de tristezas), con todo, y durante todos esos años, no pude llenar mi vacío del alma. Fueron más de veinticinco años de práctica del montañismo, muchos momentos y experiencias, incluidas más de 240 ascensiones y escaladas en las tres montañas más importantes de México. Desde que tuve el privilegio en febrero de 1967 de conocer a Lupita —mi amiga, novia, esposa y madre de mis hijos— su apoyo para realizar estas hazañas ha sido definitivo. Pero ni siquiera el éxito en estos proyectos llenó mi alma.

Hay un éxito superior, sueños superiores y con más fruto. Pero necesitamos ser sensibles, tener dominio propio y evitar el impulso de hacer aquello que a veces planeamos. Atender primero lo que Dios quiere. Aprender a hacer la voluntad de Dios es la experiencia más maravillosa en la vida de un hombre. Por muchos años y de manera contraria a como pensaba yo antes de que Dios llenara el vacío de mi alma, actué como un necio. Ahora he dejado de luchar por sueños y metas sin sentido, esas cosas que me preocupaban y solo apuntaban a hacer crecer mi orgullo y vanidad. Eran solo metas materiales, vacías. Hoy pienso que Dios ha ido trabajando en mi vida y ha tenido paciencia conmigo. Él me ha enseñado a depender de Él y a obedecerle.

El hombre puede ser maduro en diferentes áreas. Puede estar lleno de talentos y dones pero, a pesar de todo, no querer aprender en otras áreas, no oír los consejos, no obedecer estrictamente las instrucciones divinas. A veces esa guía proviene del consejo de personas más sencillas o con menos dones y talentos que uno mismo. Al igual que sucedió con el pueblo rebelde de Israel, Dios "se siente frustrado" con nosotros cuando ve que estamos buscando nuestro éxito separados de Él. Nos olvidamos de que la forma de obrar de Dios muchas veces es a través de otros, o de nosotros obedeciéndolo y sirviendo a otros. Al estudiar la Biblia vemos las obras que Dios hizo por medio de Moisés y contemplamos los desafíos que debía enfrentar Josué, su sucesor. Él tenía temor, pero Dios le ofreció provisiones divinas y le impuso condiciones para que pudiera llevar a cabo la tarea con éxito. Le prometió capacidad y autoridad. También le prometió que su presencia estaría con él y le ofreció ser siempre fiel: "Nunca se apartará de tu boca este libro de la ley, sino que de día y de noche meditarás en él, para que guardes y hagas conforme a todo lo que en él está escrito; porque entonces harás prosperar tu camino, todo te saldrá bien" (Jos. 1:8).

La inmutabilidad de Dios es para nosotros un motivo de asombro. Dios es siempre el mismo. A pesar de nuestro pecado, sigue siendo amoroso, misericordioso y paciente con sus hijos. En nuestro matrimonio, Lupita y yo hemos ido alcanzando el éxito de nuestra relación, creciendo juntos en el conocimiento de Dios y el uno del otro. Pero lo más importante es que entendimos que el éxito en nuestra vida viene por medio de nuestro conocimiento y relación personal con Dios, a través de su gracia, amor y misericordia. Él ha sido fiel desde el inicio de nuestra relación, que a esta fecha está por cumplir 50 años como matrimonio y 54 del comienzo de nuestra amistad. Como en toda relación, primero nos comunicábamos cómo éramos, qué pensábamos, los sabores que nos gustaban, lo que sentíamos. Con el tiempo, nos dimos cuenta de cuánto nos amábamos. Había una actitud que nos unía hacia las cosas que nos interesaban.

Lupita apoyó en todo tiempo mis sueños, deseos e intereses, lo que buscaba para alcanzar el éxito. Actuó pensando antes en mí que en ella misma; yo también lo he hecho. Por la gracia de Dios, todo lo que he logrado, lo hemos alcanzado juntos. Dios nos encontró y llenó el vacío de nuestras almas. No fue sino hasta ese momento que conocí el éxito, que me definí como un hombre verdaderamente exitoso. No fueron mis metas deportivas, tampoco las profesionales, menos aún los puestos ejecutivos los que me dieron lo necesario para llenar el vacío del alma. No es el éxito en ningún área de la vida, ni ningún otro aliciente —incluyendo las riquezas o la posición social o política— lo que llena el alma. El éxito es alcanzado cuando Dios en su plan soberano hace su obra redentora, justifica nuestro pecado y nos salva; Él llena entonces el vacío del alma con su Espíritu, nos salva de la condenación eterna y nos hace nuevas criaturas.

Cuando veo en retrospectiva mi vida en ese tiempo, cuando analizo con madurez mis errores y mis pocos aciertos, veo claramente cómo Dios me sostuvo a pesar de todo (en su gracia común) y cómo —siendo ya cristiano— me ha dado inmerecidamente de su amor, gracia y misericordia para vivir dentro de su providencia. El éxito solo es posible cuando caminamos con Dios, cuando tenemos el alma llena. Y para lograrlo debemos hacernos la pregunta más importante que cualquiera pueda plantearse: ¿cómo puedo estar en una relación correcta con Dios, tener éxito y que Él me acepte y me haga su hijo? Es una pregunta a la que se han dado muchas respuestas. En su libro *El triunfo de la fe*, Les Thompson dice:

> Lutero comprendió que la fe no es la sola creencia en una realidad cualquiera, es más bien el reconocimiento del pecador en cuanto a que la justicia de Dios fue cumplida totalmente por medio de Jesucristo, cuando murió en la cruz. Allí satisfizo todas las demandas de Dios. No hay nada, entonces, que una persona pueda aportar o contribuir, no hay ningún mérito personal que pueda ofrecer para satisfacer las demandas justas de Dios.[11]

Lutero siguió en vano las enseñanzas de la Iglesia en busca de ese perdón. Ningún esfuerzo le dio el perdón de sus pecados. Solo la fe da al hombre salvación, certeza y comunión con Dios. Puedo decir que muchas veces el mundo define el éxito como la capacidad de una persona de lograr objetivos personales. Pero, ¿qué es lo que haría que Dios me viera como una persona exitosa? El concepto del Señor es constante. Para Dios, el éxito implica que

---

11. Les Thompson, *El triunfo de la fe*, 39.

siga siendo — ya con el alma llena— la persona que Él me llamó a ser, que alcance las metas que Él me guió a lograr. Así he dejado que su voluntad, descrita de manera clara en su Palabra, penetre hondamente en mi conciencia.

Hay dos elementos importantes en esto. Primero: nuestro éxito depende de llegar a ser lo que Dios quiere que seamos. Segundo: nuestro éxito depende de hacer lo que Él nos llama a hacer. En ambas áreas, Dios es soberano. Nuestro objetivo es entender plenamente lo que Él ha determinado para nosotros. Por tanto, nuestras victorias o éxitos le pertenecen en última instancia a Él, quien merece todo el reconocimiento. Nadie puede tener éxito si Dios primero no llenó su alma. De acuerdo a los esquemas del mundo y a todo lo que viví, quizás parecía que "lo tenía todo". Pero debemos preguntarnos: ¿cuál es el valor eterno del materialismo? Es cierto que no hay nada pecaminoso o malo en estas cosas, pero los cristianos no necesitamos llevarnos nuestros tesoros porque ya los hemos puesto a los pies del Señor. El objetivo es buscar, tener una vida motivada por la piedad, procurar la voluntad de Dios; con ello, ya estamos acumulando un gran tesoro en el cielo (Mt. 6:20-21). Nuestro verdadero valor se medirá por nuestra recompensa eterna, no por nuestra riqueza terrenal. Por tener el alma llena y vivir para Él.

La siguiente conclusión de Salomón nos da una expectativa para el propósito de Dios en todas las cosas, no solo en las que hemos enumerado: "Y dediqué mi corazón a conocer la sabiduría, y también a entender las locuras y desvaríos; conocí que aun esto era aflicción de espíritu" (Ec. 1:17). Este es un ejemplo muy poderoso de cómo un hombre del nivel de Salomón buscó comprender lo que la vida contiene a través de la investigación empírica en vez de buscarlo por medio de la revelación divina. Y lo que encontró es exactamente lo que encontré yo: la experiencia de un vacío total en el alma. Dice J. I. Packer: "El Dios que gobierna se esconde. Raras son las veces en que pareciera que hay un poder racional por detrás de todo lo que ocurre. Con harta frecuencia, lo que no tiene valor sobrevive, mientras que lo que tiene algún valor perece".[12]

Entonces Salomón, en otras palabras, está diciendo: "Sé realista, hazle frente a los hechos, toma la vida como viene". En lo que he hecho hasta el día de hoy, he podido aprender por la fe que Dios permite que atravesemos etapas y procesos en la vida. ¿Qué es lo que nos sostiene para crecer en la fe y ser realmente exitosos? Es el Dios de la creación y la maravillosa redención,

---

12. J. I. Packer, *El conocimiento del Dios Santo*, 137.

el autor de todo. Dios está lleno de su maravillosa gracia, amor y sabiduría, llena nuestras almas con su Espíritu Santo. Como cristianos debemos buscar vivir a la luz de su soberana voluntad, para llegar así al éxito que Dios diseñó para nosotros. Como dice Juan 17:3: "Y esta es la vida eterna: que te conozcan a ti, el único Dios verdadero, y a Jesucristo, a quien has enviado".

«¿Qué más me falta?»

MATEO 19:20

La verdad y el vacío del alma

*Nuestra persuasión y completa seguri-
dad [...] proviene de la obra del Espíritu
Santo, quien da testimonio a nuestro corazón con la palabra divina y por medio
de ella.*

OLIVER BUSWELL

"**P**orque de tal manera amó Dios al mundo...". Así comienza el que
es, quizás, el pasaje más conocido de toda la Biblia. El contexto de
esa famosa declaración debe buscarse en el encuentro de Jesús con un importante fariseo. Nicodemo se acercó a Jesús de noche, en la oscuridad no solo
física, sino también de su entendimiento, y le dijo: "Rabí, sabemos que has
venido de Dios como maestro; porque nadie puede hacer estas señales que tú
haces, si no está Dios con él" (Jn. 3:2).

Siendo cristianos, podemos interpretar este pasaje como una negación de
la divinidad de Cristo. A fin de cuentas, Nicodemo dijo: "Sabemos que has
venido de Dios *como maestro*"; no reconoció que era el Mesías, el Hijo de Dios
y el salvador de la humanidad. Pero si miramos con atención, la impresión es
completamente diferente. Nicodemo era un maestro religioso; el aprendizaje, la
memorización y la enseñanza de la Ley eran todo para él. Su identidad giraba
en torno a la búsqueda de la verdad. Cuando Nicodemo afirma que Dios envió
a Jesús como maestro no está faltándole el respeto; más bien, está reconociendo
el valor de Jesús en aquello que era más importante para él. Se está exponiendo

incluso a que Jesús ponga en duda su prestigio y saber: "¿Eres tú maestro de Israel, y no sabes esto? De cierto, de cierto te digo, que lo que sabemos hablamos, y lo que hemos visto, testificamos; y no recibís nuestro testimonio" (vs. 10, 11).

El relato del encuentro entre Jesús y Nicodemo no nos permite conocer mucho más sobre este maestro de Israel. No sabemos si este buscador de la verdad se fue cabizbajo y triste (como el joven rico) o lleno de vitalidad y con el alma llena (como la mujer samaritana). Lo único que sabemos es que, tras el encuentro con Jesús, Nicodemo ya no habitaba en las tinieblas; el evangelio de Juan lo explica de dos maneras.

En primer lugar, en el capítulo 7, Nicodemo intercede por Jesús ante un grupo de líderes religiosos enojados; sus palabras sonaron a oídos de los fariseos como una defensa del ministerio de Cristo: "¿Eres tú también galileo?" (Jn. 7:52), le dijeron. En otras palabras: ¿era Nicodemo un seguidor de Jesús de Galilea?

Hacia el final del relato, poco después de la muerte de Jesús, José de Arimatea pide el cuerpo del Señor a Pilato. Y aquí el personaje vuelve a aparecer en escena: "También Nicodemo, el que antes había visitado a Jesús de noche, vino trayendo un compuesto de mirra y de áloes, como cien libras" (Jn. 19:39). Quien había sido un maestro confundido que buscaba a Cristo de noche, expone ahora su reputación y posición social al participar de un cuidadoso entierro para el maestro de Galilea. Y finalmente, Nicodemo buscó la verdad y la encontró, el Señor se la mostró.

Si buscáramos una definición de "verdad", nos sorprenderíamos ante la variedad de ideas y definiciones disponibles. En el mundo en el que vivimos, la verdad se podría definir como "aquello que parece ser". Para muchas personas, la verdad es fundamentalmente un acuerdo, un concepto pragmático, lo que funciona. Si me ayuda a adaptarme a mi ambiente y a sobrevivir en este mundo, es la verdad.

La realidad del universo físico es experimentada a través de los sentidos: al ver algo con nuestros ojos, escuchar algo con nuestros oídos, oler algo con nuestro olfato, tocar algo con nuestras manos. Solo después de tal experiencia, admitimos que algo existe. Pero la única forma en la que conocemos ese "algo" es a través de nuestros sentidos, y los sentidos son conductos artificiales. No estamos en contacto directo con el universo físico. Solo estamos en contacto con él a través de nuestros sentidos. Por eso, al definir la verdad al respecto de nuestra vida ayer, hoy y en nuestro futuro eterno, tenemos que detenernos para ver la realidad con otros ojos. Cuando lo hacemos, la perspectiva del universo físico se transforma y nuestro concepto de gozo, de éxito y de todo aquello que tiene que ver con el alma llena cambia radicalmente las cosas.

Cuando vemos que "la realidad" es sinónimo de "la verdad" —no en el concepto filosófico, en que la palabra "verdad" ha cambiado su significado con el paso del tiempo, donde tiene que ver con el pensamiento de un autor tratando de defender su propia verdad—, entonces entendemos que la verdad es Dios mismo y que está claramente definida en los sesenta y seis libros de las Escrituras.

El compendio y la integración de los libros de la Biblia se conoce con el nombre de canon, una palabra de origen griego empleada primeramente por los Padres de la Iglesia. Se refiere a cada libro que tiene derecho a estar incluido dentro de la Biblia; ese texto recibe el nombre de "canónico", mientras que, el que no posee este derecho es "no canónico". El canon es la lista normativa de libros inspirados y recibidos de parte de Dios, tanto del Antiguo como del Nuevo Testamento.

La Biblia, entonces, es equivalente a la autoridad divina. Canonicidad no es sinónimo de inspiración, pero ambas áreas son precisamente coextendidas. Aquellos libros que son inspirados, son canónicos, y aquellos libros que son canónicos, son inspirados. Los libros de la Biblia fueron canónicos cuando fueron escritos en el verdadero sentido de la palabra; es decir: fueron la regla de Dios para nuestra fe y vida. Estos libros fueron reconocidos como canónicos en el momento de ser escritos por quienes Dios definió que fueran escritos. El reconocimiento de Israel al respecto del Antiguo Testamento y de la Iglesia en su totalidad, requería en algunos casos tiempo. En general, los libros de la Biblia fueron reconocidos por el pueblo de Dios como la Palabra de Dios al ser leídos y estudiados. Pero, ¿cómo reconocemos su canonicidad? Oliver Buswell, en su *Teología Sistemática*, dice:

El testimonio de la iglesia puede movernos e inducirnos a tener para las Santas Escrituras una estimación alta y reverencial (1 Ti. 3:15), a la vez que el carácter celestial del contenido de la Biblia, la eficacia de su doctrina, la majestad de su estilo, el consenso de todas sus partes, el fin que se propone alcanzar en todo el libro (que es el de dar toda gloria a Dios), el claro descubrimiento que hace del único modo por el cual puede alcanzar la salvación el hombre, la multitud incomparable de otras de sus excelencias, y su entera perfección, son todos argumentos por los cuales la Biblia demuestra abundantemente que es la Palabra de Dios. Sin embargo, nuestra persuasión y completa seguridad de que su verdad es infalible y su autoridad, divina proviene de la obra del Espíritu Santo, quien da testimonio a nuestro corazón con la palabra divina y por medio de ella.[13]

La Biblia da testimonio amplio del desarrollo en la historia del canon. La colección más antigua fueron los Diez Mandamientos. Estos forman el principio de todo el canon bíblico. Dios mismo escribió en dos tablas de piedra las palabras que ordenó a su pueblo y entregó a Moisés (Ex. 31:18). Tanto las tablas como la escritura eran obra de Dios (Ex. 32:16; Deut. 4:13; 10:4). Las tablas de la ley eran los términos del pacto entre Dios y el pueblo, y fueron depositadas en el arca del pacto (Deut. 10:5).

En el tiempo de la historia de Israel, la colección de palabras autoritativas de Dios creció. Moisés escribió palabras adicionales que se debían depositar junto al arca del pacto (Deut. 31:24-26). Deuteronomio fue incluido como parte de los primeros libros del Antiguo Testamento que también escribió Moisés (Ex. 17:14; 24:4; 34:27; Nm. 33:2; Deut. 31:22). Después de que Moisés murió, Josué añadió a esa colección lo que él escribió (Jos. 24:26). Más allá, el Antiguo Testamento continuó creciendo. Si fechamos a Hageo en el año 520 a. C. y Zacarías en el 520-518 a. C., tenemos una idea de las fechas aproximadas de los últimos profetas del Antiguo Testamento.

Josefo, quien nació en el año 37 o 38 d. C., explicó: "Desde Artajerjes hasta nuestros propios tiempos, se ha escrito una historia completa, pero no se le ha considerado digna de igual crédito como los registros anteriores, debido a la interrupción de la sucesión exacta de los profetas". Esta afirmación de Josefo, el más grande historiador judío del primer siglo después de Cristo, muestra que sabía de los escritos considerados como parte de la "apócrifa". Según el punto de vista de Josefo, no había habido "palabra de Dios" añadida a las Escrituras después de alrededor del año 435 a. C.

Josefo divide las Escrituras en tres secciones: (1) "Cinco libros son de Moisés"; (2) los profetas que vinieron después de Moisés consignaron en trece libros, hasta Artajerjes, los acontecimientos de sus tiempos —es indudable que Josefo seguía la disposición de la LXX; los trece libros probablemente son Josué, Daniel, Isaías, Jeremías con Lamentaciones, Ezequiel y los doce profetas menores; (3) los cuatro libros restantes contienen himnos de Dios y preceptos de conducta —estos seguramente eran los Salmos, el Cantar de los Cantares, los Proverbios y Eclesiastés.

---

13. Oliver Buswell, *Teología Sistemática*, 1962.

No hay registro alguno en el Nuevo Testamento de que hubiera disputa entre el Señor Jesús y los judíos sobre la extensión del canon. Vemos pleno acuerdo entre Jesús, sus discípulos, los dirigentes judíos y el pueblo judío. Por otra parte, las adiciones al canon del Antiguo Testamento habían cesado después del tiempo de Esdras, Nehemías, Ester, Hageo, Zacarías y Malaquías. Este hecho queda confirmado por las citas del Antiguo Testamento que hacen Jesús y los autores del Nuevo Testamento.

El canon del Nuevo Testamento comienza con los escritos de los apóstoles. Debemos recordar que la escritura de la Palabra de Dios básicamente ocurre en conexión con los grandes eventos de Dios en la historia de la redención; el Antiguo Testamento los registra e interpreta para nosotros: el llamamiento de Abraham, el establecimiento del pueblo de Dios en la tierra de Canaán, el establecimiento de la monarquía, la deportación y el regreso del cautiverio. Cada uno de estos grandes eventos de Dios en la historia interpreta para nosotros las propias palabras de Dios en las Escrituras. El Antiguo Testamento cierra con la clara expectativa del Mesías que vendría (Mal. 3:14; 4:1-6). La siguiente etapa en la historia de la redención es la venida del Mesías. Por lo tanto, no es sorpresa que no hubiera Escrituras adicionales antes de la llegada del siguiente evento, el suceso más grandioso de la historia de la redención.

El Nuevo Testamento consiste de los escritos de los apóstoles. El Espíritu Santo les dio primordialmente la capacidad de recordar con precisión las palabras y obra de Jesucristo, y de interpretarlas correctamente para las generaciones siguientes.

La trigésima novena carta pascual de Atanasio (367 d. C.) contenía una lista exacta de los veintisiete libros del Nuevo Testamento que tenemos hoy. Esta era la lista de libros aceptados por las iglesias en la parte oriental del mundo mediterráneo. Treinta años más tarde, en el 397 d. C., el concilio de Cartago, representando a las iglesias en la parte occidental del mundo mediterráneo, concordó con las iglesias orientales al respecto de la misma lista. Estas son las listas finales más tempranas de nuestro canon actual.

No debemos esperar a que se añada algún otro escrito al canon. Las primeras palabras del libro de Hebreos ponen este asunto en la perspectiva histórica apropiada, la perspectiva de la historia de la redención: "Dios, habiendo hablado muchas veces y de muchas maneras en otro tiempo a los padres por los profetas, en estos postreros días nos ha hablado por el Hijo, a quien constituyó heredero de todo, y por quien asimismo hizo el universo" (Heb. 1:1-2). Luego entonces, la Verdad está en su Palabra, la verdad es Él, es Dios: "Santifícalos en tu verdad, tu palabra es verdad" (Jn. 17:17). El concepto que el autor tiene aquí sobre la santificación es el hecho de apartar algo para que tenga un uso particular. Visto así, como Juan lo expresa, un creyente es apartado para Dios y sus propósitos de forma exclusiva. Por lo tanto, el creyente solo lleva a cabo lo que Dios quiere y aborrece todo lo que Dios también aborrece.

La santificación solo es posible, entonces, a través de la verdad, que es la revelación otorgada por el Hijo, el Señor Jesucristo, en relación con todo lo que el Padre le instruyó comunicar, lo que está finalmente en el contenido de las Escrituras. "Pero nosotros debemos dar siempre gracias a Dios respecto a vosotros, hermanos amados por el Señor, de que Dios os haya escogido desde el principio para salvación, mediante la santificación por el Espíritu y la fe en la verdad" (2 Ts. 2:13).

Sin duda alguna, los salmos explican de manera única lo que es la verdad, la Palabra de Dios —especialmente los Salmos 19 y 119. El Salmo 19, en los versículos 7 al 9, describe no solo qué es la verdad, sino además lo que hace y cómo afecta al hombre:

> La ley de Jehová es perfecta, que convierte el alma. El testimonio de Jehová es fiel, que hace sabio al sencillo. Los mandamientos de Jehová son rectos, que alegran el corazón; el precepto de Jehová es puro, que alumbra los ojos. El temor de Jehová es limpio, que permanece para siempre. Los juicios de Jehová son verdad, todos justos.

La ley es la Palabra de Dios. Es mostrada en estos versículos como la que lleva la ordenanza inmersa en la verdad de Dios. Está dando el testimonio del autor divino. Es la Palabra de Dios dando órdenes, disponiendo acciones y cambios de conducta, al grado tal de transformar y regenerar el alma del hombre. También le da dirección. Las Escrituras son un manual para la adoración de Dios, la voz misma de Dios.

Él sabe que el corazón del hombre es pecaminoso, y cambiarlo no es algo que el hombre pueda hacer. Es tan duro como la piedra más dura. Doblegar la "libre voluntad" del hombre, que es la reina del alma, por decirlo así, es muy difícil, y únicamente se consigue por medio del poder divino. Los predicadores de la Palabra de Dios lo consiguen solo por ese medio, porque es el instrumento de Dios que ablanda y rompe cualquier dureza en el alma. Y llega a doblegar e incluso someter esa "libre voluntad" al regenerarla, haciendo que el hombre se muestre totalmente predispuesto a escuchar. Lo lleva a entender su bancarrota espiritual y la necesidad del Salvador. Cuando Dios ha obrado en alguien a través de su Espíritu Santo y se entrega a Cristo, esta persona es convertida en una nueva criatura (2 Co. 5:7). Dios le da una nueva naturaleza y una nueva disposición con nuevos deseos. Desea hacer lo que es honesto y ya no se encuentra bajo el control y el dominio del pecado. Sin embargo, la naturaleza nueva queda en cierta manera cautiva de la humanidad caída. La lucha real de la influencia del pecado y esa nueva naturaleza dada por Dios continúa durante todo el tiempo que vivimos en este cuerpo.

Dice Hebreos 4:12: "Porque la palabra de Dios es viva y eficaz y más cortante que toda espada de dos filos; y penetra hasta partir el alma y el espíritu, las coyunturas y los tuétanos, y discierne los pensamientos y las intenciones del corazón". Por una parte, la Palabra de Dios es consuelo y fuente de alimento espiritual para aquellos a los que Dios ha llenado el alma, los que creen. Por la otra, es herramienta que lleva a juicio a todos aquellos que no son hijos de Dios, que no han rendido sus vidas a Jesucristo.

El apóstol Pablo compara la Palabra de Dios con una espada de dos filos, con poder absoluto para partir el alma y el espíritu. Estos no son dos elementos vitales separados entre sí, de igual manera que no están separados los pensamientos y las intenciones; Pablo los emplea como si dijera "corazón y alma", con el objetivo de expresar la totalidad de la persona.

El evangelio que nos lleva a la salvación nos aleja de la condenación eterna, del infierno. Y también de la muerte espiritual. Nos da vida espiritual. No hay otra experiencia más maravillosa en la vida del hombre que el hecho de que Dios llene su alma y le dé la certeza de no seguir esclavizado al pecado.

La ausencia del pecado nos da la capacidad de ver y ser sensibles al pecado mismo. El único que no pecó fue Jesús. No tenía la capacidad de pecar. Pero vivió tentaciones ante las que jamás claudicó. La ausencia del pecado hacía que Él fuera mucho más sensible al mismo. Como dice Hebreos 12:3-4: "Considerad a aquel que sufrió tal contradicción de pecadores contra sí mismo, para que vuestro ánimo no se canse hasta desmayar. Porque aún no habéis resistido hasta la sangre, combatiendo contra el pecado".

La Palabra de Dios hace referencia abundante a la justicia de Dios. Sería algo muy difícil de sobrellevar para nosotros, humanamente hablando, que Dios fuera justo y no nos proveyera de su gracia. Estoy consciente de que lo único que merezco es la muerte y que la sentencia de la justicia de Dios es justamente esa. Pero Dios sabe que necesitamos de la salvación, su regalo de gracia. Lo maravilloso es que a ese trono de gracia puede acceder cualquier persona con seguridad y confianza.

Para poder entender la verdad tuve que experimentar el fenómeno sobrenatural de Dios como es descrito en el Salmo 19:7-9. Necesité llegar al clímax de la incapacidad humana, de la bancarrota espiritual, para entender que lo que yo hacía por mí mismo no podía seguir así porque me estaba llevando a la ruina moral, social, material y, sobre todo, espiritual. Dios hizo esto para que yo pudiera entender que solo bajo su dependencia la vida tiene sentido.

Viniendo de un trasfondo religioso católico, mi conversión al cristianismo, al conocimiento de la verdad, tuvo lugar durante la década de los ochenta, en la ciudad de Cuernavaca, México. Antes de este importante y dramático suceso, viví un declive emocional y material que quebrantó mi orgullo completamente. Lo que gobernaba mi mente y, por consiguiente, mis deseos por más de treinta años era el dinero: tener una posición social y mantener un nivel económico que pudiera sostener una vida de soberbia. Solo buscaba relacionarme con la gente que me interesaba, que tenían algo que ofrecerme, de quienes pudiera aprender algo. Pero lo cierto es que, más que aprender, las usaba. Practiqué un interés total por mi prójimo, pero en el peor de los sentidos: el de buscar qué podría obtener de él o ella. Mi esposa y mis hijos solo veían lo que el mundo tiene para ofrecer: fiestas, reuniones, viajes, muchos placeres mundanos y un nivel económico que buscaba mantener a toda costa.

Sin duda alguna, la obra de Dios ya había iniciado su trabajo en mí y en Lupita; tiempo después también llegaría a nuestros hijos. Todo empezó cuando perdí mi trabajo en el año 1986. Viví una persecución política cuando era coordinador de eventos culturales y deportivos de la Paraestatal, Petróleos Mexicanos. En la responsabilidad que ejercí, estuve cerca de ciertos sucesos, fui testigo de negociaciones en contrataciones de servicios. En ese tiempo no acepté ser parte de un acuerdo fuera de la ley de adquisiciones. Mi testimonio comprometía a gente importante. Me pusieron una trampa. Fui detenido, apresado e incomunicado para que los que querían mi mal tuvieran tiempo para fabricar pruebas y armar sus testimonios y expedientes.

Creían tener lo suficiente para que me fundiera en la cárcel por muchos años. Pero Dios en su gracia común actuó y fui liberado de ese horrible momento, sin cargo alguno. Ese fue el corolario de mi vida de soberbia. Me encontré recluido, sin ninguna orden de aprehensión, como secuestrado entre agentes federales y maleantes, en proceso de ser consignados por jueces federales por delitos graves. Fueron días de frío, de incomodidad y angustia, sobre una cama de piedra, cubierto con papel de periódico. Ahí recibía a varios agentes, que me interrogaban sin importar la hora. En los momentos de más cansancio, evitaban que durmiera; sus preguntas eran constantes y sin sentido. La comida era muy poca; con el limitado dinero que me habían permitido retener, pagaba lo que comía y a la persona que llevaba los alimentos a los detenidos.

Al escuchar lo que los agentes y comandantes hablaban, entendí que en el proceso de los políticos contra alguien, cuando se detiene a una persona de manera ilegal y es incomunicada por varios días, se la puede consignar con éxito. Al pasar ese período de tiempo, son amparados por la ley y pueden dictar el acto formal de prisión. Así se recluye al detenido para que, estando encarcelado, se inicie un juicio sobre la base del expediente armado contra el detenido. Es una triste realidad de la justicia en México, que sigue estando muy distante de lo que debería ser un proceso judicial. Uno es culpable hasta que demuestre su inocencia.

Después entendí que Dios estaba usando todo esto en mí. Mi orgullo estaba siendo horadado de manera real y profunda. Cuando me mandaban llamar para declarar —algo que sucedió varias veces—, alguien decía mi nombre en voz alta y yo contestaba para identificar la celda donde me encontraba. No estaba solo, había otras tres personas conmigo. Ellos me preguntaban la razón por la cual estaba ahí y yo les contestaba que no lo sabía, pero que debíamos ser sumisos y hacer lo que se nos pedía, ya que, en esos lugares, ni los rangos, ni los niveles sociales y mucho menos el orgullo sirven de nada. Estábamos abatidos por el miedo y la incertidumbre de lo que nos podía pasar.

Mi vida de orgullo se estaba resquebrajando. Al salir de esa cruda experiencia —que yo hubiera querido que fuera un sueño—, tuve que tomar decisiones drásticas para mi vida y mi familia. Comprendí después que Dios permitió esta experiencia para cumplir sus planes en mí, para llevarme al estrado de sus pies.

Tras concluir el aspecto legal de esa pesadilla, me dejaron en libertad; sin embargo, seguían vigilando mis pasos. Todos mis movimientos eran rastreados día y noche. El temor de que yo hablara estaba presente, pero yo había entendido el mensaje. No pondría en riesgo mi integridad física y mucho menos a la familia. Mi preocupación por mis seres queridos era grande, así que decidí que saliéramos de la ciudad de México.

No entendía cómo después de tantos años de éxito, de progreso, de vivir en un entorno de amigos y una esfera social amplia y diversa, con muchas relaciones en diferentes campos y una vida con tantas satisfacciones, comenzaba a perderlo todo. No entendía cómo nuestra vida en el ambiente del arte, la música, la literatura, con personas de cierto nivel, que incluía la política, se estaba desvaneciendo de la noche a la mañana. Todo se estaba oscureciendo. No veía el rumbo ni la forma de poder sacar a mi familia adelante; ya no tenía nada que ofrecerles, ni siquiera un trabajo que me diera los ingresos mínimos para costear las cosas más básicas. El poco dinero que tenía se esfumaba. Los posibles negocios desaparecían. Más de treinta y cinco años de vida se estaban destruyendo y no veía cómo detener la debacle. No tenía la capacidad de enderezar el barco ni entendía dónde empezar de nuevo.

Tomé la decisión de buscar otras posibilidades, de empezar en otra ciudad. Huyendo de mis errores, de mí mismo, nos cambiamos a Cuernavaca. La vergüenza por terminar de esta forma era una realidad. Muchos amigos y personas a quienes había ayudado me empezaron a voltear la espalda. Dejando atrás absolutamente todo, partimos. Estábamos empezando a vivir las consecuencias de la búsqueda constante de las satisfacciones que este mundo ofrece. No tenía nada de valor para dar a mis hijos. Como dice Eclesiastés 3:16-17: "Vi más debajo del sol: en lugar del juicio, allí impiedad; y en lugar de la justicia, allí iniquidad. Y dije yo en mi corazón: Al justo y al impío juzgará Dios; porque allí hay un tiempo para todo lo que se quiere y para todo lo que se hace". A excepción de las escuelas de mis hijos, que sin duda ayudaron a su formación, lo demás era literalmente basura. En mi caso, la experiencia profesional también me aportaba conocimientos que aplicaría en el futuro, sobre todo planeación, organización y dirección.

Desde luego, algunas amistades entrañables permanecen hasta el día de hoy. Yo me preguntaba, ¿cómo explico a mis tres hijos que ya no tenemos nada de lo que teníamos antes? ¿Cómo voy a construir una nueva vida para mi familia si no soy capaz de resolver las necesidades de cada día? Mientras estas preguntas continuaban surgiendo, perdíamos autos, membresías de clubes, inclusive la casa donde vivíamos. Nos habíamos quedado sin nada. Dios estaba trabajando en nuestras vidas en una forma como solo Él sabe hacerlo, en proporción directa a la dureza del corazón que cada uno tiene. "Serán gastadas de hambre sus fuerzas, y a su lado estará preparado quebrantamiento" (Job 18:12). Cuando Dios ha definido nuestro camino, nada lo detiene; Él hizo exactamente su perfecta voluntad para que todo se cumpliera en mí y también en mi familia.

Al principio de esta nueva etapa, busqué trabajo en Cuernavaca y encontré uno en el rubro de bienes raíces. Renté un pequeño lugar en la ciudad, y Lupita y mis hijos iban a visitarme los fines de semana. En Cuernavaca encontré a un amigo que años antes era dueño de varios negocios. Él nos presentó a Roberto Cordera, quien amablemente nos invitó a Lupita y a mí a su casa. Le explicamos en detalle lo que estábamos pasando. Le hicimos ver el nivel de ruina material, social y espiritual en el que nos encontrábamos. Roberto abrió la Biblia y nos explicó el evangelio, nos mostró el plan de Dios para el hombre y la importancia de entender quiénes somos delante de Él: personas que no merecen nada más que el juicio eterno de Dios. Nos hizo ver que el plan de Dios para el hombre está claramente descrito en su Palabra, que debíamos entender lo que Cristo hizo en la cruz por nuestro pecado y que la gracia de Dios era el instrumento para ser salvos. Fue un momento de quebranto muy difícil, pero a la vez maravilloso: estábamos entendiendo por primera vez por qué el Señor Jesucristo había muerto en la cruz. Él fue tratado como pecador para que nosotros pudiéramos ser tratados como justos.

Fuimos confrontados con nuestra realidad a través de la verdad, así como con nuestra incapacidad humana para buscar a Dios y entender el evangelio. Solo por su gracia pudimos voltear a Él y pedirle perdón. Y lo más maravilloso es que Dios nos perdonó. Había justificado nuestro pecado, en los méritos y la obra de Cristo. Dios había regenerado nuestros corazones. Nos había dado la fe y la capacidad de arrepentirnos, nos llenó el alma. "Porque por gracia sois salvos por medio de la fe; y esto no de vosotros, pues es don de Dios; no por obras, para que nadie se gloríe" (Ef. 2:8-9).

Así comenzamos a comprender y vivir su obra redentora, la justificación de nuestros pecados y su plan de salvación. El Señor había llenado el alma vacía de Lupita y la mía de acuerdo a su plan soberano. No tengo un día y hora para decir que mi salvación fue consumada. Habiendo profesado la fe en Cristo, sabiendo que no teníamos nada que ofrecer a Dios, Lupita y yo experimentamos que la fe dada por Dios era una realidad.

Tenía forma, pero no tenía fondo todavía. Conocíamos de Cristo, pero no teníamos una relación como Él la demanda. Diariamente leíamos la Biblia, y con nuestro limitado entendimiento nos dábamos cuenta de lo que Dios hizo en su plan para que sucedieran todas las cosas que nos estaban pasando. Era para quebrantarnos, para que llegáramos a estar vacíos, sin ningún otro tipo de recurso humano, incapaces de hacer nada por nosotros mismos. Dios había martillado el orgullo en todo aspecto: no teníamos dinero, ni posesiones, ni amigos, ni un auto para transportarnos, ni un lugar donde vivir, ni esperanza, mucho menos futuro. Dios nos humilló y nos puso de rodillas delante de Él para clamar por su perdón.

Me humilló al extremo, separándome de la relación con mucha gente, incluyendo amigos influyentes y poderosos. No tenía dinero para trasladarme a Ciudad de México para buscar ayuda o pedir un préstamo. Y cuando hablábamos con familiares solicitando su apoyo no creían lo que estábamos viviendo.

Se burlaban de nosotros. Un día Lupita y yo escuchamos a nuestros hijos hablar entre ellos, sorprendidos al ver que todo lo que teníamos ya no estaba y, al mismo tiempo, lo que Dios hacía en nuestras vidas. Ya no había nada material. Debíamos empezar de nuevo, con la enorme diferencia de que ahora teníamos tres hijos: Rodrigo en estudios primarios, Gabriela en la preparatoria, y Luis Miguel, el mayor, iniciando sus estudios universitarios. Además, en ese tiempo se concretó el veredicto final de la pérdida de nuestra casa en Ciudad de México.

Fuimos víctimas de un cuantioso fraude por un joven abogado, hijo de un cercano amigo mío, quien después de la muerte de su padre tomó nuestro caso y mostró su maldad al cometer esa acción. Su padre había fallecido meses antes, víctima de una severa enfermedad. Este joven supo, antes de defraudarnos, que el juicio se había perdido, y a pesar de ello nos pidió dinero, nos dio esperanza de seguir con las gestiones para ganar el juicio. Fue muy humillante y triste. Pero era parte del plan de Dios.

Después de esos momentos, vivimos más de dos años de constantes pruebas. Amanecíamos algunos días sin tener qué comer, sin dinero para comprar nada. La necesidad llegó al extremo. Vendía cosas de puerta en puerta o en algunos negocios. Daba gracias a Dios por la comida de cada día. Una iglesia en la que nos congregamos nos proveyó incluso víveres y comida para nuestra subsistencia por medio de su pastor, Mike Paterson. Estaremos siempre agradecidos a Mike por su amor y apoyo, al igual que a su familia. Aprendimos muy temprano a depender de Dios en todo.

Por otra parte, estaba el asunto de cómo continuarían nuestros hijos sus estudios. Alejandro Williams, fundador y propietario del Colegio Williams en la ciudad de Cuernavaca, era amigo mío. Fuimos compañeros cuando estábamos en la primaria y la secundaria, en la Ciudad de México. Lo visité buscando alguna alternativa para los estudios de mis hijos menores, Gabriela y Rodrigo. Por razones solo atribuibles a la gracia de Dios, me otorgó una beca total para ambos. Gabriela concluyó su preparatoria y Rodrigo los primeros años de su primaria; posteriormente continuaría en otra escuela, y después en Bonaire, en las Antillas Holandesas. Finalmente, los dos concluyeron sus estudios profesionales en Estados Unidos. En cuanto a Luis Miguel, el mayor de los tres, por ciertas relaciones y por la gracia de Dios, logramos también apoyos para que hiciera estudios profesionales en el Instituto Tecnológico de Monterrey, en el campus de Cuernavaca, los cuales concluyó en The Masters College, en California.

En la búsqueda de trabajo para sostener a la familia, las pruebas continuaban. Me encontré con una persona que me ofreció ser gerente de una franquicia de la marca Century 21, en el mismo rubro de bienes raíces. Como responsable de ese negocio, atendí a un comprador y coordiné la venta de un rancho cuyo valor, en ese momento, significó la operación en propiedades del más alto precio en el mercado local. Y para mi sorpresa, el dueño de la franquicia no respetó nuestro acuerdo, no me pagó la comisión a la que tenía derecho: el 1% del valor de la propiedad (equivalente a 26 000 dólares). Cuando se viven momentos de necesidad, no buscar y hacer litigios legales, más por una suma de ese monto, es como una afrenta a uno mismo. Pero cuando vemos este suceso a la luz de lo que Dios está haciendo en nuestra vida, y ponemos el asunto en sus manos, todo cambia. La necesidad siempre es suplida por Él. Además, Dios se encarga de poner las cosas en su lugar. No dejamos de confiar, y sabíamos que teniendo o no ese dinero, Dios proveería como lo hacía cada día, y así lo ha hecho siempre.

Más adelante, durante mi estudio de la Biblia, fui motivado con un pasaje que nos hace ver que las riquezas de verdadero valor no están en el dinero. Santiago 1:9 dice: "El hermano que es de humilde condición gloríese en su exaltación". Esto es una orden, por decirlo así: que un cristiano que no tiene nada, a pesar de ello, se regocije. En ese momento no tenía nada en el mundo material de qué regocijarme, pero pude disfrutar del gozo en el conocimiento de que Dios nos estaba exaltando espiritualmente en nuestra posición delante de Él. Viví fuertes carencias junto a mi familia, pero teníamos el Pan de Vida. La necesidad era extrema, pero estábamos experimentando las riquezas que Dios nos daba. Ya no teníamos una casa que nos diera satisfacciones aquí, pero el Señor nos había dado la certeza de un glorioso hogar en la vida venidera.

Esta vida tiene muchas pruebas, pero Dios las usa para perfeccionarnos. He entendido que el cristiano desposeído puede aceptar sus pruebas gracias a la esperanza de recibir una herencia incorruptible e incontaminada que nunca se desvanecerá, como dice 1 Pedro 1:4: "Una herencia incorruptible, incontaminada e inmarcesible, reservada en los cielos para vosotros". Puedo ver que las verdaderas riquezas nos pertenecen, de modo que la pobreza puede ser una prueba de corta duración que puede resistirse cuando miramos hacia adelante, a un tiempo glorioso de exaltación.

Buscábamos a Dios y su verdad a través de su Palabra, que sabemos que es perfecta. Con el tiempo de estudio, íbamos aprendiendo muchas cosas; entendimos que es indispensable entrenar nuestros ojos, oídos y corazón para discernir lo que es o no falsa doctrina. Pudimos ver que el verdadero evangelio es un llamado a negarse a uno mismo. Para que una semilla germine, debe estar seca. Necesitaba estar absolutamente vacío de mí para poder depender totalmente de Dios, para que mi alma fuera llenada. Al respecto, John MacArthur escribió:

Se dice de un hombre sabio de hace muchos siglos que dijo: "Señor, alto y santo, manso y humilde, hazme aprender por la paradoja de que el camino hacia abajo es el camino hacia arriba, que ser humilde es ser elevado, que el corazón quebrantado es el corazón sanado, que el espíritu contrito es el espíritu que se regocija, que el alma arrepentida es el alma victoriosa, que no tener nada es poseerlo todo, que llevar la cruz es tener la corona, que dar es recibir. Hazme hallar tu luz en las tinieblas, tu gozo en mi tristeza, tu gracia en mi pecado, tus riquezas en mi pobreza, tu gloria en mi valle, tu vida en mi muerte".[14]

Gracias a Dios, desde nuestra temprana vida como cristianos conocimos la enseñanza del pastor John MacArthur. Esto transformó de forma total a toda la familia. Bien porque recibíamos estudios en cintas magnéticas y libros a través de amigos o porque mi hijo Luis Miguel solicitaba a *Grace to You* que le autorizara traducir libros de MacArthur para uso personal y los compartía. Esto fue lo que cimentó nuestra fe. Es el fundamento de nuestra doctrina y el inicio de algo que no imaginábamos que pudiera suceder. No podíamos imaginar que Luis Miguel y Gabriela estudiarían más tarde en el Masters College (hoy Masters University), la universidad de la que John MacArthur es rector. Después, Luis Miguel iría al Masters Seminary para ser ordenado como pastor por Grace Community Church. Algo que solo Dios pudo hacer.

Versículo a versículo, el Señor usaba su Palabra para edificar a la familia. Y nos fue llevando a crecer en la fe, a caminar para entender cada día más lo que vale la pena a fin de cambiar nuestros propósitos y metas. Todo eso a través de su Verdad.

El proceso de encontrar una iglesia cuya doctrina fuera sana fue arduo y difícil. Sea por la ignorancia de quienes guían las iglesias, por la confusión doctrinal y la influencia negativa de doctrinas no bíblicas o porque muchos de los que son pastores no son las personas adecuadas y no tienen la capacidad dada por Dios para serlo, llegamos a pensar que no había iglesias donde nosotros vivíamos. Fue recién en el año 1996, viviendo en Carolina del Norte, en Estados Unidos, que pudimos congregarnos en una iglesia que compartía la Palabra de Dios de manera fiel. Muchas de las iglesias visitadas antes fueron solo intentos antes de asistir de forma regular. La falta de conocimiento de la Palabra de Dios les llevaba en muchas ocasiones a que la verdad fuera atacada. Interpretaciones fuera de contexto y la influencia de movimientos cuyos objetivos estaban centrados en lo social o el número

---

14. John MacArthur, *Difícil de creer*. Nashville: Editorial Caribe, 2004, 7.

de asistentes llevaban más a la confusión que a la edificación, y no nos daban la oportunidad para ejercer los dones dados por Dios.

Después de leer el libro *Verdad en Guerra* de John MacArthur, pude ver con suma claridad las razones por las cuales se ataca a la Biblia, la gran diferencia entre la verdad y el error, y la forma como la verdad se impone al error. Cuando la Escritura habla, está hablando Dios, y lo hace con autoridad. Habla de manera definitiva. Habla decisivamente. Llama a la absoluta convicción. La verdad demanda que nos sometamos a Dios y resistamos al diablo (Stg. 4:7). La verdad nos lleva a discernir entre el espíritu de verdad y el espíritu del error. Hoy puedo ver lo que antes no podía ver. La verdad nos ordena separarnos de la maldad y hacer lo bueno. La verdad, la Palabra de Dios, nos invita a rechazar el camino amplio que parece ser correcto para la mente humana, ese en el que anduve por tantos años antes de que mi alma fuera llena. La verdad nos guía a seguir el camino angosto definido por Dios. La verdad nos dice que nuestros caminos no son los caminos de Dios, pero tampoco nuestros pensamientos son sus pensamientos (Is. 55:8).

Hoy puedo ver que mi tarea es proteger la verdad y rechazar la mentira. El discernimiento demanda que donde la Escritura habla, se deba trazar con claridad una línea precisa. El discernimiento no se crea en el pueblo de Dios por el quebrantamiento, la humildad, la reverencia y el arrepentimiento. Es creado por la verdad bíblica y la aplicación de la verdad por el poder del Espíritu Santo en nuestros corazones y nuestras mentes. Cuando esto sucede, el quebrantamiento, la humildad, la reverencia y el arrepentimiento tendrán el fuerte carácter de todo el consejo de Dios en ellos. La verdad nos lleva también a entender la maravillosa obra de la propiciación. Dice León Morris:

> Podemos entender como un buen ejemplo del poder de la verdad que la propiciación encierra todo lo que la expiación tiene, como una acción que esconde, cubre, aparta y borra el pecado, de tal forma que no haya barrera alguna para una comunión entre el hombre y Dios.[15]

Lo que ocurrió desde el principio es que Dios enfocó su ira, presente y venidera, por medio de la muerte de Cristo. "Porque siendo enemigos, fuimos reconciliados con Dios por la muerte de su Hijo" (Rom. 5:10). La muerte expiatoria de Jesucristo canceló la ira de Dios contra nosotros, y estableció la seguridad de su relación con el creyente, la cual habrá de ser siempre propicia

---

15. León Morris, *The Apostolic Preaching of the Cross*, 125-285.

y favorable. La verdad nos da luz, en este caso del contexto de argumentación del apóstol Pablo, con un pensamiento que nos alienta: por su muerte expiatoria en favor de nuestros pecados, Cristo apaciguó la ira de Dios.

Estas características serán profundamente cristianas y no meramente religiosas, emocionales y menos aún psicológicas. La realidad en la vida del hombre se centra en lo que por naturaleza es y lo que Dios hace para que podamos voltear nuestros ojos, mente y corazón a una vida con un único objetivo, con sentido y valor eterno. Dios nos da el discernimiento para que por Él podamos vivir plenamente a la luz de su verdad. Esta es la única realidad, la única verdad posible que afecta de manera contundente lo más profundo del ser humano, su alma, la parte que solo Dios puede llenar.

Lo que sucedió en mi vida es el resultado del amor de Dios para llevarme a sus pies. El amor de Dios es un ejercicio de su bondad. La bondad divina, dice Berkhof, es "aquella perfección de Dios que lo impele eternamente a comunicarse. Pues que Dios es absolutamente bueno en sí mismo, su amor no puede hallar perfecta satisfacción en ningún otro objeto que carezca de absoluta perfección". Dios ejerció su bondad hacia mí, un simple pecador, por su carácter, gracia y misericordia. Fue una manifestación contraria a cualquier tipo de merecimiento, porque los que son objeto del amor del Señor son seres racionales que han quebrantado la ley de Dios, cuya naturaleza está corrompida a sus ojos y merecen solamente la condenación y exclusión definitiva de su presencia.

Es increíble que Dios ame a pecadores, pero es cierto: Él ama a seres que no merecen su amor y, podríamos pensar, no pueden ser amados. No hay nada que fundamente el objeto de su amor, nada que lo provoque. No hay nada en el hombre que pueda granjear o provocar dicho amor. La medida del amor en el mundo depende de cuánto se da, y la medida del amor de Dios es el don de su Hijo único, que se hizo hombre, murió por los pecados del hombre y así se convirtió en el único mediador que puede llevarnos a Dios. En la Biblia, el apóstol Juan habla del amor de Dios en 1 Juan 4:9-10:

> En esto se mostró el amor de Dios para con nosotros, en que Dios envió
> a su Hijo unigénito al mundo, para que vivamos por él. En esto consiste
> el amor: no que nosotros hayamos amado a Dios, sino que él nos amó a
> nosotros, y envió a su Hijo en propiciación por nuestros pecados.

Ese amor maravilloso de Dios hacia mí alcanza su objetivo al llevarme a conocerlo y a gozarme en él. Esta es una relación en la que las dos partes están obligadas de manera permanente la una a la otra, en mutuo servicio y dependencia. Es un pacto, como en el caso del matrimonio. Mi responsabilidad ante ese excelso pacto es mi obediencia incondicional a todo lo que él establece en su Palabra. Dice J. I. Packer:

> Él sabe, y conoce anticipadamente, todas las cosas, y su conocimiento anticipado es predeterminación; por lo tanto, él tendrá la última palabra, tanto en lo que se refiere a la historia del mundo como al destino de cada hombre; su reino y su justicia han de triunfar finalmente, porque ni los hombres ni los ángeles podrán impedir el cumplimiento de sus planes. Estos eran los pensamientos que llenaban la mente de Daniel, como lo testimonian sus oraciones (ya que estas constituyen la mejor prueba de lo que piensa el hombre sobre Dios): "Sea bendito el nombre de Dios de siglos en siglos porque suyos son el poder y la sabiduría. Él muda los tiempos y las edades; quita reyes y pone reyes; da la sabiduría, conoce lo que está en tinieblas, y con él mora la luz" (Daniel 2:20-22).[16]

Esto es el amor verdadero de Dios para cualquiera de sus hijos. Esto es lo que hace Dios para los que ama. Y la medida de lo que Dios puede hacer es su omnipotencia; no hay medida de su poder para con sus hijos. La fe en Cristo nos introduce a una relación plena de incalculable bendición, tanto ahora como por la eternidad. Este es el resultado de lo que dice en su Palabra: "Porque somos hechura suya, creados en Cristo Jesús para buenas obras, las cuales Dios preparó de antemano para que anduviésemos en ellas" (Ef. 2:10).

La verdad es aquello que es coherente con la mente, la voluntad, el carácter, la gloria y el ser de Dios. Y más allá de este punto, podemos decir que la verdad es la propia expresión de Dios, es parte inherente de su ser. La verdad emana de Dios porque es teológica, es lo que Dios declaró e hizo así. Dios es el autor, la fuente determinante, el gobernador, el ejemplo y el juez definitivo de toda la verdad. Y podemos reiterar sin duda alguna que verdad es igual a realidad, verdad es igual a existencia. Dios existe en tres personas y es la verdad en sí mismo; como autor y creador de todo lo visible e invisible, Él es la realidad. El hecho de que algunos no lo crean, no quiere decir que la verdad no sea Dios. La verdad es lo único que nos mueve a vivir de la mano de Dios.

La santificación progresiva es el estado actual de aquellos a los que Dios les ha llenado el alma. La verdad es la esencia del estado espiritual diario, que

---

16. J. I. Packer, *El conocimiento del Dios Santo*, 37-38.

necesariamente debe madurar con un conocimiento y una relación íntima y personal con Dios, quien es la verdad. Tras haber llenado el vacío de mi alma, la verdad sustenta mi vida cada día, me lleva a vivir a la luz de la Palabra de Dios.

La adopción por parte de Dios es el más grande privilegio que ofrece el evangelio: la verdad absoluta, el plan redentor. El evangelio da mucha importancia a la justificación, ya que es la obra de gracia gratuita y suprema de Dios para nosotros los pecadores. Y la adopción es parte de ese regalo. Dios nos honra al hacernos parte de su familia y al darnos su maravillosa comunión. Nos ha colocado en la posición de hijos y herederos. Aquí podemos ver y entender la intimidad, el amor y la misericordia que sustentan esta relación. J. I. Packer cita a James Buchanan al respecto:

> Según las Escrituras, el perdón, la aceptación y la adopción son, en ese mismo orden, privilegios independientes, siendo cada uno de ellos mayor que el anterior. [...] Mientras que los dos primeros no pertenecen propiamente a la justificación (del pecador), ya que ambos se funden en la misma relación —la de un Gobernante y su Súbdito—, el tercero es radicalmente diferente de ellos, ya que se funda en una relación más cercana, más tierna y más cariñosa: la existente entre un Padre y su Hijo.[17]

La verdad ha llevado mi alma al gozo más increíble: el gozo de la paternidad maravillosa de Dios. Sin embargo, aun gozando de estos privilegios como hijos de Dios, tenemos que pelear por la verdad. Es precisamente esto lo que me libertó de la esclavitud del pecado. Leemos en Juan 8:32: "Y conoceréis la verdad, y la verdad os hará libres". Se refiere a lo que vivió Jesús en su papel de Mesías y como Hijo de Dios, además de toda la enseñanza que impartió. Un verdadero creyente, un seguidor del Señor Jesús, necesariamente conoce la verdad divina, al igual que la libertad del pecado. La verdad divina es el resultado no de un conocimiento meramente intelectual, sino también de un compromiso con Cristo. La verdad es un elemento indispensable de la salvación. No es posible la esperanza de ser salvos fuera de oír y creer la verdad de Cristo.

Los resultados espirituales de la obra de la verdad son manifiestos en la piedad interior. Agustín de Hipona aclara que el temor de Dios

> es intrínsecamente limpio y al mismo tiempo limpia todo amor al pecado, santificando el corazón en el que reina. El *señor* —*temor*

---

17. Ibíd., 267-68.

de— *Dios* no se siente satisfecho hasta que todas las avenidas, calles y callejuelas de la *Ciudad del Alma Humana* han quedado limpias de los *Diabolianos* que pululan furtivamente por ellas.

La Palabra de Dios a través de la obra preciosa del Espíritu Santo ha hecho de mí una nueva criatura. Por eso le pido que me libre cada día de todo pecado, incluso el que me es oculto; Dios puede hacernos ver defectos que nos pasan desapercibidos. Por mucho que nos examinemos a la luz del fruto del Espíritu Santo en nosotros (Gal. 5:22-23), con profunda introspección, no tenemos certeza ni esperanza de lo que puede surgir de lo profundo de nuestro ser. Pero el Señor lava con su sangre todos mis pecados, incluyendo los que mi propia conciencia es incapaz de detectar. Es mi oración que el Señor me ayude a detectarlos antes de que puedan llevar a cabo su efecto nocivo en mí y causar daños irreparables. Si tuviéramos la capacidad o los ojos escrutadores de Dios, podríamos vernos a nosotros mismos de manera muy diferente a como nos vemos cada día.

Cuando somos conscientes de los pecados que cometemos, sabemos que estamos ofendiendo a Dios, pero Él nos da la capacidad de traer los pecados a su presencia y ponernos a cuenta. Podemos confesarlos con la certeza de que Él nos escucha: "Si decimos que no tenemos pecado, nos engañamos a nosotros mismos, y la verdad no está en nosotros. Si confesamos nuestros pecados, él es fiel y justo para perdonar nuestros pecados, y limpiarnos de toda maldad" (1 Jn. 1:8-9).

La verdad de Dios obró en mí para llenar el vacío de mi alma, pero el cuidado que debo tener cada día no solo se manifiesta en la importancia del estudio, la meditación de la Palabra y la consecuente obediencia. Ser personas transparentes en nuestro actuar nos libra de ocultar el pecado. C. H. Spurgeon dijo en un sermón sobre pecados secretos:

Los pecados secretos producen ojos febriles y noches de insomnio, hasta que los culpables arden como una tea prendidos por las llamas de su propia conciencia, y poco a poco van madurando hasta caer en la desesperación y hundirse en su propia fosa. La hipocresía es un juego muy peligroso y difícil de jugar, porque enfrenta a un engañador contra muchos observadores; y también, en cierto modo, un negocio ruidoso, pues en cuanto la situación se le haga insoportable, la bancarrota total del culpable está garantizada.[18]

---

18. C. H. Spurgeon, "Pecados secretos", en *El tesoro de David*. Barcelona: Editorial CLIE, 2015, 525.

La verdad de Dios hace mella en la vida de sus hijos. Es el instrumento para salvación, para el progreso de una santificación de acuerdo con el plan de Dios en nuestra vida, y, además, es sin duda el inicio del camino a la glorificación, lo que sucederá cuando el Señor nos llame a su presencia o venga nuevamente.

Los hijos de Dios son aquellos que, por gracia divina, han aceptado la Palabra de Dios: "Pero yo te declararé lo que está escrito en el libro de la verdad; y ninguno me ayuda contra ellos sino Miguel vuestro príncipe" (Dan. 10:21). Está hablando del plan de Dios que contiene los designios y la voluntad verdadera para todo hombre y toda nación, que Dios puede revelar soberanamente según su propia discreción.

El cristiano cree en su enseñanza, tiene certeza de sus promesas y busca obedecer sus mandamientos. Aquellos que tienen el alma llena buscan al Dios de la Biblia. Lo buscan como su Padre y desean ver a Cristo como su Señor y Salvador. Y pueden decir, como yo mismo digo, que la Palabra de Dios no me convenció únicamente de pecado, sino que además me aseguró el perdón total. Como dice J. I. Packer acerca de un cristiano: "Su conciencia, como la de Lutero, está cautiva a la Palabra de Dios, y aspira, como el salmista, a que su vida toda esté en línea con ella".[19]

En palabras del Salmo 119: "¡Ojalá fuesen ordenados mis caminos para guardar tus estatutos!"; "no me dejes desviar de tus mandamientos"; "enséñame tus estatutos. Hazme entender el camino de tus mandamientos"; "inclina mi corazón a tus testimonios"; "sea mi corazón íntegro en tus estatutos" (vs. 5, 10, 26, 36, 80).

Las promesas de Dios son encontradas mediante la meditación en su Palabra. Al orar, todos sus preceptos en todo acto de la vida de un cristiano son manifiestos. Sabemos que la verdad nos habla directamente en las mismas Escrituras. La palabra de Dios forma, pone orden y controla las circunstancias que nos rodean. Las Escrituras afirman claramente que quien dispone todas las cosas es Dios, y que todo opera para nuestro bien.

El maravilloso pensamiento de Dios ordena cada una de las circunstancias, lo que trae gozo a nuestro corazón. El cristiano se convierte en un hombre independiente porque tiene la capacidad de usar la Palabra de Dios como lo que es: una piedra de toque para probar todos los puntos de vista. Tiene también la capacidad de rechazar todo lo que no reciba una sanción clara de la Escritura. Y toda esta comprensión le es dada por medio del Espíritu Santo, quien imparte ese conocimiento a los que reciben a Cristo.

---

19. Ibíd., 150.

El maravilloso ministerio del Espíritu debería ser más apreciado de lo que suele verse en estos días de convulsión teológica y confusión pragmática. Hay un sinnúmero de "ministerios" efímeros o esporádicos en los que la suficiencia e inherencia de las Escrituras está ausente. Un ejemplo actual ampliamente conocido es el que muestra demasiado interés en los dones de sanidad o en el hablar en lenguas, dones que, como bien hizo notar el apóstol Pablo, no son para estos tiempos y ni siquiera fueron para todos los cristianos (1 Cor. 12:28-30). Se menosprecia la obra del Espíritu de impartir gozo, esperanza y amor al derramar nuestro corazón y obediencia en el conocimiento de Dios.

Desde luego, demostrar la naturaleza de estas prácticas no es el tema de este capítulo. Más bien, deseo concentrarme en la importancia de confirmar lo que es la verdad. Debemos poner atención a la aseveración del apóstol Juan: que esa verdad incluye el hecho de que Él es amor. Dicho de otra forma, el amor que Dios muestra para el hombre en su Palabra es una revelación de su propio ser. La verdad nos lleva a entender que Dios es amor. Dice J. I. Packer: "Primero y principalmente, Dios es luz, y las ideas sentimentales de que su amor sea blandura indulgente y benevolente, divorciado de toda norma y consideración morales, deben quedar excluidas de entrada". Y continúa:

> El amor de Dios es un amor santo. El Dios a quien Jesús dio a conocer no es un Dios que sea indiferente a las distinciones morales, sino un Dios que ama la justicia y odia la iniquidad, un Dios cuyo ideal para sus hijos es que sean "perfectos, como vuestro Padre que está en los cielos es perfecto" (Mateo 5:48).[20]

Para tener un entendimiento claro, sobre la base del conocimiento que las Escrituras nos dan, necesitamos la guía del Espíritu Santo. Es, sin duda, el consuelo y el gozo más grande que he podido tener desde que Dios decidió llenar mi alma.

Como creyente, puedo encontrar en la cruz de Cristo la seguridad que me da el Hijo de Dios. Gálatas 2:20 dice: "Con Cristo estoy juntamente crucificado, y ya no vivo yo, más vive Cristo en mí; y lo que ahora vivo en la carne, lo vivo en la fe del Hijo de Dios, el cual me amó y se entregó a sí mismo por mí". Al entender que podemos aplicar la maravillosa promesa de que todas las cosas obran para el bien de los que aman a Dios y son llamados según su propósito (Ro. 8:28), comprendemos que no se trata solo de algunas cosas. Todo lo que le

---

20. Ibíd., 158.

suceda a un hijo de Dios, cada una de las cosas, sin excepción alguna, expresa el amor de Dios hacia él: un amor santo y omnipotente. Podemos observar esto en todo lugar, en todo momento, en todo tipo de circunstancia y acontecimiento de la vida, aun cuando no puedo ver su amor o no entiendo su accionar. Como resultado de todo esto, podemos regocijarnos de manera clara.

Es lo que estoy haciendo ahora mismo, mientras estoy escribiendo. Humanamente hablando, la salud de mi amada esposa está afectada por un cáncer de páncreas. Lupita está sufriendo físicamente y no tiene certeza de nada. Esto repercute en toda la familia. Pero aun esta enfermedad está finalmente en el control total y soberano de Dios. Entiendo que cuando se conozca la verdadera historia de nuestra vida será una historia —como dice el himno— de "misericordia de comienzo a fin". Esto me llena de plenitud y profunda gratitud a Dios. Sé que, en esta difícil prueba, Él nos dará la salida todo será para su gloria.

No hay nada comparable a la verdad de Dios. Los propósitos del amor de Dios tuvieron origen antes de la misma creación. Efesios 1:4 dice: "Según nos escogió en él antes de la fundación del mundo, para que fuésemos santos y sin mancha delante de él". Aquí está involucrada, primero, la elección de aquellos a los que había de bendecir. En segundo lugar, la clara definición de los beneficios que Él otorgaría y los medios por los cuales esos beneficios deberían ser procurados y disfrutados por quienes los reciben. Lo maravilloso es que todo esto quedó claramente establecido desde el principio.

El amor de Dios se manifiesta como bienestar en mi vida, de manera inmerecida. Si un padre está despreocupado cuando uno de sus hijos está en problemas por su conducta, o si un marido permanece tranquilo cuando su esposa está angustiada, podemos preguntarnos cuánto amor hay en esa relación, ya que los que aman realmente solo están gozosos cuando ven la alegría de sus amados. Así es también el amor de Dios para el hombre, particularmente para sus hijos.

El amor de Dios es difícil de comprender para muchas personas, sobre todo porque batallan con la doctrina de la elección soberana desde que la encuentran. Sin embargo, es una doctrina claramente establecida en la Palabra de Dios. Un correcto entendimiento de esta doctrina es crucial, ya que en ella se encuentra el amor de Dios para sus hijos.

Por causa de la maldad del corazón pecaminoso del hombre, el pecador resiste de manera obstinada en su pecado. El apóstol Pablo escribió en 1 Corintios 16:22: "El que no amare al Señor Jesucristo, sea anatema". A algunos les gustaría creer que el amor de Dios los lleva a amar a todos y que finalmente todos serán salvos. Pero la Biblia no ofrece esa esperanza. De acuerdo al Señor Jesús, los malos son llevados "al castigo eterno" (Mt. 25:46). El amor de Dios, despreciado por este mundo, da cabida al odio divino, que se manifiesta en la realidad del juicio de Dios, que es eterno.

La Escritura nos enseña que el amor de Dios por los que creen es infinitamente más grande en tamaño que su amor por la humanidad en términos generales. Dios tiene un tipo de amor muy especial por los suyos, su pueblo escogido. Los ama con un amor eterno e inmutable. Juan 13:1 describe el amor de Cristo por sus discípulos: "Como había amado a los suyos que estaban en el mundo, los amó hasta el fin".

Acerca del Salmo 139:1-14, Charles Spurgeon escribió:

> No ha habido en el pasado, momento alguno en el que el Señor no nos conociera, y nunca habrá en el futuro, puesto que no hay un momento en que estemos fuera de su observación. El hombre piadoso puede verse ocasionalmente tan abrumado por las calumnias que no haya manera de esclarecer su situación ante los hombres. Por lo que debe consolarse, como hace aquí David, con el testimonio de una buena conciencia y la aprobación de su integridad de parte de Dios.[21]

La Biblia posee, por así decirlo, un doble carácter. Se refiere, por una parte, a lo que nos rodea, pero también a nosotros mismos. Nos enseña a vivir y, al mismo tiempo, capta nuestra mente, corazón y alma. Dios nos ha dado la verdad, no desea vivir distanciado de sus hijos. Nos hizo con un propósito: que podamos caminar por siempre en una relación de amor extraordinaria. Pero este tipo de relación es posible solo cuando las partes se conocen mutuamente. Por ello, desde que mi alma fue llenada y Dios me dio la capacidad de entender su verdad a través del Espíritu Santo, busco con pasión conocerlo más.

«Lo que sabemos hablamos, y lo que hemos visto, testificamos».

JUAN 3:11

---

21. C. H. Spurgeon, *El tesoro de David,* 2 188-89.

Una vida con sentido al tener el alma llena

*Los principios de Dios se están cumplien-
do, no importa cuán vanamente luchen
las personas contra Él.*

JOHN MACARTHUR

El primer capítulo de Marcos nos presenta uno de los discursos más breves (y efectivos) de todos los evangelios. Un leproso se acerca Jesús y, de rodi-llas, le pide: "Si quieres, puedes limpiarme" (Mr. 1:40). Eso es todo. No hay más explicaciones ni fundamentos. Más que un ruego, parece una afirmación lanzada al aire. La sencillez del pedido no entorpeció ni favoreció la voluntad de Jesús, quien respondió también de forma escueta: "Teniendo misericordia de él, extendió la mano y le tocó, y le dijo: 'Quiero, sé limpio'. Y así que él hubo hablado, al instante la lepra se fue de aquel, y quedó limpio" (vs. 41,42).

Aunque es mucho lo que el leproso calla, su silencio es profundamente teológico. En sus palabras comprendemos que creía en el poder de Jesús para limpiarlo y que lo único que traería su sanidad sería la voluntad de Cristo. En otras palabras: Dios tiene poder sobre todas las cosas, es plenamente omnipo-tente, pero no hay nada que podamos hacer fuera de su voluntad para que ese poder se manifieste. Ni sacrificios ni buenas obras ni desesperación religiosa: solo la voluntad de Dios determina nuestro destino.

Quizás fueron esas convicciones teológicas —en la omnipotencia y sobe-ranía divina— las que hicieron que el pedido del leproso fuera tan relajado, breve y casual.

Cuenta la historia que un viajero recorría con un guía las selvas de Burma, hoy Myanmar, país del suroeste asiático, al norte de Tailandia. Llegaron a un río ancho y poco profundo, y lo cruzaron hasta el otro lado. Cuando el viajero salió del río, muchas sanguijuelas se habían prendido de su espalda y sus piernas. Su primera reacción fue agarrarlas y quitárselas, pero el guía lo detuvo; le advirtió que, si se las arrancaba, quedarían pedazos finísimos debajo de la piel que le producirían una infección. La mejor manera de quitarse las sanguijuelas del cuerpo —le aconsejó el guía— era bañarse con agua tibia por unos minutos. El agua penetraría en las sanguijuelas, que se soltarían de su cuerpo sin causar riesgo ni malestar alguno.

Así como este guía evitó molestias a un viajero al advertirle cómo debía tratar con las sanguijuelas, me hubiera gustado recibir consejo en situaciones que, a mi entender, eran poco comunes. Cuando una persona nos ha lastimado en gran manera, cuando no podemos arrancarnos la ofensa y esperar que se vaya la tristeza, el pesar y el dolor requieren de sabiduría —como la de quitar sanguijuelas con agua tibia.

El alma duele y el dolor suele esconderse bajo la superficie. El perdón, por el contrario, es un fruto de entender cabalmente el perdón de Dios en nosotros. La única manera de llegar a ser verdaderamente libres de las ofensas recibidas y perdonar a otros es empaparnos con el baño tranquilizador del perdón que Dios ofrece. No es algo fácil para personas como yo por la dureza de mi corazón y los años de caminar en el pecado antes de que mi alma fuera llenada por Dios. Hoy comprendo que mi vida tiene sentido. La vida con sentido es aquella que está basada en el inmerecido perdón de Dios y sus promesas. Necesité mucho tiempo de oración para entender mi total dependencia de Dios. En palabras de John MacArthur: "Para la humanidad caída resulta tremendamente difícil entender el perdón de Dios. Como individuos pecadores, todos conocemos de primera mano la lucha tan grande que puede ser vernos obligados a perdonar a personas que nos han ofendido".[1] Al terminar la lectura de este libro —*La libertad y el poder del perdón*— pude ver con mucha más claridad que la disposición de Dios para borrar mi pecado por los méritos de Cristo era una realidad. Mi vida ya tenía sentido, mi alma estaba llena. Borrar el pecado parece difícil, pero la verdad es que cualquier dificultad, inclusive la ofensa, se diluye cuando podemos entender lo que Cristo vivió en la cruz.

Al hacer un alto y observar mi pecado, puedo ver que, cuando quiere controlarme, cuando me quiere segar con su horror, dentro de mí surge una

---

1. John MacArthur, *La libertad y el poder del perdón*, 11.

pregunta temerosa: "Si peco, ¿de qué manera voy a lavar esta ofensa contra Dios? Nada puede borrarla, es una afrenta contra Él". Y en ese momento pienso en el Señor Jesucristo, cuando dio su vida en la cruz. No tengo la capacidad de comprender totalmente el sufrimiento del alma de Cristo en la cruz, pero recuerdo lo que dice la Biblia: que su espíritu sufrió cuando su Padre lo abandonó. Y me pregunto, ¿qué dolor o sufrimiento puede ser más grande que el que vivió el Señor en la cruz? Después de reflexionar en esto, creo que soy más sensible a comprender y aceptar el dolor producido por cualquier ofensa o traición, sin importar de quien venga. Oro y busco comprender el sufrimiento en la cruz cuando estoy siendo expuesto y ministrado por la Palabra de Dios.

Recuerdo un sermón que escuché sobre el capítulo nueve, versículo veintitrés, del Evangelio de Lucas. Fue una explicación cruda y llana de la realidad que vivió el Señor. Cada vez que pienso en esa historia busco entender lo que significó la muerte de Jesús de la forma más cruel. Al ver a Dios, su obra y sacrificio, no tengo la capacidad humanamente hablando de imaginar que cualquier pecado, incluso el más difícil de borrar, no pudiera ser perdonado. Es necesario que el hombre se ubique por un momento en el sufrimiento de Cristo para intentar ver con claridad cómo ese hecho satisfizo la ira santa de Dios como parte de ese único plan que incluyó inmerecidamente a mi persona.

Esto es maravilloso: saber que esa obra gloriosa en la cruz alcanzó mi alma y la llenó me da la certeza de vida eterna al lado de Dios. Debemos creer y aceptar la expiación por el pecado que se ha obrado a nuestro favor. Sin ser culpable de nada, Cristo murió por mi pecado para borrar mi deuda; esa deuda ha sido reemplazada por la justicia misma de Cristo. Por eso, no debemos pensar que seguimos bajo condena por nuestro pecado: la culpa fue borrada completamente por el sustituto, el Señor Jesucristo. Él fue tratado como injusto para que yo fuera tratado como justo y sin pecado. Al entender esa maravillosa realidad llevada a cabo por mí, puedo ver cómo Dios no solo tiene la capacidad de perdonar cualquier tipo de ofensa, sino que, además, lo hace.

Esta vida con sentido cambió mi manera de pensar. El Espíritu Santo fue haciéndome consciente de su obra de justificación y santificación en mi vida. Los teólogos llaman Pneumatología a esa sección de la teología que se enfoca en la doctrina, obra y persona del Espíritu Santo, la tercera persona de la Trinidad.

El Espíritu está inmerso en las Escrituras: la inspiración de quienes las escribieron, y aquel que posibilita su misma interpretación. Él es el autor de cada uno de los libros de la Biblia, desde Génesis hasta Apocalipsis. Al hablar de la importancia del Espíritu Santo y su papel en la salvación, debemos recordar primero que todo ser humano ha sido creado a imagen de Dios, capaz de tener comunión con Él. Pero después del pecado de Adán, todos y cada uno de los miembros de la raza humana nacieron en pecado; ya he hablado de esta realidad en el capítulo uno. Más allá de lo dicho, es importante notar que la Biblia nos da a conocer que los enormes beneficios que Cristo llevó a cabo en la cruz son de aplicación a los creyentes por medio de la obra del Espíritu Santo.

A través del Espíritu Santo, Dios aplica la salvación, cuyo primer elemento es la regeneración. La teología fundada en las Escrituras nos enseña que todos los seres humanos que han vivido sufrieron inercia espiritual, por decirlo así, como apunta Romanos 3:23: "Por cuanto todos pecaron están destituidos de la gloria de Dios". Pero la obra de Cristo en la cruz cambia las reglas del juego: "Y él os dio vida a vosotros, cuando estabais muertos en vuestros delitos y pecados" (Ef. 2:1). La regeneración incluye, de forma total y directa, el acto de la gracia de Dios. Proporciona nueva vida espiritual a todos aquellos que antes estaban muertos en sus pecados. "La ley del Espíritu de vida en Cristo Jesús me ha librado de la ley del pecado y de la muerte" (Ro. 8:2).

En la salvación hay un orden. La justificación y la santificación no solo son diferentes la una de la otra, sino que además se interrelacionan de forma lógica y también cronológica. El orden de la salvación busca y define las relaciones de las etapas de aplicación de la redención. En su *Teología Sistemática*, John MacArthur señala que la expresión latina *ordo salutis* quiere decir "orden de la salvación"; me gustaría dar un poco de luz al concepto para así tener una comprensión mejor de la obra de Dios a través de su Espíritu Santo. El pasaje de Romanos 8:29-30 explica con claridad:

> Porque a los que antes conoció, también los predestinó para que fuesen hechos conformes a la imagen de su Hijo, para que él sea el primogénito entre muchos hermanos. Y a los que predestinó, a estos también llamó; y a los que llamó, a estos también justificó; y a los que justificó, a estos también glorificó.

Vemos entonces un *ordo salutis* descrito más allá de la mera aplicación de la redención; se extiende, más bien, desde el conocimiento previo y la predestinación de quienes han sido elegidos hasta la obra redentora en el orden del plan eterno del Padre (el decreto de elección). Esa libre y soberana elección fue llevada a cabo en la eternidad pasada: Dios pone su amor en individuos a los que eligió, personas que no tienen nada que ofrecer, solo y únicamente por el hecho de su voluntad perfecta. Nos escoge para ser salvos del pecado y la condenación eterna, para heredar las bendiciones de la obra gloriosa y mediadora de Cristo.

Sin duda, la elección es una doctrina controversial dentro del marco de la teología cristiana, incluso para los mismos cristianos, porque afecta el orgullo humano. Nos hace notar que no tenemos nada que hacer por esa elección. La Biblia presenta este decreto como algo determinado desde antes de la creación misma del tiempo, por lo que podemos decir que es eterno. David hace alusión precisa al respecto alabando a Dios, dado que todos sus días fueron ordenados y claramente descritos en el libro de Dios mucho antes de que sucedieran. 1 Corintios 2:7 dice: "Dios predestinó antes de los siglos". Y Efesios 3:1 nos dice de manera clara que Dios escogió salvar a los suyos "antes de la fundación del mundo".

La implicación de la eternidad del decreto de Dios es necesariamente incondicional. El Dios trino, quien es eterno y existe por sí mismo, fue la única entidad presente en la eternidad pasada. "Vosotros sois mis testigos, dice Jehová, y mi siervo que yo escogí, para que me conozcáis y creáis y entendáis que yo mismo soy; antes de mí no fue formado Dios, ni lo será después de mí" (Is. 43:10). En el principio, Dios hizo existir el mundo de la nada, por su palabra: "Tu justicia es como los montes de Dios. Tus juicios abismo grande. Oh Jehová al hombre y al animal conservas" (Sal. 36:6). Y leemos en Génesis 1:3: "Y dijo: sea la Luz; y fue la Luz". Él es quien "llama a las cosas que no son como si existieran" (Rom. 4:17).

Y Pablo continúa explicando en Romanos 8:29-30 que en la regeneración Dios une el llamado externo de la predicación del evangelio a su llamamiento soberano y eficaz a una nueva vida. A los corazones oscurecidos y muertos, el Señor dirige su mandato: "Hágase la Luz". Al instante, nace en nosotros la luz de la vida espiritual y eterna allí donde no había existido. Esa fue la obra que dio sentido a mi vida, que llenó mi alma.

La regeneración es la impartición divina de la vida espiritual y eterna en un pecador espiritualmente muerto. La Biblia nos da varias imágenes que ilustran el llamamiento eficaz de Dios en la regeneración. En el pasaje de Romanos 8:29-30, el apóstol Pablo nos da otra ilustración muy importante: compara la regeneración con la creación del mundo por parte de Dios. También 2 Corintios 4:6 dice: "Porque Dios, que mandó que de las tinieblas resplandeciese la luz, es el que resplandeció en nuestros corazones, para iluminación del conocimiento de la gloria de Dios en la faz de Jesucristo". En el principio, Dios hizo existir el mundo de la nada: "Por la Palabra de

Jehová fueron hechos los cielos. Y todo el ejército de ellos por el aliento de su boca" (Sal. 33:6).

Hubo tiempos en los que viví muchas ofensas e intrigas, inclusive la búsqueda de parte de personas por destruirme. Tenía mucho resentimiento, un corazón herido por sucesos y situaciones muy reales. Ya con el alma llena, las heridas se iban curando una a una; las áreas débiles y fuertemente arraigadas, producto de la vida pasada, requerían de mucha oración y comunión con Dios. Necesitaba aprender lo que dice su Palabra sobre el perdón, lo que quiere para sus hijos.

Dios tiene una forma maravillosa de restaurar el alma del pecador. Trasformó mis deseos y mis metas para llevarme a un rechazo extremo por todo lo que había contaminado mi ser. Las cosas viejas habían pasado, todas estaban siendo hechas nuevas. Nació en mí un gozo difícil de describir y que ha ido creciendo con los años. Mi perspectiva de la vida es otra. Mi gozo no tiene que ver con las circunstancias, no es el resultado de un estado de ánimo ni de mis posesiones materiales. El gozo que ahora disfruto es el resultado de la obra de Dios en mí desde que llenó el vacío de mi alma.

En el año 1989, siendo ya creyente y viviendo en la ciudad de Cuernavaca, comencé a orar a Dios para pedirle que me diera una oportunidad para dedicar mi vida a su servicio. No tenía la menor idea de dónde o haciendo qué, pero el deseo era una realidad. Lo sorpresivo de todo esto fue que Lupita —y sin que nos pusiéramos de acuerdo— también estaba orando por lo mismo. Se abrieron algunas posibilidades para cumplir ese objetivo dentro y fuera del país, pero por distintas razones, no se concretaron.

En 1991, una persona me entregó la copia de un correo electrónico que había llegado a las oficinas de la empresa Ideal, donde yo trabajaba. Era sobre una vacante dentro de Trans World Radio Internacional para la dirección del área hispana en Latinoamérica, con sede y residencia en la Isla de Bonaire, en las Antillas Holandesas. Ocho meses después, al encontrar ese documento en casa, hablé con Lupita y contacté a la persona indicada. Comenzó así un largo proceso que culminó con el cambio de vida de toda la familia. Cambiamos de residencia desde Cuernavaca, México, a Bonaire, en las Antillas Holandesas. Bonaire, es una isla de 28 kilómetros de largo por 14 de ancho, con 13 525 habitantes (incluyendo a nuestra familia: Lupita, nuestros tres hijos y yo).

Para poder salir de Cuernavaca teníamos que vender el departamento donde vivíamos. Una venta de esta índole no se concreta de manera rápida, y solo teníamos tres meses para partir de México a Bonaire. Una mañana, después de dos meses de ofrecer el departamento sin resultados, le pedí a Dios que me ayudara a venderlo y hablé con Lupita sobre reducir el precio a fin de poder pagar los gastos de la propiedad y pequeñas deudas. Así podríamos salir para la isla de Bonaire sin pendientes. Al día siguiente, un vecino me llamó y me dijo que le interesaba comprarlo por ese precio tan cómodo. Se hicieron los arreglos y se concretó la operación. Partimos así de Cuernavaca sin deudas.

Qué impactante es ver cómo Dios lleva a cabo soberanamente su plan y voluntad en las personas a las que ha llenado el alma. Podemos enfrentar cualquier cambio a través de su providencia. Dios abre una brecha en todo aspecto: espiritual, social, económico y cultural; de esta manera, nuestros deseos en ocasiones son cumplidos y otras veces transformados. No hubiera sido lo mismo si hubiéramos salido para Bonaire desde la Ciudad de México, sin haber estado en Cuernavaca, sin haber escuchado el evangelio y haber venido al conocimiento de la verdad en esa ciudad. Sin duda alguna, el Señor fue desarrollando lo vivido en la Ciudad de México, a través de la humillación que nos llevó a Cuernavaca y los detalles que abrieron la puerta para residir fuera del país.

Seis años pasaron en preparación, a través de serias dificultades y pruebas que Dios permitió para llevarnos a otra etapa de nuestra vida y ministerio. Bonaire es un país muy pequeño pero con un costo de vida alto, con gobierno, idioma y costumbres de Holanda, además de un idioma local —el papiamento—. Es un lugar cuya actividad económica preponderante es el turismo y los deportes acuáticos. Es un coral inmenso, una reserva ecológica mundial; la vegetación es mínima y la vida es casi desértica. No hay producción de vegetal alguno ni otro insumo alimenticio; tampoco carnes o animales necesarios para la vida. Tiene un santuario de flamencos en la parte norte y muchos burros salvajes que nadie atiende. Son las cosas que caracterizan a Bonaire. Todo lo que se consume es importado de Venezuela, Holanda y Estados Unidos. El alimento natural incluye algunos productos del mar, como peces de varias clases y caracoles.

Vivimos muy agradecidos a Dios en ese lugar. Teníamos mucho tiempo para disfrutar de la naturaleza y, sobre todo, para estudiar la Biblia. Fue alentador ver cómo, una vez más, Dios acomodó todas las cosas y nos dio la oportunidad de ser una pieza en su plan para llevar el evangelio desde esta isla al mundo hispano. Fue un gran tiempo de ministerio, de conocer familias cuyo corazón tenía enfoques diferentes, pero un común denominador: dedicar la vida y los talentos en un organismo que buscaba llevar la Palabra de Dios a través de la radio, una tarea que inició Trans World Radio en Bonaire en 1965.

Recibíamos cartas procedentes de diferentes países como Argentina, Canadá, Cuba o Venezuela, que agradecían por lo que escuchaban cada día. Conocimos testimonios de oyentes y misioneros de diferentes países de América Latina que expresaban su gratitud por lo que Radio Trans Mundial ponía al aire para la audiencia, y por la forma en que la señal de ondas cortas y medias llegaba a lugares que ni los misioneros podían alcanzar.

Estoy convencido que Dios ha hecho cosas maravillosas al sobrepasar las barreras que el hombre ha creado. Día a día, la luz de Cristo inunda los rincones más oscuros de este planeta con el mensaje de salvación y vida por medio de Jesucristo. Tendríamos que escribir otro libro para poder describir lo que Dios está haciendo hoy por medio de programas de radio como *Gracia a vosotros*, cuya doctrina bíblica y profunda llega a miles de personas todos los días.

Mis responsabilidades en Bonaire incluían muchos viajes a Latinoamérica y Estados Unidos, con el objetivo principal de descentralizar el área hispana hacia otros países, como Venezuela, Argentina, República Dominicana, Uruguay, Paraguay, Bolivia y Chile. Gracias a ese trabajo, el personal, las oficinas y la operación de la radio se desarrollan hoy directamente en esos países. Radio Trans Mundial consideró como estrategia para el futuro también a México.

La junta directiva tenía un interés particular en Cuba; querían tener equipo y material de radio en algún lugar de ese país. A través de amigos en Cuba, como el doctor Eliezer Veguilla, su padre y otras personas de la Asociación de Iglesias Evangélicas del país, organizamos varios viajes desde Bonaire; yo tuve la oportunidad de coordinar dos. El objetivo siempre fue preparar el terreno para que, algún día, cuando la situación política en Cuba cambiara, se diera inicio al establecimiento de varias estaciones de radio que llevaran el evangelio desde dentro de la isla. Los viajes eran una puerta para llevar la Palabra de Dios y ayudar a ciertas necesidades de los oyentes (que nos mandaban cartas a Bonaire): anteojos para leer con cierta graduación, medicinas con ciertas especificaciones (que se podían adquirir en Venezuela), etc.

En el mes de marzo del año 1995 se hizo el primer viaje a Cuba. Después de varios días de recorrer la isla compartiendo en las iglesias y obsequiando Biblias, ropa y otros elementos de utilidad, mis tres compañeros de viaje y yo fuimos arrestados de manera inadvertida. Nos llevaron a las oficinas de la policía y los servicios de inteligencia. Estuvimos incomunicados todo un día.

Nuestros pasaportes fueron decomisados. Por varias horas fuimos interrogados y amenazados por diferentes agentes de manera muy grosera. Algunos enfatizaban que podían hacer lo que quisieran con nosotros y nadie se enteraría de ello. Nos preguntaban por qué nos habíamos atrevido a predicar nuestra creencia. Nos decían que la única filosofía, religión y práctica del país era la del presidente y comandante en jefe de Cuba; ninguna otra era bienvenida.

Nuestra conducta y respuesta fue sumisa; lo único que pudimos decir es que no teníamos ninguna intención de hablar mal del gobierno, ni en contra del presidente. Finalmente nos dejaron en libertad. Durante los días que quedaban para concluir el viaje, fuimos seguidos por agentes del servicio secreto. Al salir de Cuba, mi pasaporte mexicano fue marcado con una señal de color rojo, que significaba que el gobierno había registrado mi estadía en la isla y me encontraba en una lista de personas no gratas para Cuba, que compartía creencias que atentaban contra los principios del país.

Seis meses después, llevamos a cabo un segundo viaje. Teníamos el mismo fin, pero lo organizamos mejor. Desde que llegamos al aeropuerto, mi compañero de viaje y yo fuimos seguidos durante los siete días que permanecimos en la isla. Cuando llegamos a la Habana, en la ventanilla de inmigración, el agente revisó mi pasaporte y me interrogó. Después de 20 minutos, finalmente me dijo: "Usted no entiende". Yo le respondí que no quería decir nada en contra del presidente Fidel Castro ni ninguna otra autoridad. Le dije que Dios fue quien puso al presidente Fidel Castro en su cargo y que Dios lo sostiene ahí. Le dije que solo quería ayudar para que supieran de Dios y de la obra del Señor Jesucristo en la cruz para la salvación de los cubanos, incluido el agente mismo. Me miró y me dijo: "Adelante, mucha suerte".

Mi responsabilidad en la descentralización de Trans World Radio tuvo muchos desafíos, incluso momentos difíciles en las oficinas. A petición del director en Bonaire, Tom Corcoran, viajé a Argentina en febrero de 1996. El propósito era practicar una auditoría administrativa a las oficinas que Radio Trans Mundial estaba instalando en Buenos Aires, para que, a partir del resultado de esa auditoría, fijáramos la estrategia de desarrollo a futuro. El resultado arrojó claras evidencias de malos manejos de los recursos y una penosa manera de operar, fuera de todo principio de organización y administración. Pude confirmar también que el director de Bonaire no tenía conocimiento de esta realidad. Yo continuaba aprendiendo que aquellos que profesan ser cristianos no necesariamente tienen una conducta y una ética apegadas a los principios que Dios nos ha dejado en su Palabra, ni a las leyes locales a las que deben someterse.

El director analizó el resultado de esa auditoría; los números que arrojaba y las personas involucradas fueron una sorpresa incómoda para él. Unos días después, me pidió que firmara un documento como responsable del área hispana con el que aceptaba algunos puntos doctrinales; Corcoran sabía que lo que me solicitaba no estaba en línea con mis principios y posición teológica. No acepté. Desde luego, analicé la situación buscando no ser desobediente a mi liderazgo, pero no eran puntos acordes con los principios que yo practicaba sobre la base de la Biblia. Días después me enteré de que, si yo firmaba ese documento, Trans World Radio se asociaría desde Bonaire con otros ministerios que querían que se produjeran sus programas; esos eran precisamente los que él quería que yo aceptara. Con eso se programaría la radio en español en las horas disponibles.

Después de analizarlo pensé que esto era parte de una estrategia, pero sobre todo una excusa para que yo saliera de ahí. En la auditoría que llevé a cabo en Argentina, el resultado negativo tenía como responsable al asesor directo de Tom. Sin dudarlo, decidí no comprometer mis principios ni la Palabra de Dios y cuidé lo que mi conciencia me dictaba. Tuve que salir de ese ministerio y trabajo, avergonzado y humillado; la verdad de mi salida no se dio a conocer jamás. A la fecha, Trans World Radio no ha aclarado el asunto. Quienes conocieron el contenido de mi reporte —personas como Bill Early, jefe de radio del área de inglés, quien tradujo mi reporte del español al inglés— no pudieron hacer nada al respecto. Mi relación con Tom Corcoran siempre fue cordial. Buscó en todo momento apoyar mi gestión frente al área hispana y orientó de manera correcta mi tarea de descentralizar en diferentes países lo que se hace desde Bonaire para el mundo de habla hispana. Pero cerró sus ojos a mi reporte.

Dejamos grandes amigos en Bonaire, con quienes hasta la fecha tenemos comunicación: hispanos, norteamericanos y de otras nacionalidades. Comenzaba otra etapa de mi vida; debía buscar otro ministerio y trabajo. No era fácil, humanamente hablando, aceptar que teníamos que salir de esta institución. Pero entendíamos que había cumplido con mi trabajo. Recordaba recientemente algo que John MacArthur escribió:

Los principios de Dios se están cumpliendo, no importa cuán vanamente luchen las personas contra Él. Tito 2:11 nos asegura que la gracia de Dios ha de aparecer trayendo salvación en medio de la depravación humana más baja, enseñándonos a "vivir en este mundo con justicia, piedad y dominio propio" (vs. 12). Y podemos ver que realmente hay esperanza, a pesar de una etapa y generación pecadora, mala y muy perversa, y esto, para los que aman a Dios.[2]

Y continúa diciendo: "Como creyentes, entonces, nuestro deber con respecto al pecado no es tratar de purgar todos los males de la sociedad, sino aplicarnos diligentemente al trabajo de nuestra propia santificación". Hice mi trabajo con honestidad y reporté lo que analicé y sucedía en Argentina. Para eso me habían comisionado. El hecho de que el director prefiriera mi salida antes que aceptar el pecado encontrado y proceder contra quienes estaban dañando el ministerio es su responsabilidad. Estaban afectando la economía de la institución y cometiendo diferentes acciones pecaminosas dentro de esas oficinas. Fue para mí algo difícil de creer. Pero no podía comprometer mis principios ni aceptar sus condiciones, así que tuve que salir de la organización.

Una vida con sentido y con el alma llena no compromete principios basados en la Palabra de Dios. Pablo escribió en Efesios 4:22: "En cuanto a la pasada manera de vivir, despojaos del viejo hombre, que está viciado conforme a los deseos engañosos". Cuando hablamos del "viejo hombre" nos referimos a un estado no regenerado. No estoy diciendo que estas personas no eran regeneradas; finalmente, ese juicio solo viene de Dios. Sin embargo, pude ver que su conducta y su respuesta obediente a Dios fueron puestas a un lado. No se aplicaron los principios de Dios. La clara invitación que hace el evangelio es al abandono de ese viejo hombre: un arrepentimiento del pecado, no solo molestia por el pecado, sino también, rechazo y cambio, una vuelta hacia Dios. En un comentario leemos:

Conocer a Cristo en la furia de la batalla; conocerlo en el valle de sombras; conocerlo cuando la luz del sol nos ilumina el rostro o cuando se haya ensombrecido por la desilusión y la tristeza; conocer la dulzura de su trato con la caña cascada y el pábilo que humea; conocer la ternura de su compasión y la fuerza de su mano derecha: todo esto implica muchas variedades de experiencias por nuestra parte, pero todas ellas, como las facetas de un diamante, reflejarán la belleza prismática de su gloria desde un ángulo nuevo.[3]

---

2. John MacArthur, *Una conciencia decadente*, 13.
3. *The Epistle to the Philippians*, 162-63.

La persona a quien Dios ha llenado el alma vive necesariamente en una constante prueba de carácter —sobre todo en los días de dolor y persecución. Hay momentos cuando el sufrimiento es muy intenso, y lo más fácil es enojarse y culpar a Dios por lo que se vive. He tenido en claro que las convicciones son el resultado de los principios que practicamos, los cuales emanan de nuestro entendimiento de quién es Dios y lo que demanda de nosotros. Hay muchos cristianos que se ufanan por las normas morales de su vida, se dan golpes en el pecho por su recto carácter, pero la realidad es que abandonan convicciones, hacen todo tipo de concesiones. Han abrazado el pragmatismo, incluso si eso significa decidir en contra de sus convicciones. Personas como estas dicen creer lo que la Palabra de Dios afirma, pero sus iglesias no siempre enseñan lo que Dios dice en las Escrituras.

Como cristianos, debemos vivir una vida sin comprometer los principios de Dios. Sin claudicar, sin hacer nada que exceda la norma de Dios. Sin duda, Daniel es ejemplo de una vida sin concesiones hacia los principios de Dios, aun en asuntos que parecieran simples o no importantes. En el libro de Daniel (1:11-12) leemos: "Entonces dijo Daniel a Melsar, que estaba puesto por el jefe de los eunucos sobre Daniel, Ananías, Misael y Azarías: 'Te ruego que hagas la prueba con tus siervos por diez días, y nos den legumbres a comer y agua a beber'". El sistema o forma de alimentación vegetariana tiene más aceptación en nuestros días que antes. No era una dieta popular en esos tiempos. Aun así, Daniel decidió comer verduras, legumbres y semillas para dejar establecida una pauta más elevada de alimentación. Al mismo tiempo, propuso no beber vino, mucho menos el que bebía el rey. Daniel tenía muy en claro que líderes consagrados a vivir con una pauta de excelencia espiritual deben hacer sacrificios personales. Levítico 10:8-11 ilustra de manera clara esta verdad. Lo que Daniel decidió en cuanto al vino no era algo increíble. Quería distinguirse de aquellos que se embriagaban, aquellos cuya afición era comer, los glotones de la corte real babilónica. No quería que hubiera ningún tipo de confusión entre sus pautas y las que ellos practicaban, así que tomó la decisión de tomar solo agua. Esto no quiere decir que por hacer esto fuera más espiritual. El fin era dejar establecida una línea más elevada para, de esta forma, evitar toda apariencia de maldad. Como dice 1 Tesalonicenses 5:22: "Absteneos de toda especie de mal".

Lo que sucedió con Daniel es para mí motivador, un recuerdo de que Dios está en control de absolutamente todo —inclusive lo que puedan pensar, sentir y llevar a cabo quienes gobiernan y ejercen poder. Proverbios 21:1 afirma: "Como los repartimientos de las aguas, así está el corazón del rey en la mano de Jehová; a todo lo que quiere inclina". Nadie —ni Aspenaz ni Nabucodonosor— logró cambiar nada del plan de bendición que Dios tenía para la vida de Daniel. Esa misma clase de protección sobrenatural es garantizada a cada uno de los hijos de Dios si somos obedientes y no variamos nuestros pasos andando con el Señor. Desafortunadamente, son muchos los cristianos que están preocupados por lo que puedan decir otros. Si somos íntegros, si permanecemos sólidamente en nuestras convicciones, buscando que estas sean piadosas, estamos honrando a Dios. Cuando un cristiano comienza a flaquear en su fe, invariablemente enfrenta mayores tentaciones y cada día comprometerá principios más importantes. Debemos mantenernos firmes desde el principio, a pesar de cualquier circunstancia.

El ejemplo de Daniel es muy eficaz. Tuvo que soportar muchas cosas como prisionero, pero nunca perdió su fe en Dios. Él creía firmemente que el Señor intervendría a su favor y también por sus amigos. Este ejemplo de Daniel ha sido un gran recuerdo para mí cuando he pasado por momentos difíciles, en los que la necesidad, el oprobio o la intriga me han asediado. Dios siempre ha estado presente y me ha dado la salida.

Las necesidades de la familia eran evidentes. En México no teníamos nada, habíamos dejado todo cuando salimos para Bonaire. Luis Miguel y Gabriela ya estaban estudiando, desde hacía un año y medio, en el Master's College de California. Rodrigo hacía la educación primaria desde casa, dirigido por Lupita. Yo me preguntaba dónde y cómo buscar otro trabajo. Estábamos en una isla, comunicados por Internet y teléfono, pero era difícil desplazarnos. A pesar de las circunstancias, le propuse al director Tom Corcoran abrir una oficina en México. Lo pensó y me dijo que no era de momento su prioridad. Regresar a México parecía lógico, pero no teníamos qué hacer ni adónde llegar.

Lo más importante era nuestra confianza en el Señor, quien nos había llevado a Bonaire con un propósito. Yo estaba seguro de que no nos abandonaría; así como nos había traído, nos llevaría adonde quisiera y sería lo mejor para nosotros.

Viene a mi mente el precioso pasaje de 2 Corintios 12:7-10, donde el apóstol Pablo nos habla del aguijón que tenía y cómo había orado para que Dios se lo quitara. Ahí vemos la suficiencia de la gracia de Dios. Lo que estaba experimentando era aflicción. La preocupación comenzó a apresarme; como cabeza de mi familia, esa preocupación podía afectar a Lupita y a nuestros hijos. Mi conciencia estaba inquieta por la responsabilidad que tenía para afrontar la prueba que estábamos viviendo; al mismo tiempo, tenía paz de Dios por haber hecho lo que hice. Sabía que Dios estaba gestando algo, no sabía qué.

He comprendido que, en el plan de Dios, la victoria espiritual tiene su base en el sufrimiento. El camino a la prosperidad espiritual tiene como centro la aflicción. Como dice 2 Corintios 12:8: "Bástate mi gracia; porque mi poder se perfecciona en la debilidad".

Me preguntaba: ¿qué debo hacer en estos momentos? La respuesta estaba de hecho en la Palabra de Dios. La gracia es un favor inmerecido y abundante; es un don especial. La gracia de Dios para muchos creyentes es un tema al que no se pueden acostumbrar, aun viviendo bajo su cobertura. Al revisar el significado de la palabra "gracia", encontré muchas acciones que la representan. El Diccionario de la Real Academia Española habla de cualidades y capacidades para hacer y llevar a cabo actividades, incluyendo talentos dentro del arte y las letras. Pero cuando estudiamos la definición precisa, relacionada con la virtud de Dios, nos doblegamos al entender el favor inmerecido de Dios hacia el hombre en diferentes aspectos y bajo circunstancias que Él controla soberanamente. Eso humilla al hombre, lo hace totalmente dependiente de Él. Nada de lo que tenemos nos pertenece. Somos simples mayordomos de todo lo que usamos y tenemos, incluyendo nuestra familia.

La gracia aparece en el Nuevo Testamento como la bondad de Dios que ama al pecador y anhela su conversión. Efesios 2:7 dice: "Para mostrar en los siglos venideros las abundantes riquezas de su gracia en su bondad para con nosotros en Cristo Jesús". Es la eterna glorificación de Dios que concede su gracia y bondad a los creyentes. El principio bíblico afirma que, a partir de la ley de Dios, el hombre solo podía ser justificado por las obras, algo que es imposible. Gálatas 3:10-12 dice:

> Porque todos los que dependen de las obras de la ley están bajo maldición, pues escrito está: Maldito todo aquel que no permaneciere en todas las cosas escritas en el libro de la ley, para hacerlas. Y que por la ley ninguno se justifica para con Dios, es evidente, porque: El justo por la fe vivirá; y la ley no es de fe, sino que dice: El que hiciere estas cosas vivirá por ellas.

La gracia vino por la obra del Señor Jesucristo, en tanto que la ley fue dada por Moisés (Jn. 1:17). Es en la cruz donde resplandece claramente la gracia. El hecho de que el Señor haya venido a la tierra no era suficiente. La gracia no es un simple efecto de la misericordia de Dios que extiende un perdón total por su pura bondad. La santidad y la justicia absolutas de Dios debían ser satisfechas, al igual que su amor. Por ello fue necesario el sacrificio expiatorio en el Calvario. "Jesús descendió para que por la gracia de Dios gustase la muerte por todos" (Heb. 2:9). El camino a la prosperidad espiritual es la aflicción, la prueba constante que fortalece el fruto del Espíritu Santo en nosotros. Así como la salvación viene solo por la gracia de Dios (Ef. 2: 8-9), es también la gracia la que sostiene nuestra vida y nos ayuda a soportar la aflicción.

Cuando Dios me otorgó su gracia en Cristo, mi alma fue llenada; recibí también el deseo de dedicar mi vida a servirlo en la tarea de llevar el evangelio al mundo. Me dio su gracia, pero con un propósito: que anduviera en las buenas obras que Él preparó de antemano para mí (Ef. 2:10). Después de aceptar que vivimos en un mundo caído, debo recordar que Dios siempre está a mi lado. Ese es un aliento increíble e inmerecido que sustenta mis pensamientos, ideas, vida y acciones. Dios ha utilizado el sufrimiento para humillarme. Ha sido un medio para que yo aprenda cómo debe ser mi andar diario. Al pensar en esto, puedo ver que la humildad es el estado en el que un hijo de Dios debe vivir al entender quién es delante de Dios. Él nos libertó de la condenación eterna, pagó el precio al dar su vida por mi pecado.

Al reflexionar sobre esto, después de leer el libro *Esclavo*, escrito por John MacArthur, me he quedado atónito. Pude entender cuál es la posición de un hijo de Dios delante de su Señor y Salvador. MacArthur desarrolla un estudio donde nos enseña que, como creyentes, no podemos hacer absolutamente nada por nosotros mismos. Somos simple y llanamente esclavos de nuestro dueño, nuestro Salvador, el Señor Jesucristo.

Ser cristiano, en el sentido del término, es ser seguidor incondicional de Cristo. Como dijo el mismo Señor en Juan 10:27: "Mis ovejas oyen mi voz, y yo las conozco, y me siguen". El nombre sugiere mucho más que una asociación superficial con Cristo. El punto central es que el Evangelio define de manera muy clara cuál es la identificación de un hijo de Dios. Y un cristiano es lo que es mediante el pago de un enorme precio, por el cual es hecho libre de la condenación del pecado, pasando entonces a ser esclavo (gr. *doulos*) de Cristo.[4]

En los tiempos del Nuevo Testamento, había un marco de referencia para entender sin ninguna duda lo que quería decir ser un esclavo. Los esclavos

---

4.   John MacArthur, *Esclavo*, 11.

eran personas compradas. Tenían un señor. Un esclavo le debía obediencia absoluta a su dueño, era parte de la familia de ese dueño. Se lo reconocía socialmente como tal porque se sabía quién era su dueño. Pero, además, el dueño tenía la prerrogativa y la autoridad suficiente para hacer con él lo que mejor le pareciera: negociar con él, venderlo o incluso quitarle la vida.

La diferencia entre ser siervo o esclavo del Señor Jesucristo es enorme. Entender esta diferencia afectó de manera profunda mi forma de adorar a Dios. Un siervo es aquel cuya vida y actividad dependen de alguien que es su jefe o supervisor, porque lo contrata y le paga por sus servicios. Un siervo puede dejar de ser siervo en cualquier momento. No así el esclavo. Esta verdad fue oculta por siglos, incluso en la mayoría de las traducciones de la Biblia. Esta revelación esencial aclara cuál es realmente la relación de un cristiano con Dios y evita al mismo tiempo que esa relación no sea tan plena como debería ser. Esta revelación que ofrece MacArthur me permitió ubicar la salvación de manera amplia, con una perspectiva correcta y nueva. Ahora puedo ver lo que significa ser cristiano y entiendo que soy un esclavo. Cristo no es solo mi Salvador, sino también mi Señor y dueño. Le debo absolutamente todo lo que soy, tengo y seré eternamente.

Comprender nuestra verdadera posición delante de Dios es parte de una vida con sentido. Tiene objetivo, rumbo y certeza, pero además está fundamentada en el hecho de que es lo que es porque a Dios así le ha placido que sea. Todo lo que deba vivir —lo que incluye pruebas y sufrimiento— es para que crezcamos en la fe y el conocimiento de Dios, con el fin de glorificarlo en toda área de nuestra vida, con todo pensamiento y acto.

Cuando Dios ha definido que somos parte de Él, si así lo decide, puede poner en nosotros un tipo de aguijón como lo hizo con el apóstol Pablo para que no nos exaltemos a nosotros mismos. A algunos nos pone personas cuyas características nos confrontan con su conducta para que vivamos humildemente, revisando nuestro actuar y obediencia diaria. A otros les da una enfermedad que hace a la persona absolutamente dependiente de los cuidados de otros cada minuto de su vida. Y a otros más les da algún familiar cercano que, a pesar de haber escuchado el evangelio, no ha sido salvo. Con estos ejemplos y muchos otros, Dios nos mantiene sumisos, humillados a su plan soberano, en revisión constante del estado de crecimiento y madurez, del fruto del Espíritu Santo en nosotros: una santificación necesariamente progresiva y real. La santificación de una persona cuya alma ha sido llenada por Dios pone en práctica la redención a través de la obra maravillosa de Cristo que el Espíritu Santo lleva a cabo de forma inmediata en los creyentes desde el momento en que la vida cristiana comienza. Esa regeneración de mi alma fue lo que me concedió arrepentimiento y fe, lo que me unió a Cristo.

Fui declarado justo a través de la justicia de Cristo. Entonces fui adoptado en la familia de Dios. Este glorioso proceso es vivido por todo aquel a quien Dios llena el alma. Aunque la bendición de la santificación comienza con nuestra regeneración, su aplicación se desarrolla durante toda la vida cristiana. La santificación es realmente la vida diaria de un hijo de Dios. Es la obra especial del Espíritu Santo, como leemos en 1 Corintios 1:2: "A la iglesia de Dios que está en Corinto, a los santificados en Cristo Jesús, llamados a ser santos con todos los que en cualquier lugar invocan el nombre de nuestro Señor Jesucristo, Señor de ellos y nuestro". Dios nos transforma progresivamente según la imagen de Cristo (Ro. 8:29; 2 Co. 3:18). Nos capacita para dar fruto de obediencia.

En su *Teología Sistemática*, Berkhof dice:

La Santificación puede definirse como aquella operación bondadosa y continua del Espíritu Santo, mediante la cual Dios, al pecador justificado lo liberta de la corrupción del pecado, renueva toda su naturaleza a la imagen de Cristo y capacita para hacer buenas obras.

He aprendido a no huir de la prueba y a no tener desánimo, agradeciendo a Dios por todo. A través del sufrimiento, Dios refina. Vemos ejemplos contundentes de esto en la Biblia, como el de Job, quien fue azotado de muchas formas. Él perdió no solo lo material, sino también a su familia, a pesar de ser justo e íntegro (Job 1:1). Las pruebas de Dios en mi vida son parte de lo que Él quiere para mí, me va refinando a través de ellas. Por la gracia de Dios entiendo que su vara de disciplina no siempre tiene que ver con el pecado. Muchas veces son lecciones de algo que podríamos llamar "la escuela necesaria del sufrimiento". Este proceso es quizás indispensable; a través de él, todo hijo de Dios es fortalecido.

He experimentado la gracia de Dios en el sufrimiento: en la desesperación a mi alrededor, cuando he estado enfermo, al perder a un ser querido, o todo lo material hasta experimentar la quiebra total. También la enfermedad severa de la compañera de mi vida, Lupita. La gracia de Dios me ha movido a una vida de oración más intensa, me ha llevado a conocerlo de manera más personal y profunda; es allí cuando veo la vida con sentido por tener mi alma llena. Es un aprendizaje que nos lleva a depender totalmente de Dios.

No debemos sentarnos pasivamente a ver qué sucede. Debemos de ser proactivos y eficientes, viviendo agradecidos por todo lo que Dios nos da. En los principios de Dios y los ejemplos que tenemos en la Biblia podemos ver claramente las directrices a seguir. Pablo, Job, Abraham o Moisés nos enseñan este patrón de ir al Señor en todo momento para pedir su dirección y su gracia maravillosa para cumplir su voluntad. A veces estamos sufriendo, pero Dios quiere nuestra dependencia aun en esa aflicción.

Recuerdo que viviendo en Bonaire tuvimos la oportunidad de estudiar en familia, por las noches, el libro *Enfrentando la ansiedad* de John MacArthur. Todos los días, después de la cena, revisábamos las promesas de Dios con ese libro y la Biblia. Descubrimos así la clave para que sus hijos no vivan con ansiedad: aplicar principios bíblicos cada día. Estábamos lejos de nuestro país de origen, viviendo cada día experiencias nuevas y diferentes. Entendimos con claridad que la preocupación es una tentación común en la vida. Es más, para muchos, es un pasatiempo que puede ocupar sus pensamientos durante gran parte del día, sobre todo cuando a nuestros ojos no tenemos claridad de lo que va a venir. Aprendimos que, más allá de evitar los efectos psicológicos y fisiológicos, el Señor Jesús nos dice que no debemos preocuparnos porque la preocupación es un pecado. El cristiano que se preocupa en realidad está diciendo: "Dios, yo sé lo que dice la Biblia, pero no estoy seguro de que puedas quitarme la preocupación". Nos dimos cuenta de que la ansiedad y la preocupación son una falta de confianza en el poder y el amor de Dios. Si tenemos a Dios como nuestro Padre celestial, no es necesario que nos preocupemos acerca del dinero, la comida, el vestido o cuál será nuestro próximo trabajo o ministerio. Todas las cosas están bajo el control de Dios. Debemos descansar confiando en que Él controlará cualquier situación o necesidad de sus hijos.

El Señor ilustra estos principios utilizando su creación: "Mirad las aves del cielo, que no siembran, ni siegan, ni recogen en granos; y vuestro Padre Celestial las alimenta. ¿No valéis vosotros mucho más que ellas?" (Mt. 6:26). Lupita y yo hicimos un viaje a Israel, en el año 1994. Uno de esos días, mientras navegábamos por el mar de Galilea, aventábamos migajas de pan a las gaviotas desde el barco, y ellas quedaban literalmente suspendidas en el aire para comer de ese pan. Nos podíamos imaginar al Señor en esa área de Galilea, mirando el paisaje. Era conocido como un lugar de migración de las aves. Quizás, mientras el Señor hablaba, estaba viéndolas volar, como las vimos Lupita y yo.

Aprendemos que Dios quiere que pensemos acerca de su naturaleza. Los pájaros no se ponen de acuerdo para planear una estrategia para mantenerse vivos. No tienen la capacidad de razonar, pero Dios ha puesto en ellos el instinto para encontrar lo que es necesario para la vida. Dios no solo ha creado la vida, sino que también la sustenta en detalle, de principio a fin.

Aprendimos también, durante este tiempo de estudio en familia, que cuando nos preocupamos, escogemos ser gobernados por nuestras circunstancias, especulaciones, ideas y sentimientos, en lugar de ser gobernados por medio de la verdad objetiva de Dios.

Las pruebas no se comparan con la grandeza de nuestra salvación. El Señor desea que nos demos cuenta de que no tiene sentido creer que Dios puede salvarnos del infierno eterno mientras dudamos de que sea capaz de ayudarnos en los asuntos comunes de la vida de cada día. Cuando nos preocupamos, no estamos confiando en Dios, y esto significa que aún no lo conocemos tan bien como creemos. Pero debemos tener ánimo; el remedio efectivo es estudiar la Palabra de Dios en profundidad, aprendiendo a meditar en ella. Es lo que nos llena de certeza y confirma su providencia y soberanía. Fue una enorme enseñanza en nuestra vida en esos tiempos. La lectura y meditación en la Palabra nos ayuda a conocer más a Dios y a tener confianza ante lo que estamos viviendo y el futuro. Darnos cuenta de que Dios nos da la fortaleza suficiente para vivir un día a la vez es maravilloso. Él provee todo lo que necesitamos en el momento preciso.

El 6 de septiembre del año 2006 enfrentamos otra gran prueba. Gabriela, nuestra adorada hija, estaba esperando su tercer hijo. Ella y Burt, su esposo, son una pareja de Dios, que medita en su Palabra y busca obedecerla. Entre el mes cuarto y quinto de su embarazo, el médico a cargo les dijo que necesitaban ver a un especialista porque veía algo raro en el bebé. No notaba un crecimiento normal. El doctor pensaba que los riñones no estaban desarrollándose correctamente. De inmediato acudieron a un especialista, que les confirmó que, a la luz del ultrasonido general y otros exámenes, el bebé no tenía sus riñones bien desarrollados; parecía que sus pulmones tampoco estaban bien. Esa era la razón por la cual no había crecido mucho en el vientre de su madre.

Fue una conmoción muy fuerte. Más investigaciones y exámenes médicos siguieron, así como también oraciones constantes pidiendo fortaleza y dirección en esta tremenda prueba. Algunos doctores no cristianos les aconsejaron que abortaran el bebé. La respuesta de Gabriela y Burt fue contundente y precisa: "Este bebé es creación de Dios y el único que le va a quitar la vida, en el momento que quiera, es precisamente Dios". Gaby dijo: "Yo cuidaré de mi embarazo cada día hasta llegar al momento en que se haga la voluntad de Dios".

El 6 de septiembre llegó. El bebé, contra toda expectativa médica, nació. Era hermoso y lloró. Los especialistas trabajaron con dedicación y entrega; múltiples exámenes se sucedieron. Finalmente, después de varias horas, confirmaron que Robert Thomas no tenía ni sus riñones ni tampoco sus pulmones. Teníamos la esperanza de que se hubieran equivocado y que pudiera vivir. Seis horas después fue a la presencia de Dios, mientras estaba en los brazos de sus padres.

Bastaron seis horas para que Robert Thomas fuera un tremendo testimonio de que, cuando alguien es un hijo de Dios, buscará honrarlo a pesar del dolor y la prueba. El dolor de perder a un ser tan cercano y querido jamás puede ser borrado, aun con la certeza de que está en la presencia de Dios. Cada año recordamos a Robert Thomas, el pequeñín que vino a dar felicidad a tantos durante esas pocas horas de vida. Esta prueba fue de tremendo testimonio y ayuda en la vida de muchos jóvenes. Dios la usó para señalar que quienes son genuinamente hijos de Dios no van a claudicar, no van a comprometer su fe a pesar del dolor y el sufrimiento, sino que se van a mantener firmes y lo van a honrar.

Ha sido maravilloso ver cómo Dios nos sostuvo. Desde luego que echamos de menos a nuestro querido Robert Thomas; Gabriela y Burt más aún. Pero se siente una fortaleza y una confianza increíble, un gozo en el corazón por saber que está con el Señor. Dios nos da su gracia en la hora en que más la necesitamos. He podido descubrir que el sufrimiento modifica el enfoque de la oración. Hace que revisemos el contenido de lo que pedimos, especialmente cuando vemos el contraste entre ese momento de sufrimiento y los momentos placenteros de nuestro andar con Cristo. Esto no significa que cuando pedimos algo a Dios estamos equivocados, pero el sufrimiento nos estimula a tener una perspectiva diferente en cuanto a lo que pedimos. El contenido de la oración no es el mismo cuando uno está levantando la mirada desde el fondo del dolor, desde un pozo que humanamente no tiene salida. Cuando nos preocupamos por el futuro, redoblamos nuestro dolor y no hallamos la gracia suficiente para sobrellevarlo. "Jesucristo es el mismo, ayer, hoy y por los siglos", dice Hebreos 13:8. Él hará mañana lo mismo que hizo ayer.

Hemos aprendido que si tenemos alguna pregunta acerca del futuro, debemos ver el pasado. Y hemos experimentado que Él nos sostuvo entonces; por esto tengo la confianza absoluta de que nos sostendrá cada día. En estos momentos, mientras estoy editando este capítulo, estamos viviendo pruebas muy duras en el mundo. Por una parte, hemos estado sin salir de casa por casi cuatro meses, cuidándonos de la pandemia de la COVID. Nuestro hijo menor,

Rodrigo, junto a su esposa Jacqueline y nuestra nieta María José, tuvo que dejar la ciudad donde vivían tras perder su negocio y otras situaciones adversas. Los hemos recibido con amor, mientras proyectan rehacer sus vidas aquí, donde nosotros vivimos. Esto sucedió al inicio de esta pandemia. Además, desde hace cinco meses a la fecha, mi amada compañera y el amor de mi vida, la madre de mis hijos, Lupita, fue diagnosticada de cáncer de páncreas.

Una pandemia mundial, la necesidad de apoyar a nuestro hijo y su familia, una enfermedad terrible en mi amada esposa, todo esto hace que sea un tiempo especial y diferente, son pruebas claras de parte de Dios para nosotros. ¿Y cómo respondemos a ellas? Oramos al Señor por misericordia y por poder practicar sus principios. Sabemos que su voluntad es perfecta y, Dios mediante, saldremos de esto fortalecidos, dándole gloria a Él. Pedimos al Señor que su pueblo, la Iglesia, se manifieste y hable del evangelio, de lo que la certeza de vida eterna encierra.

El pastor John MacArthur predicó el domingo 15 de marzo del 2020 sobre Mateo 6:25-34, haciéndonos notar que no debemos afanarnos por la vida o por la comida, menos aún por qué vestir. Debemos buscar primeramente su reino y su justicia y todo esto nos será añadido. Tampoco debemos temer a la muerte porque nuestra certeza está en nuestra vida eterna con Dios. La preocupación por esos males, como he citado antes, corrompe el pensamiento del ser humano. Cuán maravilloso es entender que solo debo preocuparme por las cosas de Dios. No podré humillarme bajo la mano de Dios si no creo que Él cuida de mí, de Lupita, de mis hijos y sus familias, de mi trabajo y, desde luego, de mi relación con Él. La base para esa confianza es un hecho práctico: el cuidado amoroso que Dios ha mostrado reiteradamente en nuestras vidas. En ocasiones, quizás tengamos que decir: "Señor esto es muy difícil, estoy teniendo serias dificultades al atravesar esta prueba, pero entrego todo el asunto en tus manos porque sé que tú tienes control y cuidado de nosotros". Como miembros del Cuerpo de Cristo, debemos aprender a vivir vidas de fe y confianza; esto es parte de la vida con sentido, con el alma llena.

George Müller, un alemán que vivió en Inglaterra, sabía mucho sobre la fe. Su juventud transcurrió en la impiedad. Cuando tenía veinte años se convirtió a Cristo; a esa altura, ya había cumplido una sentencia en la cárcel. Entonces, sus intereses y su actitud cambiaron drásticamente. Después de pasar algunos años preparándose para el ministerio, Müller se marchó a Inglaterra para hacer una labor misionera entre el pueblo judío. Cuando él y su esposa se mudaron a la zona del puerto de Bristol en 1832, se horrorizaron al ver la cantidad de niños huérfanos viviendo y muriendo en aquellas sórdidas calles, revolviendo los cubos de basura en busca de comida. Los Müller, con una fe inquebrantable, estaban convencidos de que si los cristianos tomaban seriamente la Escritura no había límites en sus logros para el Señor. Entonces decidieron proteger, alimentar, vestir y educar a los niños huérfanos y abandonados. Al final de sus vidas, los hogares que establecieron albergaban y cuidaban a más de 10 000 huérfanos. Contrariamente a muchos que hoy en día dicen "vivir por fe", los Müller solo le hablaban de sus necesidades económicas a Dios. El Señor siempre les proveyó abundantemente, contestando sus oraciones llenas de gratitud, honrando su humilde espera en Él. George Müller dijo: "Donde empieza la fe, termina la ansiedad, y donde empieza la ansiedad, termina la fe".[5] Müller vivió una vida ejemplar y dejó un testimonio de fe digno de ser imitado por cada uno de nosotros.

Yo había concluido mis tareas en Trans World Radio en Bonaire y estaba buscando el camino para trabajar en otro ministerio. Nunca se nos ocurrió vivir en Estados Unidos. El camino lógico, como cité antes, era volver a México. Pero no teníamos adónde ir ni qué hacer ahí. Hice algunas llamadas, pero la expectativa no era la mejor. Un día, Dennis Gast, amigo entrañable de esos tiempos en Bonaire, me dio el teléfono de Samuel Montoya, voz del programa *A través de la Biblia*, que trabajaba en Bible Basics International en el estado de Florida. Estaban buscando una persona para su equipo de trabajo en el área hispana. Llamé y coordiné una visita a Orlando, Florida, en un viaje con escala en California. Rodrigo, mi hijo menor, me acompañó; aprovechamos para visitar a Luis Miguel y a Gabriela en The Master's College. Al mismo tiempo, queríamos buscar el consejo de hombres sabios que mis hijos apreciaban, con quienes ya tenía relación, como Phil Johnson y Lance Quinn de Grace Community Church. Era el final de mayo de 1996, y teníamos plazo hasta el 15 de julio para dejar Bonaire. Ya habíamos vendido nuestros muebles. No sabíamos dónde iríamos y no teníamos dinero para una mudanza, por eso nos quedamos sin mobiliario. Me dolió mucho este hecho, sobre todo por Lupita, quien cuidaba algunas cosas con gran afecto, pero tuvo que desprenderse de ellas.

Nos encontrábamos viviendo esas últimas semanas en Bonaire, en la casa de una familia misionera que se había ido en promoción a Estados Unidos. Fue una etapa de sufrimiento también para Rodrigo. Luis Miguel y Gabriela habían partido a California y Rodrigo se sentía solo; aunque Lupita y yo convivíamos con él, no era lo mismo. Teníamos un precioso perro, Pery, un

---

5. Arthur T. Pierson, *The Wise Saying of George Muller, George Muller of Bristol*, 437.

rottweiler cuyo carácter cambió y se embraveció después de un asalto a nuestra casa, en el que lo lastimaron severamente en el lomo. No permitió que nadie lo adoptara y tuvimos que ponerlo a dormir. Fue un momento muy doloroso particularmente para Rodrigo que era niño y tenía un gran amor por los animales.

En este proceso y búsqueda, ya no me veía de nuevo en el mundo de los negocios o la política; mi corazón estaba totalmente transformado, estaba convencido de que todo lo que hiciera debía ser para ayudar a que la Palabra de Dios fuera proclamada. Dios había secado mi deseo de posiciones, fama, dinero y estaba ya trabajando en otras áreas.

No se pudo llegar a ningún acuerdo con Bible Basic International. En el proceso, después de visitar California, Orlando y Florida, Samuel Montoya me comentó que en BBN (Bible Broadcasting Network), con sede en Charlotte, Carolina de Norte, estaban buscando personas para iniciar un proyecto muy importante y desarrollar una red de radio en español que llegara vía satélite al mundo de habla hispana, con programación las 24 horas. Cuando regresé a Bonaire me comuniqué con Juan López de BBN, la persona encargada de la afiliación de estaciones de radio de lo que sería la red en español. Acordamos una cita y el 15 de junio llegué a las oficinas de BBN en Carolina del Norte para platicar sobre la posibilidad de ser parte de ese nuevo proyecto. Por muchos años había orado por programas de radio que llevarán enseñanzas de la Palabra de Dios al mundo hispano. Dios respondió a mis oraciones y deseos de bendición para Latinoamérica. No solo había programas de radio con esas características, sino también una organización con el mismo interés. Ese año, 1996, BBN planeaba dar inicio a la red con programación cristiana para el mundo de habla hispana las 24 horas del día, los 365 días del año. Finalmente, me invitaron a ser parte del equipo. Un sueño hecho realidad.

BBN de Carolina del Norte tenía 25 años operando en inglés dentro de Estados Unidos en esos momentos. El 16 de julio de 1996, un mes después de la entrevista en BBN, llegamos a vivir a Charlotte, Carolina del Norte. Empecé mi trabajo como locutor y director de programación. Por casi cinco años, tuve el privilegio de ser testigo y parte de un equipo que llevó esa bendición al mundo hispano. No entendía cómo Dios primero me había llevado a Bonaire, me había entrenado en la parte operativa de la radio, viajando por Latinoamérica, ampliando la red de contactos y relaciones en el continente. Dios me había humillado sacándome como lo hizo de Bonaire y me daba ahora otra oportunidad; era la respuesta a nuestras oraciones, el comienzo de una nueva experiencia de servicio a Dios. Había conocido el funcionamiento de la radio cuando al planear estrategias de mercado y publicidad para empresas en México y como ejecutivo en diferentes organizaciones, pero jamás imaginé que mi conocimiento comercial de ese medio sería transformado por Dios ni que, a través de la radio, yo sería una de las piezas que Él usaría soberanamente para la proclamación del evangelio.

Desde julio de 1996 a diciembre de 1999, el Señor nos dio la bendición de que 67 estaciones de radio en siete países de Latinoamérica se afiliaran para compartir la programación vía satélite. En 1999, BBN ya había adquirido algunas estaciones en Venezuela, Argentina y Ecuador, las cuales se administraban y autofinanciaban casi en su totalidad. Fueron muchas las bendiciones recibidas de parte del Señor, pero también muchas las pruebas. Luis Miguel y Gabriela continuaban en The Masters' College en California. Entrañables hermanos y familias tomaron a nuestros hijos para cuidarlos y velar por muchas de sus necesidades; mientras tanto, Lupita, Rodrigo y yo nos mudamos de Bonaire a Charlotte, Carolina del Norte. A la distancia, Dios permitió soberanamente que conociera a siervos de Dios de Grace Community Church, incluido el pastor John MacArthur. Esta relación —que dura hasta hoy— se fue fortaleciendo por su amor a nuestros hijos y nuestra gratitud por su apoyo, particularmente a Phil Johnson.

En el año 1997, John MacArthur tuvo la idea de dar inicio al programa de radio *Grace to You* en español, *Gracia a vosotros*. John pensó que la bendición que es para tanta gente la programación en inglés, podría serlo también para el mundo de habla hispana si se produjera el mismo programa en español. Más aún, pensó que la iglesia se encontraba en el centro de una de las áreas con más población hispana de Estados Unidos, el sur de California. A través de Luis Miguel, mi hijo, me fui enterando del avance de ese proyecto. En mayo de 1999, después que se definieron diferentes aspectos del nuevo ministerio, recibí una llamada de Tom Pennigton, Director Operativo de *Grace to You*. Me preguntó si estaba interesado en ser parte de una terna de candidatos, de donde saldría el responsable de dirigir *Gracia a vosotros*. Se estaba adaptando el material de John MacArthur desde marzo de 1998, con la traducción de Luis Miguel, mi hijo, y la voz de Henry Tolopilo; todo indicaba que *Grace to You* iniciaría la producción del programa y pondría al aire su versión hispana muy pronto. Dios soberanamente me concedió el privilegio de ser el director de *Gracia a vosotros* desde su planeación. El 3 de enero del 2000, *Gracia a vosotros* comenzó su emisión en varios países de Latinoamérica.

Fue particular la forma en la que me integré al equipo de *Grace to You*. Phil Johnson, a través de Don Green, me invitó como asesor de *Grace to You* a un evento que se llevó a cabo en Lima, Perú, en octubre de 1999. Era el congreso de COICOM, organismo que agrupa a medios masivos de comunicación cristiana de Iberoamérica. *Grace to You* quería participar en este congreso para dar a conocer el proyecto y los objetivos de *Gracia a vosotros*. Acudieron al evento Jay Flowers, Phil Johnson, Henry Tolopilo y Alex Granados. Yo seguía prestando mis servicios a BBN en Charlotte. En Lima, en la plenaria de inauguración, *Grace to You* presentó su nuevo ministerio en español. Una de las noches en las que estábamos cenando juntos, Phil Johnson me dijo de manera directa y clara que, para él y para John, yo era la persona indicada para dirigir *Gracia a vosotros*. Esto fue de enorme impacto, una gran bendición, pero al mismo tiempo mucha responsabilidad. Phil me preguntó si necesitaba consultar con Lupita y yo le conteste que lo haría, pero que su propuesta era de gran bendición para nuestra vida, una gran oportunidad, y que aceptaba. Me preguntó enseguida cuándo creía que podría estar en California para implementar la planificación, organización y producción del programa. Le contesté que podría ser en enero o mayo del 2000, considerando la escuela de Rodrigo. Me respondió que sería mejor en diciembre, para arrancar así el programa el 3 de enero de ese año.

Estábamos hablando de que solo tenía dos meses y dos semanas para coordinar la producción del programa y ponerlo al aire. Dios hacía una vez más su voluntad en mi vida y me hacía entender el porqué de ese proceso de años de pruebas y situaciones difíciles: era para traerme finalmente a *Grace to You* y ser parte de este extraordinario ministerio. Dios me capacitó y amplió mis relaciones en el mundo hispano.

La otra bendición era que nos acercaríamos como familia, estaríamos de nuevo reunidos con Gabriela y Luis Miguel, pero ahora en California. Al día de hoy, *Gracia a vosotros* se escucha en 27 países, en las ciudades más pobladas del mundo de habla hispana, y está al aire diariamente en 1 200 estaciones de radio. El Señor sigue haciendo su obra de salvación y edificación a través de *Grace to You* en inglés y de *Gracia a vosotros* en español. Todo esto combinado con la prolífica producción de libros de John MacArthur, de los cuales hay decenas en español, incluyendo la *Biblia de Estudio*, los *Comentarios del Nuevo Testamento* y la *Teología Sistemática*. Es un testimonio poderoso de cómo el Señor nos usa, a pesar de las debilidades, cuando ya ha llenado nuestra alma.

Trabajar sirviendo en una organización como *Grace To You* es un privilegio enorme. Veo a John MacArthur como un ejemplo de vida congruente entre lo que se predica y lo que se vive. John ama la verdad y hoy resalta sobre cualquier otro por su exposición de la Biblia fiel, profunda y sin compromisos. En su libro *Verdad en guerra*, afirmó que verdad es lo que es coherente con la mente, voluntad, carácter, gloria y ser de Dios. La definición de la verdad fluye de Dios; la verdad es teológica. La verdad es también ontológica, lo que es una extraña manera de decir que es lo que Dios declaró e hizo así. Dios es autor, fuente, determinante, gobernador, árbitro, máximo ejemplo y juez definitivo de toda la verdad. Verdad es igual a existencia. Dios existe en tres personas y es la verdad en sí mismo. Es la realidad como creador de todo lo visible e invisible. Y esta realidad fluye de manera maravillosa cuando tenemos el privilegio de conocerlo.

A poco más de veinte años de haber iniciado mis responsabilidades coordinando los esfuerzos del gran equipo de *Gracia a vosotros*, las pruebas no han dejado de existir; son la manifestación viva y clara del amor de Dios hacia sus hijos. La prueba es el instrumento de Dios, para hacernos crecer en la fe. Dice el Dr. Greg Harris:

> Es frecuente entre los creyentes conversar acerca de vivir en el camino cristiano. La expresión describe numerosos matices: progreso, movimiento continuo, avanzar en un rumbo determinado. Puesto que Dios quiere que lo sigamos (no que nosotros seamos el guía, como muchos intentamos hacer), él se propone que transitemos una senda en particular. Aunque buena parte del camino que transitamos con Dios es hermoso y agradable, algunos trayectos son asombrosamente difíciles, empinados, desolados.[6]

Esta es la realidad de alguien cuya vida tiene sentido. Dios ha llenado el vacío de su alma.

«Quiero, sé limpio».

MARCOS 1:41

---

6. Greg Harris, *La copa y la gloria*, 37.

Las pruebas y la fortaleza con el alma llena

Sumerja al verdadero hijo de Dios en el agua de una prueba y resplandecerá.

John MacArthur

Una de las escenas más conmovedoras de los evangelios aparece justo a la mitad del evangelio de Juan. Jesús resucita a Lázaro como una anticipación de su propia resurrección, que sucederá al final del relato. Pero antes de llegar a ese momento de gozo y celebración, al milagro imposible de que Lázaro resucitara de la muerte, Marta y María —las hermanas de Lázaro— debieron atravesar el dolor inmenso y las preguntas.

El evangelio nos dice que Jesús amaba "a Marta, a su hermana y a Lázaro" (Jn. 11:5). Por eso, las hermanas habían avisado a Jesús de la enfermedad de su amigo mientras aún estaba vivo, esperando que hiciera un milagro. Pero la enfermedad había empeorado e incluso habían pasado ya cuatro días de su muerte. Y el Señor no aparecía. ¿Por qué? ¿Acaso no le importaba? Marta y María ensayaban sus palabras mientras lloraban ante la tumba de su hermano; de hecho, al encontrarse con Jesús, ambas dicen exactamente lo mismo: "Señor, si hubieses estado aquí, mi hermano no habría muerto" (vs. 21, 34).

Pero Jesús, contra todo pronóstico hace el milagro que ni siquiera quienes creían en Él podían imaginar: resucitar a un muerto de cuatro días. En los tiempos de Jesús, se creía que después de cuatro días el alma de la persona se alejaba definitivamente de su cuerpo; en otras palabras, estaba definitivamente muerto. El milagro dejaba en evidencia no solo el poder de Jesús, sino también el hecho de que los planes de Dios generalmente nos sorprenden y descolocan. Lo que no podían entender las hermanas, en el medio de su aflicción y angustia, es que ese imposible sufrimiento que enfrentaban no era un sinsentido. Dios seguía en control. Como dijo Jesús: "Esta enfermedad no es para muerte, sino para la gloria de Dios, para que el Hijo de Dios sea glorificado por ella" (vs. 4).

D. Martyn Lloyd Jones dijo:

El Espíritu Santo es enviado a regenerar a los hombres, a darles nueva naturaleza, una nueva mente, una nueva perspectiva y a hacer nuevas todas las cosas. Sin ello no hay esperanza. Del mismo modo, el Espíritu Santo es enviado para promover nuestra santificación. "Sed llenos del Espíritu". Solo aquellos que son controlados por el Espíritu Santo de Dios pueden vivir en paz unos con otros. Esta es la solución a los problemas matrimoniales, a los problemas del hogar, a los problemas industriales. Una vez que los hombres son gobernados y llenos del Espíritu, ellos comprenden, ellos alcanzan a ver el mal que habita en ellos, ellos se refrenan y se controlan a sí mismos, "ellos crecen en gracia en el conocimiento del Señor", y entonces la amistad y la concordia llegan a ser posibles. Pero solo en la medida en que somos "llenos del Espíritu". Sin el Espíritu esto es imposible. De modo que el Espíritu Santo ha sido enviado con el propósito de promover nuestra santificación y de controlarnos y hacernos capaces de vivir la vida que Dios quiere que vivamos.[1]

Explicar o describir la importancia de las pruebas en la vida de una persona a la que Dios ha llenado el alma es un tema vital. Por tal motivo, lo he incluido de diferentes formas en varios capítulos de este libro, pero en particular en este. A través de las pruebas, Dios refina a una persona para hacerla madurar en cada área de su vida. Por ello, hablar de un alma llena sin mencionar la forma en que Dios la prueba sería, a mi juicio, incompleto.

Dios ya había tratado conmigo para sacarme de la bancarrota espiritual; por su inmerecida gracia, me había salvado del pecado y la condenación eterna. Por ello y por la importancia que tiene la prueba de la fe cada día debo citar otros aspectos humanamente difíciles de manejar y entender; sin la guía y dirección de Dios, no hubiera sido posible resolverlos, comenzando

---

1. Martyn Lloyd Jones, *La vida en el Espíritu*, 35.

por el hecho de que la prueba es el instrumento que Dios usa y aplica en la vida de cada cristiano para que crezcamos y maduremos en la fe.

Santiago 1:2-3 dice: "Hermanos míos, tened por sumo gozo cuando os halléis en diversas pruebas, sabiendo que la prueba de vuestra fe produce paciencia. Mas tenga la paciencia su obra completa, para que seáis perfectos y cabales, sin que os falte cosa alguna". Escuchamos de manera repetida que ciertas cosas o logros en la vida se hacen "por fe", en el sentido de que a veces debemos esperar el resultado de algo que, humanamente hablando, es muy difícil que se lleve a cabo: el resultado de una cirugía de un ser querido, que todo salga bien en la firma de un contrato o la recuperación de alguien que sufrió un grave accidente. Cualquiera que sea la razón, decimos tener fe de que sucederá algo positivo o favorable. Generalmente se dice que Dios es quien da esa esperanza, incluso si alguien no es un creyente genuino.

Sin embargo, debemos diferenciar entre lo que es la fe humana —que busca con esperanza que se cumplan satisfactoriamente diferentes asuntos y confía en lograr algo positivo— y la fe que la Biblia describe —que es dada por Dios mismo a la criatura. Esta fe es el instrumento de Dios para que el hombre, mediante la obra del Espíritu Santo, crea en Dios. Esta fe no es oscura ni mística, es un elemento racional que requiere que sea viva. Es una fe basada en la persona y la obra del Señor Jesucristo: cómo nació, cómo sufrió en la cruz por nuestros pecados y cómo fue resucitado de los muertos. Contiene su sacrificio, y cómo fue tratado injustamente para que nosotros seamos tratados como justos. Implica la comprensión de esa obra gloriosa. Antes de pedir a Dios por un Salvador, se debe comprender quién es ese Salvador.

Con esa fe, puedo entender que el pecado es inherente a la naturaleza humana. También puedo entender que Dios existe. Que estoy separado de Dios y que estoy expuesto literalmente al juicio eterno. Esa fe me lleva a comprender también que no tengo capacidad de clamar a Dios, de buscarlo y extender mi mano a Él, a menos que esté convencido, por la obra del Espíritu Santo, de que realmente necesito del Salvador. Por lo tanto, se debe tener la certeza de que hemos ofendido a Dios con cada uno de nuestros pecados. Todos mis actos están fuera de los principios que le agradan; al no cumplir lo que la Biblia enseña, afrento seriamente a Dios. Debo aceptar que, en esta vida, mientras nos encontremos en esta naturaleza caída, vivimos en todo momento ofendiendo a Dios. En otras palabras, la fe no es ciega: debe estar informada sobre la obra del Señor Jesús.

No se hacen cosas a ciegas "por fe". La Biblia la define así: "Es pues la fe, la certeza de lo que se espera la convicción de lo que no se ve" (Heb. 11:1).

La fe es el resultado de la gracia de Dios dada inmerecidamente al hombre para que sea salvo. Opera en aquel que la recibe para confesar a Jesucristo como Señor y Salvador y así convertirlo de las tinieblas a la luz, hacerlo un nuevo ser, una nueva creación. La fe lleva al hombre a un nuevo estado, que solo se puede describir como el paso de la muerte a la vida, una vida que es resultado del don del Espíritu, que viene a morar en los hijos de Dios.

Dice la Biblia en Romanos 8:9: "Mas vosotros no vivís según la carne, sino según el Espíritu, si es que el Espíritu de Dios mora en vosotros. Y si alguno no tiene el Espíritu de Cristo, no es de él". Entonces, "Dios es el que justifica" (vs. 33). "Cristo es el que murió; más aún, el que también resucitó" (vs. 34), "por su Espíritu que mora en vosotros" (vs. 11). Y el resultado es la creación de hombres y mujeres hechos "conformes a la imagen de su Hijo" (vs. 29). Puesto que la imagen del Hijo de Dios es básicamente el amor —que es Dios—, el primer y más grande mandamiento es que "la fe obra por el amor" (Gá. 5:6), un amor humanamente incomprensible. Solo la fe en Jesucristo, salva y transforma. Les Thompson dice:

> El resultado de la fe en Jesucristo es lo que cambia al pecador desde adentro —en su interior— haciéndolo bueno. En consecuencia, brotan las buenas obras. El árbol, es decir, el individuo es el que produce la fruta; no la fruta de las buenas obras la que produce el árbol. Es este hombre —el que cree firmemente en Jesucristo— el que disfruta de la más profunda libertad de todas. Es liberado de la condenación y de la ley que antes lo condenaba.[2]

En el año 1992, Lupita le comentó a una querida amiga de la familia, Lorna Mateos —quien fue misionera por largo tiempo en el organismo de traducción de Biblias Wycliffe y ha sido usada por Dios en nuestras vidas hasta el día de hoy—, que yo estaba pasando por una prueba en mi primer trabajo ya como cristiano. Vivíamos en la ciudad de Cuernavaca, antes de salir a la isla de Bonaire. Yo era asesor ejecutivo de un grupo de empresas en México de nombre Grupo Ideal, propiedad de Roger Reed y su familia —cabe señalar, de paso, que estaré toda mi vida agradecido por el cariño, apoyo y la generosidad de Roger Reed hacia mi familia y hacia mí.

Lorna me había recomendado para trabajar en Grupo Ideal con Roger. Después de escuchar a Lupita, le dijo: "Dile a Miguel que bienvenido a la

---

2. Les Thompson, *El triunfo de la fe*, 71.

guerra espiritual". En ese momento, acepté el comentario, pero a través de los años me he dado cuenta de que hay diferentes formas de vivir pruebas de parte de Dios en la vida de un creyente. En este caso, no fue un tipo de prueba por estar en una guerra espiritual, sufriendo persecución por proclamar la Palabra de Dios o defender el evangelio. Pero sí fue una prueba en la que mi fe estuvo sometida para aprender a confiar en Dios y así crecer en la fe. Fue un hecho difícil, resultado de la confrontación que llevé a cabo con uno de los ejecutivos.

La soberbia de esa persona nacía de la falta de gratitud a Dios y al liderazgo, y sobre todo de su falta de sometimiento y trabajo en equipo. A esta persona le incomodaba lo que yo hacía para tratar de poner orden, sobre todo en la parte financiera de la empresa. Su egoísmo y celos dominaban su actuar. Al hablar con Roger Reed al respecto y hacerle notar lo que sucedía, tuve problemas con él, porque no aceptó mi comentario; lo tomó como algo más personal que profesional. Roger y otros ejecutivos comenzaron a cuestionar mi trabajo. Mi objetivo era hacer las cosas bien, dentro de los lineamientos de la empresa y servir a Dios mientras lo hacía. Buscaba aplicar principios bíblicos dentro de las leyes de México, sometiéndome a las directrices y autoridades.

Lo que vivía en ese momento era el resultado de la decisión de los dueños de que yo saliera de la empresa después de cuatro años de trabajo. Yo había sido asesor, Director de Finanzas y Director de Mercadotecnia. Grupo Ideal contrató la asesoría de una empresa para el diagnóstico de problemas de gerencia, de nombre Ron Blue y Asociados, de Atlanta, Estados Unidos. El objetivo era hacer un estudio de la administración y planeación de la empresa. Después de diversas juntas y reuniones específicas, el asesor sugirió al Director General que yo no debía seguir trabajando en Grupo Ideal porque le creaba competencia al ejecutivo mencionado. Le dijo que mi posición dentro de la empresa no era la más cómoda y, por ello, le recomendó concretamente que me despidieran. No tenían nada contra mi trabajo, no había falta de ética ni deshonestidad; era simplemente competencia profesional. Fue difícil estar de nuevo desempleado. Pero mi actitud fue de sumisión y gratitud por la oportunidad brindada y el apoyo en los momentos difíciles que vivimos como familia.

Habían pasado escasos seis años del momento en que Dios llenó mi alma. No entendía muchas de las cosas que estaba viviendo, pero sabía que Dios tenía el control de todo, que mi posición delante de Él debía ser de absoluto sometimiento. Ser creyente no solo es contar con el privilegio de depender de Dios, sino que es además confesar que él es Señor, el Rey de nuestra vida.

Su Señorío es obvio, es el dueño y amo de sus criaturas, de sus esclavos. Dependemos de Él en todo. Hoy, a más de 30 años de distancia, puedo verlo. Como dice John MacArthur:

> A partir de las enseñanzas de Jesús aprendemos que el esclavo no es mayor que su amo; ni se le priva de los planes de su amo. Ellos son responsables ante el amo por cómo usan sus recursos, incluso en su ausencia. También son responsables de cómo tratan a sus compañeros esclavos y son objeto del castigo considerable si son despiadados con otros.[3]

Entiendo primero que el sometimiento a Cristo y el sometimiento al prójimo es un mandamiento de parte de Dios. Debo someterme a las autoridades que Dios ha puesto en mi vida, sean de orden civil, militar o eclesiástico (Ro. 13). De esta forma, me someto a Cristo como mi amo; la perspectiva que tengamos como creyentes de su autoridad tendrá implicaciones serias en nuestra actitud, así como también en nuestros pensamientos y acciones. La Biblia nos exhorta a buscar en todo lo que hacemos la gloria de Dios, a vivir anhelando una conducta que sea digna de su santo nombre. Para alguien con el alma llena, lo más importante —mejor dicho, lo único importante— es tener en cada acción y motivo la aprobación del Señor, la cual nos llevará sin duda a recibir su recompensa. Ser esclavos fieles es el centro de nuestra motivación a pesar de cualquier prueba o dificultad. El resultado de esa vida será una fe fortalecida y creciente, que impacta de manera definitiva a nuestra santificación.

El Señor continuaba cambiando mi vida a través de las pruebas. En los poco más de cuatro años que trabajé en el Grupo Ideal, mientras vivíamos en Cuernavaca, tenía que viajar en autobús de lunes a viernes para llegar a mi oficina en la zona norte de la Ciudad de México, en el municipio de Naucalpan. En ciertos días, eran más de tres horas de ida y tres de regreso. Fue un tiempo extraordinario para estudiar y leer, de enorme bendición porque lo aprovechaba al máximo. Es importante recordar que todo cristiano genuino sufre en esta vida diferentes pruebas. Es una consecuencia de la caída, un resultado lógico de la naturaleza humana pecaminosa, parte de una sociedad corrompida por la iniquidad.

En el libro de Job, Elifaz comprendió esta verdad de manera cabal cuando dijo: "Como las chispas se levantan para volar por el aire, así el hombre nace para la aflicción" (Job 5:7). Tampoco los hijos de Dios están exentos de

---

3. John MacArthur, *Esclavo*, 44.

pruebas. Un hijo de Dios tendrá pruebas, incluso algunas relacionadas de forma directa con lo mejor de las cosas que Dios nos da. Una de las áreas más significativas es, sin duda, la del matrimonio y la vida familiar, el cual es el mejor regalo que Dios nos ha dado para la felicidad terrenal.

Las pruebas son inevitables. El Señor aseguró a sus discípulos —y, por extensión, a nosotros— que "en el mundo tendréis aflicción" (Jn. 16:33). Los cristianos podemos esperar dificultades por nuestra fe. No podemos escapar de todo tipo de ataques o críticas, de la frustración y aun la disciplina.

En ocasiones vivimos el dolor de la enfermedad de alguien muy cercano. Ya he hablado de esto antes, pero debo volver a hacerlo. Lupita, mi amada compañera y esposa, fue diagnosticada con cáncer de páncreas el 16 de abril del 2020. Fue una impresión humanamente indescriptible y ha sido un cambio de vida total. Nos lleva a vivir momentos difíciles de manejar. El desconocimiento del tema, la falta de certeza del porvenir, un proceso usualmente largo en tiempo y con mucho dolor físico. Sin embargo, ha sido una enorme oportunidad para brindar mi apoyo y motivación a Lupita, a nuestros hijos y nietos. Busco dar testimonio de nuestra vida en Cristo y la confianza en Él aun en estos momentos. Oro de manera incesante para encontrar el entendimiento bíblico, al igual que una fe férrea en que, con cada pensamiento de Lupita, cada acción y tratamiento médico, en cada momento de dolor, ella está dando toda la gloria a Dios.

El principal énfasis del apóstol Santiago es que la fe verdadera de un hijo de Dios será necesariamente probada. Creo que es importante reiterarlo ya que quizás habrá personas que lean este libro (tanto cristianos como no creyentes) que necesiten madurar para reconocer que una fe que solo es aceptable cuando las cosas van bien no es en verdad una fe salvadora. No tiene valor alguno. Está engañado quien piensa que va rumbo al cielo cuando realmente va directo al infierno. El Señor me ha enseñado que Él prueba mi fe y me fortalece a través de las aflicciones. Packer dice:

> Tal vez Dios tiene decidido fortalecernos en la paciencia, el buen humor, la compasión, la humildad o la mansedumbre, dándonos un poco de práctica adicional en el ejercicio de dichas gracias bajo condiciones particularmente difíciles. Quizá tenga lecciones nuevas que enseñarnos en cuanto a la negación de uno mismo y la auto desconfianza.[4]

---

4. J. I. Packer, *El conocimiento del Dios Santo*, 125-26.

Todas estas pruebas vienen de parte de Dios, con objetivos precisos, que finalmente son de beneficio a un hijo de Dios. Santiago 1:12 dice: "Bienaventurado el varón que soporta la tentación; porque cuando haya resistido la prueba, recibirá la corona de vida, que Dios ha prometido a los que le aman". Aquí la traducción correcta de la palabra "tentación" es "prueba". Santiago insiste en el vs. 13: "Cuando alguno es tentado", o sea, probado.

Todo tipo de circunstancia que llegue a la vida de un creyente y sea difícil puede fortalecerlo (si vive esa prueba en obediencia a Dios, confiando en que Él está en control y cuidándolo). El apóstol Pablo, en 1 Corintios 10:13, los amonesta contra la idolatría: "No os ha sobrevenido ninguna tentación [prueba] que no sea humana; pero fiel es Dios, que no os dejará ser tentados [probados] más de lo que podáis resistir, sino que dará también juntamente con la tentación [prueba] la salida, para que podáis resistir".

En la vida de alguien a quien Dios ha llenado el alma, la fe es probada de manera constante. Las pruebas de parte de Dios nos hacen humildes para que tengamos presente que no debemos abandonar nuestra confianza en Él y nos volvamos arrogantes espiritualmente. John MacArthur hace una enfática definición al respecto cuando dice: "Cuanto mayores son nuestras bendiciones, tanto más nos tentará Satanás, para que lo veamos como nuestros propios logros, y no como obra del Señor o como nuestro merecido derecho, y que nos sintamos orgullosos en vez de humildes".

El ejemplo de Pablo es altamente ilustrativo de cómo Dios usa recursos diversos para mantenernos humildes y dependientes de Él. En 2 Corintios 12:7 leemos: "Y para que la grandeza de las revelaciones no me exaltase desmedidamente, me fue dado un aguijón en mi carne, un mensajero de Satanás que me abofetee, para que no me enaltezca sobremanera". Dios le mandó esto a Pablo para mantenerlo humilde, igual que en el caso de Job, en que Satanás fue la causa inmediata, pero Dios fue la causa última.

Son varios los comentaristas que sostienen —entre ellos, John MacArthur— que la palabra griega para "mensajero" en 2 Corintios 2:7 es *angelos*, un ángel de Satanás, y que el "aguijón" del apóstol Pablo era una persona endemoniada, no una enfermedad física. Son varias las razones por las cuales Dios permite ese tipo de situaciones en un hijo de Dios. El Señor puede tener objetivos diversos, como librarnos de depender de cosas terrenales —como el materialismo, el conocimiento, los bienes y nuestra dependencia de ellos— para aprender a confiar en Dios. Aun el éxito profesional —cosa que no es mala en sí misma— puede tornarse el centro de nuestro tiempo y atención, la razón fundamental de nuestro diario vivir (como cité en el capítulo dos).

El tiempo no detuvo su camino. Las pruebas estaban ahí y las viví con desagradables momentos, motivados por personas inmaduras, cuyas acciones fueron muy negativas y hasta pecaminosas. Ser testigo de lo que muchos creyentes provocan por esa parte todavía no redimida por Dios es difícil de asimilar. Pude ver que, durante un período específico de prueba y sufrimiento, parecía que Dios estaba distante en nuestra aflicción. Nuestras emociones pueden invalidar la confianza en la verdad de Dios; podemos llegar a creer que no hay ninguna salida para nuestra situación. La historia de Job ha vuelto una y otra vez a mi mente en estos tiempos de aflicción y prueba.

Job nos muestra el tipo de resistencia y paciencia que debemos tener, que ansía confiar en Dios y nos lleva a aprender cualquier lección que en su soberano propósito, Dios desee que aprendamos. Fue la propia confianza de Job la que hizo que glorificara a Dios al final de su sufrimiento, como resultado de su paciencia y confianza inquebrantable durante su situación difícil y prolongada. Job obtuvo un nuevo entendimiento de Dios y una mayor seguridad del gozo de ser tratado como uno de sus hijos.

Una vida de aprendizaje diario es la lección que recibimos a través de la prueba. El paso del tiempo ayuda a entender cómo actúa Dios en la vida de los cristianos. Pero no menos importante es que ese tiempo nos da la oportunidad de conocer más de manera personal a Dios y entender así su amor y la forma en que ese amor ejercita su disciplina para que crezcamos en la fe. La santificación nos lleva a servirlo mejor, madurar y recibir la prueba con gratitud y gozo.

Por haber escrito este libro y trabajar en el ministerio por más de treinta años, usted podría llegar a pensar que estoy exento de cierto tipo de pruebas y tribulaciones, vivencias que supuestamente solo se enfrentan en el mundo de los negocios y otros ambientes, pero no al trabajar con creyentes. En cada trabajo que he tenido en organizaciones que llevan la Palabra de Dios a través de programas de radio o material escrito, me he encontrado con gente de un grupo particular; incluso sin conocerse, tienen las mismas características. Un grupo que tiene un versículo directo de parte de Dios: "Mirad que ninguno devuelva a otro mal por mal, antes seguid siempre lo bueno unos para con otros, y para con todos" (1 Ts. 5:15). Lo que aquí vemos es que Dios prohíbe la venganza, partiendo de la suposición de que habrá personas que nos hagan daño.

Esta es seguramente la circunstancia más difícil que hemos de enfrentar: la traición o trato agresivo, doloroso y abusivo, no de parte del mundo, sino de otros cristianos. Esta acción provoca un dolor muy profundo, incomprensible humanamente. Aunque la relación con Dios de personas en la iglesia y otros organismos debería ser algo obvio, hay gente que busca lastimar a sus semejantes. Hacen daño en forma directa. Agreden con mentiras, utilizan una doble agenda y una actitud pecaminosa, hablan con palabras fuertes o hipócritamente. Lo hacen con tono sutil unas veces, pero finalmente con traición y maldad, sin amor ni misericordia. Acciones estratégicas que solo se ven en las clases más bajas de gente en la política o sectores de la mafia. Personas cuya obra es condenada de manera explícita en la Biblia como obra manifiesta de la carne, no como fruto del Espíritu. A pesar que les hemos dado la mano, que los hemos apoyado en sus actividades, incluso les hemos abierto la puerta de nuestra casa y familia, traicionaron no solo nuestra confianza, sino la amistad brindada por años —sin importarles el daño al ministerio y a nuestras familias. Es posible que busquen eliminarnos de su círculo social o hacer lo que sea para perjudicarnos como resultado de sus celos, su amargura, contienda, ira y pleitos. Su ambición y vanagloria personal los mantiene en ese proceder de manera constante. Se ocultan entre los creyentes genuinos.

Parece mentira que estemos hablando de un daño llevado a cabo con toda malicia e intención por parte de quienes profesan ser creyentes y contra otros creyentes verdaderos. Es lamentable que hagan daño y lo siguen haciendo con profunda intención. Este tipo de personas debería considerar esta seria advertencia de Dios en Mateo 18:6-10:

> Pero el que haga tropezar a alguno de estos pequeños que creen en mí, más le valdría que se colgase al cuello una piedra de molino de asno, y que le hundieran en el fondo del mar ¡ay del mundo por los tropiezos! Porque es necesario que vengan tropiezos, pero ¡ay de aquel hombre por quien viene el tropiezo! Mirad que no menospreciéis a uno de estos pequeños; porque os digo que sus ángeles en los cielos están viendo siempre el rostro de mi Padre que está en los cielos.

Entendemos que, en el contexto de este pasaje, los "pequeños" son creyentes —hijos de Dios— y no solamente los niños en general. Los cristianos somos tan apreciados por Dios que los ángeles contemplan su expresión cuando Él cuida de nosotros. Sin embargo, hay algunos hábiles "creyentes" que no tienen temor de Dios.

En el año 1995, viviendo en Bonaire y trabajando en Trans World Radio International, viví una experiencia muy amarga. Un creyente —uno de esos que la Biblia define como los que quieren hacer tropezar y buscan la vanagloria personal con sus celos y envidias— se ofendió cuando mi hijo Luis

Miguel lo exhortó como resultado de su conducta. Esta persona se quejó con el director de turno y provocó que Luis Miguel fuera corrido de las instalaciones del ministerio. Fue un momento muy difícil en mi vida.

Días después, esta misma persona creó otro conflicto. Después de un viaje a Miami para unas juntas de trabajo, se manifestó en contra de mi liderazgo y buscó afectar mi testimonio con intrigas, incluso puso en riesgo mi posición a nivel de los proyectos que yo estaba coordinando. Tuve que confrontarlo de manera directa, con amor y misericordia, pero con firmeza, apoyo bíblico y detalle sobre sus calumnias. Él no se arrepintió y puse el asunto en manos de Dios, dado que el liderazgo del lugar no le llamó la atención ni lo invitó a arrepentirse. Es triste vivir una experiencia como esta, sobre todo cuando creemos que, por el hecho de trabajar con creyentes, estamos exentos de estos problemas. Pero gracias a Dios, la Biblia es clara para decirnos cómo salir adelante de estas serias situaciones, que no son tan casuales como uno podría pensar.

Pablo dijo, para responder a ese tipo de maldades: "Mirad que ninguno devuelva a otro mal por mal". Es decir, no debemos tomar ningún tipo de represalia o venganza. Solo Dios tiene el derecho de ejecutar venganza y ejercer justicia. Las pruebas han sido muchas y constantes. Veo el amor de Dios al probarme, y su perdón, instrumento que se nos ofrece para que también nosotros perdonemos desde el fondo de nuestro corazón a cualquier persona que nos haga daño. Dios nos manda perdonar, así como Él nos perdonó inmerecidamente. Pero este perdón debe ser sincero, amoroso y piadoso, buscando que la persona que nos ofende comprenda el amor de Dios de manera total.

El pecado da inicio en la mente de cada uno. Lo que se piensa se convierte en acciones. Proverbios 23:7 dice: "Pero cuál es su pensamiento en su corazón, tal es él". Mateo 15:18-20, por otro lado, dice:

Pero lo que sale de la boca, del corazón sale; y esto contamina al hombre. Porque del corazón salen los malos pensamientos, los homicidios, los adulterios, las fornicaciones, los hurtos, los falsos testimonios, las blasfemias. Estas son las que contaminan al hombre.

Los hijos de Dios nos despojamos del viejo hombre y lo sustituimos por algo nuevo, como nos dice Efesios 4:23-24: "Renovaos en el espíritu de vuestra mente, y vestíos del nuevo hombre, creado según Dios en la justicia y santidad de la verdad".

Hay ciertas características que hacen notar el cambio de una persona a partir del fundamento de la unión con Jesucristo, tanto en su muerte como en su resurrección. Es lo que en la Biblia se llama "muerte del viejo hombre" y "resurrección del nuevo hombre" (1 Co. 3; Ro. 6). La nueva identidad de un verdadero hijo de Dios está claramente definida por una salvación que es también una verdadera transformación. Cuando tiene el alma llena, el hijo de Dios piensa de manera diferente: "Y renovaos en el espíritu de vuestra mente, y vestíos del nuevo hombre, creado según Dios en la justicia y santidad de la verdad" (Ef. 4:23-24). No solo es una renovación del carácter, sino la transformación total de la persona. Es una clara consecuencia de hacer a un lado al viejo hombre y sus prácticas pecaminosas a través de la obra del espíritu de Dios en nosotros. Cuando alguien por la gracia de Dios viene a Cristo, Dios le otorga una capacidad espiritual y moral totalmente nueva. Este cambio continúa por el resto de la vida, en la medida en que cada uno obedezca a la voluntad de Dios y a su Palabra. Como dice Romanos 12:1-2: "Así que, hermanos, os ruego por las misericordias de Dios, que presentéis vuestros cuerpos en sacrificio vivo, santo, agradable a Dios, que es nuestro culto racional. Transformaos por medio de la renovación de vuestro entendimiento".

Cuando no vemos cambios claros en personas como las que he citado, nuestra oración por ellos debe crecer. Cada creyente tiene, desde que ha venido a Cristo y su alma ha sido llenada por Dios, una tendencia clara hacia una vida santa y justa, adecuada para estar en la presencia de Dios. Esta es la más genuina y auténtica naturaleza de un hijo de Dios. Sin duda alguna, el amor al prójimo es característica central del ser creyentes. El mismo Señor Jesucristo dijo: "Amarás a tu prójimo como a ti mismo" (Mt. 22:39). En todos los líderes que vemos actuar dentro del ministerio esperamos un nivel de madurez y compromiso con Dios, y una progresiva santificación. Esto debería ser un resultado obvio de los cambios causados por estar expuestos al estudio de la Palabra de Dios. Sin embargo, hay personas que no han pasado por cambio alguno; lo he visto y vivido en los últimos treinta años. Dentro del Cuerpo de Cristo, hay personas cuya vida no ha sido transformada; en el mejor de los casos, necesitan nacer de nuevo, crecer, madurar y vivir la vida como Dios demanda de quienes por su gracia son sus hijos.

Recuerdo haber leído sobre la vida de David, quién se arrepintió porque llegó a ver sus pecados como Dios los veía: como algo terrible. En ese contexto escribió el Salmo 5:4-5: "Porque tú no eres un Dios que se complace en la maldad; el malo no habitará junto a ti. Los insensatos no estarán delante de tus ojos; aborreces a todos los que hacen iniquidad", o sea, pecado. Romanos 8:28 dice: "Y sabemos que a los que aman a Dios, todas las cosas les ayudan a bien, esto es, a los que conforme a su propósito son llamados". Dice John MacArthur en cuanto a este pasaje:

Para los cristianos, este versículo contiene quizás la promesa más gloriosa en las Escrituras. Su magnitud es abrumadora ya que abarca absolutamente todas las cosas pertinentes a la vida de un creyente. Esta magnífica promesa consiste en cuatro elementos que dan continuidad a la enseñanza de Pablo acerca de la seguridad del creyente en el Espíritu Santo: su certeza, su alcance, sus receptores y su fuente.

Dios orquesta cada uno de los acontecimientos de mi vida, incluyendo el sufrimiento. Los momentos de tentación son también usados para nuestro beneficio temporal y eterno.

Cada dolor, cada prueba que vivo ayuda fortalecerme para crecer en la fe. Estamos hablando de una prueba más en la vida de un hijo de Dios. Vivir este embate no escapa del hecho de que está bajo el control soberano de Dios. El apóstol Pedro dice en 1 Pedro 4:12-13: "Amados, no os sorprendáis del fuego de prueba que os ha sobrevenido, como si alguna cosa extraña os aconteciese, sino gozaos por cuanto sois participantes de los padecimientos de Cristo, para que también en la revelación de su gloria os gocéis con gran alegría". Dios quiere probar lo genuino de la fe del cristiano porque la fe en Dios es "mucho más preciosa que el oro" (1:7). Por eso, como personas a quienes Dios ha llenado el alma, debemos estar advertidos del propósito de Dios en nuestra vida.

No cuestiono en nada la providencia de Dios cuando algún sufrimiento inesperado me llega. Tampoco culpo a Dios por no intervenir a mi favor. Dios es soberano y tiene el control de toda la situación y el poder para proteger a sus hijos de cualquier sufrimiento inminente. A pesar de ello, Dios actúa con su propio propósito para fortalecer la fe de un hijo suyo a través del sufrimiento. Puedo ver un puente entre la prueba a la que Dios somete a un hijo para hacerlo crecer en la fe y el daño de los que no ven ni temen a Dios cuando llevan a cabo actos que afectan la vida de otros por su falta de amor.

Hay personas que no conocen lo que la Biblia dice sobre la ira de Dios. Es una indignación intensa y profunda, el desagrado de Dios por las cosas que se hacen contra su voluntad (sobre todo contra sus hijos), el enojo justo que producen la injusticia y la bajeza. La Biblia nos dice que la ira es un atributo de Dios.

La costumbre de la iglesia en general es restarle importancia a este tema; algunas ni siquiera lo tocan. En un mundo vendido a la codicia, el orgullo, el sexo y la autoestima, se sigue hablando con desánimo de la bondad de Dios. Pero no se habla casi nada de la ira y del juicio de Dios. En los años que llevo como creyente, aparte de haberlo escuchado en mi iglesia (Grace Church), o de haber tenido la oportunidad de compartirlo en otra ocasión, no he oído ningún sermón sobre la ira de Dios en ningún otro lugar. La ira de Dios es un tabú; así lo han aceptado la mayoría de los cristianos, acomodando de tal modo sus vidas que jamás mencionan el asunto. Si los creyentes que no han reconvenido sus vidas con Dios conocieran sobre la ira de Dios, estoy casi seguro de que, antes de hacer el mal o cometer un pecado, lo pensarían dos veces. A. W. Pink dice:

> La ira de Dios es su aborrecimiento eterno de toda injusticia. Es el desagrado y la indignación de la equidad divina contra el mal. Es la santidad de Dios puesta en acción contra el pecado. Es la causa que mueve esa sentencia justa que Él dicta contra los malhechores. Dios está enojado contra el pecado porque es una rebelión contra su autoridad, un mal cometido contra su soberanía inviolable. [...] No es que la ira de Dios sea una represalia maligna y maliciosa que inflige daño sin razón o a cambio de la ofensa recibida. No, aunque Dios vindicará su dominio como gobernador del universo, no será vengativo.[5]

¿Cómo puede la gente aprender del amor, si no entiende el odio y la ira de Dios? ¿Cómo pueden entender sobre la gracia si no tienen idea de su ley? Es imposible que entiendan el perdón si no entienden la paga del pecado. El ser humano no puede buscar la gracia y la salvación misma si no ha sido afectado por el terror de la ira de Dios, que, de hecho, está sobre ellos, a menos que puedan percibir que se encuentran en peligro, en un peligro muy serio. No hay ningún tipo de presión que pueda aplicarse a ellos para que cambien. Sobre Cristo, Hebreos 1:9 dice: "Tú has amado la justicia, y aborrecido la iniquidad".

La Biblia elabora el concepto de que, así como Dios es bueno con los que confían en él y le obedecen, también es terrible con los que no lo hacen. Dice Romanos 12:17-21:

> No paguéis a nadie mal por mal; procurad lo bueno delante de todos los hombres. Si es posible, en cuanto dependa de vosotros, estad en paz con todos los hombres. No os venguéis vosotros mismos, amados,

---

5. A. W Pink, *Los atributos de Dios*, 94.

sino dejad lugar a la ira de Dios; porque escrito está: Mía es la venganza, yo pagaré, dice el Señor. Así que, si tu enemigo tiene hambre, dale de comer; si tiene sed, dale de beber; pues haciendo esto, ascuas de fuego amontonarás sobre su cabeza. No seas vencido de lo malo, sino vence con el bien el mal.

Quizás haya creyentes con falta de dirección. Para otros, el tema de la dirección es un problema crónico. A lo mejor es así con estos creyentes cuyo modo de operar es hacer el mal. No porque duden de que la dirección divina sea un hecho, sino precisamente porque están seguros de que lo es. Saben que Dios puede guiar y ha prometido guiar a todo creyente verdadero. Su temor no es que no haya guía disponible para ellos, sino que puedan perder la guía que Dios les provee por alguna falta en ellos mismos. No les cabe la menor duda de que Dios puede guiarlos y alimentarlos. Pero la ansiedad y sus sentimientos, o el hecho de guiar sus vidas por las emociones la mayoría de las veces los acosa porque no están seguros de su propia receptividad a la dirección que Dios les ofrece.

Con frecuencia, el conocimiento de Dios ha sido transformado en ignorancia acerca de Dios, porque los pensamientos sobre Él han sido desviados. Así, por ejemplo, la realidad del gobierno de Dios, de la independencia de Dios, de la bondad de Dios, de que Dios habla por su Palabra, hasta de la personalidad de Dios ha sido cuestionada con sus actos —no solo en sus vidas personales, sino también en la iglesia donde se congregan y en las cosas que hacen (supuestamente "para servir a Dios"). Estas personas y sus hechos no me fueron de tropiezo para dudar en ningún momento de Dios; tampoco fueron sombras que no pudiera perdonar.

El perdón ha fluido de manera maravillosa desde lo más profundo de mi ser al tener presente lo que inmerecidamente Dios me ha perdonado a mí. Pero soy un ser humano, y para mi familia y para mí ha sido muy difícil. Vivir estas acciones llevadas a cabo por cristianos y considerar que pudiera existir alguna dirección divina en sus vidas no es algo sencillo. ¿Cómo se puede decir que Dios guía sus vidas? De un modo u otro, todas estas inquietudes implican el resultado objetivo de su forma de actuar, un patrón de conducta. ¿Acaso debemos recordar qué es ser cristiano? Es tener a Dios como Padre. Pero no se puede decir esto de todas las personas.

Desde luego, sabemos que la idea de que todos los hombres son hijos de Dios no se encuentra en ninguna parte de la Biblia. El derecho de ser hijo de Dios no existe, porque no hay un solo hombre en el mundo que lo tenga.

Es un regalo de Dios. No tiene carácter natural, sino adoptivo, divino; así lo describe la Biblia: "La ley de Jehová es perfecta, que convierte el alma. El testimonio de Jehová es fiel, que hace sabio al sencillo. Los mandamientos de Jehová son rectos, que alegran el corazón. El precepto de Jehová es puro, que alumbra los ojos" (Sal. 19:7-8). Dios no solo es el autor de la creación, sino que, además, es el autor del plan de salvación y del único camino para ser transformados: la persona de Jesucristo. Como dice Efesios 2:8-9, si hemos de comprender lo que es ser cristiano, no podría ser mejor que entendiendo lo que significan la adoración y la obediencia a Dios. Es tarea de todo cristiano entender lo que significa la adopción, lo que encierra la responsabilidad de ser hijos de Dios.

El capítulo XII de la *Confesión de Westminster* dice:

> Dios garantiza que todos los que son justificados, en su unigénito Hijo Jesucristo y por él, serán hechos participantes de la gracia de adopción: mediante la cual son incluidos en el número, y disfrutan de las libertades y los privilegios de los hijos de Dios; tienen su nombre puesto en ellos, y reciben el Espíritu de adopción; obtienen acceso al trono de la gracia con confianza; tienen derecho a exclamar Abba, Padre; Dios siente compasión hacia ellos, provee para sus necesidades, y los castiga como un padre; mas jamás son abandonados, sino sellados para el día de la redención, y heredan las promesas como herederos de eterna salvación.

Este es el carácter de la divina relación filial que se ofrece a los creyentes, a quienes Dios ha llenado el vacío de su alma, una relación maravillosa, que nos pone a pensar y a temblar por lo que representa. No sentimos plenamente la maravilla del paso de la muerte en el pecado a la vida que se opera en el nuevo nacimiento hasta que el alma está llena y no solamente como un rescate de la condenación hacia la aceptación, sino de la esclavitud a la seguridad, la certeza y el gozo de ser parte de la familia de Dios.

Como un hombre que ha sido transformado, puedo darme cuenta de la soberanía de Dios y el papel que juega en todo lo que pasa en mi vida. Puedo ver la diferencia entre su soberanía y mi conducta; cada día busco rendirme a su voluntad a través de la obediencia. Debo confesar que en ocasiones tengo que hacer un esfuerzo muy grande para aceptar lo que es muy difícil y a veces traumático. Pero puedo ver los propósitos de Dios en la adversidad de manera única.

A través de los años, he podido ser testigo de que hay muchos que no reconocen la soberanía de Dios y se atreven a cuestionar su plan por el hecho de vivir problemas. La soberanía es una característica que resalta todo el ser de Dios. Es soberano en cada uno de sus atributos y ejerce su poder como quiere, cuando quiere y donde quiere. Dentro de su plan perfecto, Dios me ayuda a crecer y a madurar para servirlo mejor. He aprendido a través del sufrimiento y lo he experimentado como parte de su plan; soy consciente de que el conocimiento intelectual no constituye un paralelo correcto o exacto del conocimiento experimental bajo la prueba de fuego.

Cuando vivía en México, el padre de mi querido amigo Fernando Rossano tenía una joyería. Cuando decidí hacer el compromiso de matrimonio con Lupita, lo visité para comprarle el anillo que le daría. El señor Benjamín me mostró una forma de probar la autenticidad de un diamante, llamada prueba del agua. Cualquier imitación de un diamante nunca brilla igual que el auténtico. Estas pruebas son necesarias porque a veces no es fácil detectar el contraste por medio de un análisis común, a simple vista o con una lente de aumento. Entonces se pone un diamante genuino al lado del que se está probando dentro de un vaso de cristal transparente con agua; así se puede reconocer el que no es auténtico. El verdadero seguirá resplandeciendo, dentro o fuera del agua, pero el que es una imitación pierde prácticamente todo su brillo dentro del agua. John MacArthur dice:

> Muchas personas que están muy confiados en la autenticidad de su fe, se dan cuenta de esta falta, cuando se sumergen en las aguas del pesar o la adversidad. Se demuestra luego que la supuesta brillantez como diamante de su fe, no es más que una imitación. Sin embargo, sumerja al verdadero hijo de Dios en el agua de una prueba y resplandecerá con el mismo brillo de siempre.[6]

Estoy convencido de que la razón por la cual Dios permite todos los días el sufrimiento es para probar la cantidad y el nivel de mi fe. La actitud y la forma en que nos acercamos a Dios demuestra cómo entendemos realmente sus designios en nuestra vida.

Al estudiar la Palabra de Dios, podemos ver que el Señor se molestaba verdaderamente cuando se hablaba en su contra. Vemos esto en el libro de Éxodo. Pero también vemos otro tipo de personas, con otra actitud, que

---

6. John MacArthur, *El poder del sufrimiento*, 25.

vivían íntimamente con Dios, sabían clamar a Él, pedían su ayuda y Dios les respondía. Estoy seguro de que quienes pasamos por las pruebas decimos, de igual manera: Señor, ¿cuándo vendrá tu socorro?

Dios siempre me ha respondido por su gracia, mostrando su poder sea al librarme de dificultades personales, al guardarme la vida de serios peligros en la práctica del deporte, o cuando (de manera clara y a pesar de mis limitaciones) Él me usa. Lo he visto derribar tremendas fortalezas de oposición. Y reconozco que he tenido momentos en que viví mi soledad como si Dios no me escuchara, a pesar de que vivía en su poderosa mano; estos son momentos de flaqueza, que exponen la presencia de la naturaleza caída. Me siento triste por haberme sentido solo, siendo que jamás lo he estado, mucho menos desde que Él llenó mi alma en su plan perfecto. Finalmente, no soy más que un ser humano, redimido, sí, pero humano.

David clamó a Dios, admitió su propia injusticia y que la única forma de ser liberado sería a través de la justicia de Dios: "Oh Jehová, oye mi oración, escucha mis ruegos; respóndeme por tu verdad, por tu justicia. Y no entres en juicio con tu siervo; porque no se justificará delante de ti ningún ser humano" (Sal. 143:1-2). Como nos enseña la Palabra de Dios, el temor de Dios es el resultado de conocerlo. El hombre no tiene la capacidad de buscarlo y menos aún la de obedecerlo. Los teólogos llaman "depravación total" a esa incapacidad. El poder de hacer lo que Dios desea que hagamos es el resultado de una fe real, otorgada por él, que produce fruto verdadero. "Pero alguno dirá: Tú tienes fe, y yo tengo obras. Muéstrame tu fe sin tus obras, y yo te mostraré mi fe por mis obras. Tú crees que Dios es uno; bien haces. También los demonios creen y tiemblan. ¿Más quieres saber, hombre vano, que la fe sin obras es muerta?" (Stg. 2:18-20).

Cuando hablamos de la depravación total del hombre nos referimos a la condición natural del mismo, separado de cualquier gracia ejercida por Dios para restringirlo de pecar o transformarlo, regenerarlo, salvarlo. No hay duda de que el hombre podría llevar a cabo más actos pecaminosos contra su prójimo de los que normalmente hace. Pero si él mismo es restringido para llevar a cabo más actos pecaminosos por motivos que no pertenecen a un deseo sumiso a Dios, entonces aun su "virtud" es mala a los ojos de Dios. Romanos 14:23 dice: "Todo lo que no proviene de fe es pecado". Esta es una acusación radical sobre toda virtud que no procede de un corazón humilde que depende de la gracia de Dios.

Como señala J. C. Ryle, hay muy pocos errores y falsas doctrinas cuyos principios no puedan atribuirse a un punto de vista defectuoso acerca de la corrupción de la naturaleza humana. Como los errores en el diagnóstico de una enfermedad siempre traen fallas en la administración del remedio, igualmente los conceptos equivocados acerca de la corrupción de la naturaleza humana traerán siempre equivocaciones acerca del antídoto para esa corrupción. La terrible condición del corazón humano nunca será reconocida por personas que la evalúan solo en relación con otras personas. La realidad es que el hombre no tiene capacidad para agradar a Dios por sí mismo (Ro. 3:10-12). La depravación es nuestra condición en relación con Dios.

Es importante citar este punto o no entenderemos que la depravación total explica por qué alguien no tiene fe ni hace obras que glorifiquen a Dios. La depravación del hombre es total. Nuestra rebelión contra Dios es total. Separados de la gracia de Dios, no hay gozo en su santidad, no hay sumisión a la soberana autoridad de Dios. Es claro que el hombre totalmente depravado puede ser muy religioso, aun un filántropo. Puede orar, ofrendar y ayunar, como enseñó Jesús en Mateo 6:1-18. Pero toda su rebelión contra los mandamientos del creador es obvia porque no proviene de un corazón regenerado, confiado de que vive bajo la gracia de Dios (Lc. 18:9-14; Col. 2:20-23).

La depravación total está resumida en Romanos 3:10-12. En su rebelión total, todo lo que el hombre hace es pecar. Si todo hombre está en rebelión total, todo lo que hace es producto de esa rebelión; no puede agradar y menos honrar a Dios. Todo es parte de esa rebelión. El hecho de que Pablo califique su depravación con las palabras "en mi carne" afirma que el bien es producido solo por el Espíritu de Dios (Ro. 15:18). "Carne" se refiere al hombre en su estado natural, separado del trabajo del Espíritu. Es la naturaleza del hombre: como dice Pablo en Romanos 7:18, separados del trabajo del Espíritu de Dios, todo lo que pensamos, sentimos y hacemos es malo. La inhabilidad del hombre para someterse a Dios y hacer el bien es total. Usando el término "carne" (el hombre separado de la gracia de Dios), Pablo declara ser totalmente esclavo de la rebelión. El hombre natural no puede someterse a Dios ni reformarse a sí mismo.

Efesios 2:1 dice que estábamos "muertos en nuestros delitos y pecados". El punto de la muerte es que éramos incapaces de la vida de Dios. Nuestros corazones eran como de piedra (Ef. 4:18; Ez. 36:26). Nuestros corazones estaban ciegos y eran incapaces de ver la gloria de Dios en Cristo. 2 Corintios 4:4-6 nos dice que éramos totalmente incapaces de salvarnos de la condenación eterna por nosotros mismos. Nuestra rebelión es merecedora del castigo eterno. Estamos bajo la ira de Dios por la corrupción de nuestros corazones. La realidad del infierno es la indignación de Dios por nuestra infinita pecaminosidad. Si nuestra corrupción no mereciese el castigo eterno, Dios sería injusto tratándonos con un castigo tan severo como el tormento eterno. Pero las Escrituras enseñan que Dios solamente condena a los incrédulos al infierno eterno (2 Ts. 1:6-9; Mt. 5:29; 10:28; 13:49; 18:8; 25:46; Ap. 14:9-11; 20:10). Entonces podemos entender que el infierno es una sentencia total de condenación, porque somos culpables y estamos separados de la gracia salvadora de Dios.

En resumen, la depravación total significa que nuestra rebelión en contra de Dios es total y que cada cosa que hacemos es rebelión por el pecado; nuestra inhabilidad para someternos a Dios y reformarnos a nosotros mismos nos lleva a una vida eterna sin Dios. La Palabra de Dios muestra claramente que la depravación humana es total, al igual que nuestra incapacidad para desear o procurar la salvación. Este escenario es la descripción de un muerto espiritual. Como Lázaro en su sepulcro, estamos atados de pies y manos, la corrupción se ha esparcido por completo en nosotros (Jn.11:38-39). Al igual que no había ningún indicio de vida en el cuerpo muerto de Lázaro, tampoco hay ninguna señal de sensibilidad interna en nuestros corazones. Pero el Señor lleva a cabo el milagro en ambos casos: el muerto físicamente y el muerto espiritualmente. La salvación es entonces, por su propia naturaleza, del Señor. Él llena el alma del hombre, lo regenera y lo justifica. Y ya salvo, con una fe verdadera, creciendo a través de una santificación eficaz y progresiva, el hombre madura hasta llegar a la gloria con Dios. En este grandioso proceso de vida, debe haber una perseverancia que produzca obras y lleve a caminar de la mano de Dios.

Es aquí que podemos apreciar la doctrina de la perseverancia de los santos, que nos enseña que aquellos a quienes Dios ha regenerado y llamado eficazmente a un estado de gracia no pueden caer total o finalmente de aquel estado, sino que perseverarán con toda seguridad en Él hasta el fin y serán salvos por la eternidad. Esta doctrina fue enseñada explícitamente primero por Agustín —aunque no fue consistente en este punto, como debería haberse esperado de él por su carácter de estricto predestinacionista. La iglesia de Roma con su semipelagianismo, que instruye la doctrina del libre albedrío, negó la doctrina de la perseverancia de los santos e hizo que su perseverancia dependiera de la incierta y voluble obediencia del hombre. Pero los reformadores, gracias a Dios, restauraron esta doctrina a su lugar correcto. Solo como ilustración histórica, los

Cánones de Dort, después de poner énfasis en la debilidad y fracasos de los hijos de Dios, declaran:

> Pero Dios que es rico en misericordia según su inmutable propósito de elección, no quita el Espíritu Santo de aquellos que son su pueblo, ni siquiera en sus más graves caídas; ni los deja que se alejen tanto como para que se pierdan la gracia de la adoración y sean despojados del estado de la justificación, o cometan el pecado de muerte o en contra del Espíritu Santo; ni les permite desertar y lanzarse a la destrucción eterna.

Es muy importante entender que la vida de regeneración y los hábitos que de ella nacen en el camino de la santificación no pueden desaparecer totalmente. Hay una alerta en contra del posible error de que esta perseverancia sea considerada como propiedad inherente del creyente o una actividad continua del hombre a través de la cual persevera en el camino de la salvación. Augustus H. Strong dice sobre esto:

> La continuación voluntaria, de parte del cristiano, en la fe y en el bien hacer, y como el lado o aspecto humano de este proceso espiritual, el cual, considerado desde el lado divino, llamamos santificación, esto en verdad se presta a crear la impresión de que la perseverancia depende del hombre.

Afortunadamente, los reformadores no consideran la perseverancia de los santos primeramente como una disposición o actividad del creyente, aunque crean que el hombre coopera tanto con ella como con la santificación. En Juan 10:27-29 leemos:

> Mis ovejas oyen mi voz, y yo las conozco, y me siguen; y yo les doy vida eterna; y no perecerán jamás, ni nadie las arrebatará de mi mano. Mi Padre que me las dio, es mayor que todos, y nadie las puede arrebatar de la mano de mi Padre.

Pablo dice en Romanos 11:29: "Porque irrevocables son los dones y el llamamiento de Dios". Esto significa que la gracia de Dios revelada en su llamamiento nunca se retira, como si Él se arrepintiera de haberla dado. Desde luego, se refiere al llamamiento de Israel y, por extensión, a los creyentes individualmente; es incondicional porque se arraiga a su naturaleza inmutable tal como quedó expresada en su pacto unilateral y eterno con Abraham.

El apóstol Pablo consuela a los creyentes filipenses con estas palabras: "Estando persuadidos de esto, que el que comenzó en vosotros la buena obra, la perfeccionará hasta el día de Jesucristo". En Filipenses 1:6 está claro que el pueblo de Dios perseverará hasta el fin y no se perderá. Los previamente conocidos son predestinados, los predestinados son llamados, los llamados son justificados y los justificados son glorificados. Ni uno de este grupo se pierde. Pertenecer a este grupo es un privilegio, es estar eternamente seguro (Ro. 8:29-30). Pero, ampliando la doctrina de la perseverancia de los santos, me siento obligado a incluir enfáticamente el hecho de que los cristianos con el alma llena deben perseverar en la obediencia que viene de la fe.

Los siguientes puntos nos ayudan a entender con amplitud esta doctrina:

1. Nuestra fe debe perdurar hasta el final si somos salvos. Esto significa que el ministerio de la palabra es el instrumento de Dios para la preservación y el crecimiento de la fe. No constatamos la salvación de alguien por el hecho de que una persona haya orado para recibir a Cristo. Existe una lucha que debe ser peleada. Debemos permanecer en la fe hasta el final si somos salvos. No debe ser una fe estática, sino que tenderá a madurar. 1 Corintios 15:1-2 dice: "Además os hago saber, hermanos, el evangelio que os prediqué, el cual también recibisteis, en el cual también estáis firmes; por el cual también sois salvos, si retenéis la palabra que os prediqué, a no ser que hayáis creído en vano".

2. La obediencia es evidencia de la renovación interna (que viene de Dios) y necesaria para la salvación final. Esto no quiere decir que Dios demande perfección. Es claro en Filipenses 3:12-13, 1 Juan 1:8-10 y Mateo 6:12 que el Nuevo Testamento no sostiene la demanda de una estricta perfección para ser salvos. Pero sí demanda que obedezcamos y caminemos con una vida renovada, buscando la santidad día a día. Dice Hebreos 12:14: "Seguid la paz con todos; y la santidad, sin la cual nadie verá al Señor". Y Romanos 8:13 aclara: "Porque si vivís conforme a la carne, moriréis; más si por el Espíritu hacéis morir las obras de la carne, viviréis".

3. Los elegidos de Dios no pueden perderse. Es por esta razón que creemos en la seguridad eterna de los elegidos. La implicación es que Dios trabajará para que aquellos que escogió para salvación eterna sean capacitados para perseverar en la fe hasta el fin. Romanos 8:28-30 dice:

Y sabemos que a los que aman a Dios, todas las cosas les ayudan a bien, esto es, a los que conforme a su propósito son llamados. Porque a los que antes conoció, también predestinó para que fuesen hechos conformes a la imagen de su Hijo, para que él sea el primogénito entre muchos hermanos. Y a los que predestinó, a estos también llamó; y a los que llamó, a estos también justificó; y a los que justificó, a estos también glorificó.

Lo que es evidente de este pasaje es que los que son efectivamente llamados a la esperanza de salvación perseverarán hasta el fin y serán salvos.

4. Hay pecados en los creyentes, pero si el pecado persiste —o sea: un patrón de pecado—, esto muestra que quizás la fe no es genuina y podría no ser salvo. 1 Juan 2:19 dice: "Salieron de nosotros, pero no eran de nosotros; porque si hubiesen sido de nosotros, habrían permanecido con nosotros; pero salieron para que se manifestase que no todos son de nosotros". De manera similar se ilustra en la parábola del sembrador de Lucas 8:9-14, que muestra a personas que escucharon el evangelio, lo recibieron con gozo, pero como no tienen raíces, solo creen por un tiempo y al vivir la prueba se apartan. Por ello, el ministerio de la Palabra en la iglesia local debe ser sólido, consistente, debe contener advertencias para que los creyentes perseveren en la fe y no caigan, no sean extraviados ni sean condenados.

5. Dios nos justifica en el primer y genuino acto de fe salvífica. Dios tiene contemplados en su omnisciencia todos los actos subsecuentes de una fe verdadera que producen obras. Romanos 5:1 nos enseña que, quienes tienen el alma llena, ya son justificados ante Dios. Dios no espera hasta el final de nuestras vidas para declararnos justos. De hecho, no seríamos capaces de tener la seguridad y la libertad de vivir las demandas de Dios a menos que podamos estar seguros que por esa fe ya estamos justificados delante de Él. Sin embargo, es importante entender el hecho de que nuestra salvación final es el resultado de la obediencia que proviene de la fe. La forma como estas dos verdades se fusionan es que ya somos justificados sobre la base de nuestro primer acto de fe porque Dios ve en este hecho su obra, como un embrión de la vida de esa fe. Esta es la razón por la que los que no persisten en la vida de fe, con su inevitable consecuencia, simplemente dan testimonio de que su primer acto de fe no fue genuino.

Romanos 4:3 (citando a Génesis 15:6) enseña que Abraham fue justificado por Dios. Es una importante referencia a un hecho de fe muy temprano en la vida de Abraham. Romanos 4:19-22 se refiere a una experiencia de

Abraham muchos años después, cuando ya tenía 100 años de edad. Génesis 21:5-12 nos dice que, por la fe de esta experiencia, Abraham fue reconocido como justo. En otras palabras, la fe que justificó a Abraham no fue únicamente su primer acto de fe, sino la fe que perduró y lo llevó a actos de obediencia más tarde en su vida. Podemos ver lo mismo en Santiago 2:21-24, que hace referencia al acto tardío en la vida de Abraham, el ofrecimiento de su hijo Isaac (ver Gn. 22).

6. Dios obra para causar la perseverancia de sus elegidos. No somos abandonados a nosotros mismos; nuestra seguridad está bien cimentada en el amor soberano de Dios, que produce lo que nos ha llamado a hacer. 1 Pedro 1:5 nos dice que somos "guardados por el poder de Dios mediante la fe, para alcanzar la salvación que está preparada para ser manifestada en el tiempo postrero". El poder supremo, la omnisciencia, la omnipotencia y la soberanía de Dios no solo guardan la herencia, sino que también mantienen seguro y firme al creyente. Judas 24-25 agrega: "Aquel que es poderoso para guardaros sin caída y presentaros sin mancha delante de su gloria con grande alegría, al único y sabio Dios, nuestro Salvador, sea gloria y majestad, imperio y potencia, ahora y por todos los siglos. Amén". El apóstol Judas habla sobre la salvación en el versículo 3: "Amados, por la gran solicitud que tenía de escribiros acerca de nuestra común salvación, me ha sido necesario escribiros exhortándoos que contendáis ardientemente por la fe que ha sido dada a los santos". Y reafirma el ánimo de los creyentes al hacerles notar que Cristo los protegerá, incluyendo la apostasía presente.

7. Finalmente, debemos ser entusiastas en nuestro llamado y elección segura. 2 Pedro 1:10 dice: "Tanto más procurad hacer firme vuestra vocación y elección; porque haciendo estas cosas, no caeréis jamás". Aunque Dios está seguro en cuanto a quiénes son sus elegidos y nos ha dado una salvación confirmada por la eternidad, es claro y posible que el cristiano no tenga siempre firmeza en la seguridad de su salvación. Y la seguridad es un hecho revelado por el Espíritu Santo, en el sentido de que la salvación es para siempre, mientras que la firmeza es la confianza individual de que el creyente posee esa salvación eterna. En otras palabras, el creyente que procura las cualidades espirituales (por las que produce el fruto espiritual), se garantiza a sí mismo que fue llamado (Ro. 8:30; 1 P. 2:21) y escogido (1 P. 1:2). Todo esto solo es posible a través de la gracia de Dios, un don inmerecido que Él otorga a sus escogidos.

La gracia es un atributo de Dios, una de sus perfecciones divinas. Es su inmerecido favor y amor gratuito y soberano para el hombre en su estado de pecado y culpa, que se manifiesta en el perdón del pecado y en la liberación de la pena merecida. Está relacionada con la misericordia de Dios, distinta de su justicia. La doctrina de la gracia irresistible no significa que la influencia del Espíritu Santo no pueda ser resistida; significa que el Espíritu Santo puede vencer toda resistencia. En Hechos 7:51, Esteban dice a los líderes judíos: "¡Duros de cerviz, e incircuncisos de corazón y de oídos! Vosotros resistís siempre al Espíritu Santo; como vuestros padres, así también vosotros". Por otro lado, Pablo habla de entristecer y apagar el Espíritu Santo en Efesios 4:30 y 1 Tesalonicenses 5:19. Dios expresa ruegos e invitaciones que son resistidos. De hecho, toda la historia de Israel en el Antiguo Testamento es una historia larga de resistencia, como se muestra en la parábola de los labradores malvados de Mateo 21:33-43 y Romanos 10:21. La doctrina de la gracia irresistible significa que Dios es soberano y puede vencer toda resistencia cuando Él quiere: "Él hace su voluntad en el ejército del cielo y en los habitantes de la tierra, no hay quien detenga su mano, y le diga: ¿Qué haces?" (Dn. 4:35).

Cuando Dios se propone cumplir su soberano propósito, nadie puede resistirlo de manera exitosa. Esto es lo que Pablo enseña en Romanos 9:14-20, lo que provocó a sus oponentes a decir: "¿Qué, pues diremos? ¿Qué hay injusticia en Dios? De ninguna manera". Pablo responde: "Mas antes, oh hombre, ¿quién eres tú, para que alterques con Dios? ¿Dirá el vaso de barro al que lo formó: por qué me has hecho así? ¿O no tiene potestad el alfarero sobre el barro de hacer de la misma masa un vaso para honra y otro para deshonra?" (vs. 20). Más específicamente y de forma clara, la gracia irresistible hace referencia a la obra soberana de Dios de vencer la rebelión de nuestro corazón y traernos a la fe en Cristo para así ser salvos. Si nuestra doctrina de la depravación total es correcta, como lo es, no puede haber salvación sin la realidad de la gracia irresistible.

Si estamos muertos en nuestros delitos y pecados, totalmente incapaces de someternos a Dios, entonces nunca creeremos en Cristo a menos que Dios pueda vencer nuestra rebelión. Alguien podría decir: sí, el Espíritu Santo debe llevarnos a Dios, pero nosotros podemos usar nuestra libertad para resistir o aceptar esa obra. La respuesta es que, si no fuera por el continuo ejercicio de la gracia salvadora, siempre usaríamos nuestra voluntad para resistir a Dios. Eso es lo que significa ser "incapaz de someterse a Dios". Si una persona es humilde, lo suficiente para someterse a Dios, es porque Dios le ha dado a esa persona una nueva y humilde naturaleza. Si una persona permanece con un corazón duro y orgulloso ante la voluntad de Dios es porque no ha recibido el Espíritu Santo que puede transformarla en una persona de buena voluntad. Los reformadores retrocedieron hasta el concepto de la gracia, pero evitaron el sacramentalismo. Pusieron énfasis una vez más sobre la gracia como el favor inmerecido de Dios mostrado a los pecadores, y la representaron en una forma que excluyó todos los méritos por parte del hombre pecador.

Según el pensamiento de Agustín, el término "gracia" daba a entender el ejercicio interno del amor despertado mediante las operaciones del Espíritu Santo (Ro. 5:5). En la teología llegó a señalar una cualidad del alma, los dones internos y hábitos profundos de la fe, el amor y la esperanza. Pero en un sentido más bíblico y amplio, debe entenderse como el *favor* gratuito y eficaz que está en la mente divina. En Juan 6:44, Jesús dice: "Ninguno puede venir a mí, si el Padre que me envió no lo trajere". Esta obra es una obra de la gracia soberana sin la cual nadie puede ser salvo de su rebelión contra Dios. Juan 6:64-65 dice: "Pero hay algunos de vosotros que no creen. Porque Jesús sabía desde el principio quiénes eran los que no creían, y quién le había de entregar. Y dijo: Por eso os he dicho que ninguno puede venir a mí, si no le fuere dado por el Padre".

Para mí, como un mortal a quien Dios le ha llenado el alma, encontrar estos dos aspectos es de vital importancia. Primero: venir a Cristo, como lo hice por la gracia de Dios, es un regalo, no solo una oportunidad. Venir a Jesús es algo "dado" a algunos y a otros no. En segundo lugar: la razón por la que Cristo dice esto es para explicar por qué "hay algunos que no creen". Jesús sabía desde el principio que Judas no creería en Él a pesar de todas las enseñanzas e invitaciones que recibió. Y explicó el motivo con las siguientes palabras: "Ninguno puede venir a mí, si el Padre que me envió no lo trajere" (Jn. 6:44). Podemos ver que Judas no fue dado a Jesús.

Hubo muchas influencias buenas en la vida de Judas. Pero el decisivo e irresistible regalo de la gracia no le fue dado. 2 Timoteo 2:24-25 dice: "Porque el siervo del Señor no debe ser contencioso, sino amable para con todos, apto para enseñar, sufrido; que con mansedumbre corrija a los que se oponen, por si quizá Dios les conceda que se arrepientan para conocer la verdad". El apóstol Pablo no está diciendo que la salvación es meramente un regalo de Dios. Cuando una persona escucha el llamado de arrepentimiento de quien le comparte, sea un predicador, un familiar o un amigo, puede resistir dicho llamado. Pero si Dios le da el arrepentimiento, la persona no podrá resistirse porque el regalo es justamente que su resistencia ha sido removida. No estar dispuesto a arrepentirse es lo mismo que resistir al Espíritu Santo. Esta es la razón por la cual llamamos a esta obra "la doctrina de la gracia irresistible". Como cité en otro capítulo, "yo rechacé" el evangelio varias veces. Hoy, sabiendo lo que sé sobre la gracia irresistible, entiendo que fue en el preciso tiempo de Dios cuando Él quitó esa resistencia de mi corazón; el Espíritu Santo obró y llenó mi alma.

Debería ser obvio a partir de esto que la gracia irresistible no implica que Dios nos fuerce a creer contra nuestra voluntad. Esto sería una contradicción de términos. Al contrario, la gracia irresistible es compatible con la predicación y el testimonio que trata de persuadir a las personas a hacer lo que es razonable y acorde con la voluntad de Dios.

1 Corintios 1:23-24 dice: "Nosotros predicamos a Cristo crucificado, para los judíos ciertamente tropezadero, y para los gentiles locura; más para los llamados, así judíos como griegos, Cristo poder de Dios y sabiduría de Dios". Es claro que podemos ver dos tipos de llamados en este texto. El primero: la predicación de Pablo va dirigida a todos, tanto judíos como griegos. Este es el llamado general del Evangelio. Ofrece salvación a todo aquel que cree en el Cristo crucificado. Pero es llamado necedad por aquellos que no tienen un oído receptivo al mismo. Y el segundo: Pablo hace referencia a otro tipo de llamado; dice que entre aquellos que oyen, hay algunos que son "llamados" de una forma que ven la cruz como es sabiduría y poder de Dios. Yo me pregunto: ¿qué otro puede ser este llamado, si no el irresistible llamado de Dios para traernos de las tinieblas a su luz admirable?

Si todos los que son "llamados" en este sentido consideran la cruz como el poder de Dios, entonces algo en el llamado debe afectar a la fe. Esta es la gracia irresistible. 1 Corintios 1:24 nos enseña que aquellos que son llamados tienen sus ojos abiertos por el soberano poder creador de Dios, por lo que ellos ya no ven la cruz de Cristo como locura, sino como poder y sabiduría de Dios. El llamado efectivo es el milagro de tener nuestra ceguera removida. Esta es la gracia irresistible. Entender la gran doctrina de la salvación por la sola fe, sin obras ni méritos personales, es un tesoro invaluable. Por esta fe es que Dios inmerecidamente me perdonó, pude volverme a Él, arrepentirme y entonces Él llenó mi alma. Esta gloriosa obra de fe es el resultado del cambio que el Espíritu Santo lleva a cabo en nuestra naturaleza.

Esta realidad hace que quien sea salvo pueda tener una mente cuya tendencia e inclinación sea ocuparse del Espíritu. Alguien que dice ser cristiano, pero no tiene sensibilidad a los asuntos de Dios, claramente no pertenece a Dios. Podemos leer en Romanos 8:10: "Pero si Cristo está en vosotros, el cuerpo en verdad está muerto a causa del pecado, mas el espíritu vive a causa de la justicia". Si verdaderamente el Espíritu de Dios mora en nosotros como cristianos, nuestro propio espíritu vive a causa de la justicia.

El mismo Espíritu Santo regeneró mi corazón y vino a morar en mí, y asegura mi salvación al arrepentirme y creer en la muerte y resurrección de Jesucristo. "En él también vosotros, habiendo oído la palabra de verdad, el evangelio de vuestra salvación, y habiendo creído en él, fuisteis sellados con el Espíritu Santo de la promesa" (Ef. 1:13). Es la obra de justicia de parte de Dios, que se completa al poseer el Espíritu que mora en nosotros, nos guía, protege y exhorta. Todo es obra de Dios. En otras palabras, por la justicia divina impartida a los creyentes, somos justificados (Ro. 3:21-22).

Esta es la causa de la justicia divina. Ningún intento de justicia con origen humano es posible: "Ciertamente, aun estimo todas las cosas como pérdida por la excelencia del conocimiento de Cristo Jesús, mi Señor, por amor del cual lo he perdido todo, y lo tengo por basura, para ganar a Cristo" (Fil. 3:8). El apóstol Pablo no estaba hablando de un conocimiento general o simple acerca de Cristo. Es un conocimiento por experiencia o de índole personal. Se puede decir que es participar de manera personal de la vida del Señor. Del conocimiento que Dios tiene de su pueblo y de la obediencia que demanda.

Puedo ver en este momento que todas las exhortaciones contenidas en la Biblia que Dios me ha dado desde que mi alma fue llenada, a través de promesas maravillosas que de parte del Señor, no serían posibles sin las provisiones que recibo de su parte. Sería imposible cumplir siquiera uno de sus mandamientos por nuestra incapacidad sin la obra gloriosa de su Espíritu Santo.

La obligación y deuda de cualquiera que sea cristiano ya no es con la carne, como antes, sino con el Espíritu. Como hijos de Dios, contamos con los maravillosos recursos del Espíritu de Cristo para resistir y hacer morir las obras de la carne. Estas obras son el resultado de vivir conforme a esa carne, que antes nos gobernaba y controlaba. El puritano John Owen decía: "El pecado nunca está menos quieto que cuando parece estar quieto, y sus aguas son más profundas cuando están mansas".[7] Como hijo de Dios, tengo la responsabilidad de buscar vivir en el Espíritu y rechazar de manera constante todo aquello que el mundo, la carne y Satanás ofrecen. El control por parte del Espíritu Santo nos lleva a la obediencia a la Palabra de Dios (Col. 3:16). Dice Martyn Lloyd Jones:

---

7.   John Owen, *Pecado de tentación*, XXI.

Existe una sola forma de vivir la vida cristiana verdadera. Esto es, ser "lleno del Espíritu". Apelar a la gente a fin de que sea mejor es un desperdicio de aliento, también es un desperdicio de aliento apelar a la gente en términos de días de conmemoración, los horrores de la guerra y cosas como estas.[8]

Una vida llena del Espíritu no está basada en experiencias místicas, sino en la Palabra de Dios. He aprendido que un hombre a quien Dios le ha llenado el alma, a medida que se satura de manera fiel en su mente y corazón de la verdad de Dios, vive buscando vivir para Dios. El resultado será que su conducta, pensamientos y todo acto de su vida estarán controlados por el Espíritu. Aun las reacciones más involuntarias, aquellas que suceden cuando no tenemos las decisiones detalladas y a conciencia, también serán piadosas.

> «Esta enfermedad no es para muerte, sino para la gloria de Dios».
>
> JUAN 11:4

---

8. Martyn Lloyd Jones, *La vida en el Espíritu*, 35.

El alma llena mortifica el pecado y vive la santificación

En la misma manera que un estado de pobre salud física le hace más propenso a enfermarse, así también un estado pobre de salud espiritual lo hace más propenso a caer en tentación.

JOHN OWEN

Lucas 19 relata lo que sucedió un día en que Jesús pasaba por la ciudad de Jericó: "Un varón llamado Zaqueo, que era jefe de los publicanos, y rico, procuraba ver quién era Jesús; pero no podía a causa de la multitud, pues era pequeño de estatura" (vs. 2, 3). Para vencer la situación, Zaqueo subió a un árbol; cuando el Señor lo vio, se autoinvitó a su casa, y de ese encuentro brotó la salvación. Frente a la murmuración de sus conciudadanos y el desafío del inmenso cambio de vida que le esperaba, el gozo del jefe de los publicanos por haber encontrado a Jesús pudo más.

No sabemos los detalles de la charla entre Zaqueo y el Señor. El relato saltea los pormenores de la conversación hasta la afirmación del publicano en el versículo 8: "He aquí, Señor, la mitad de mis bienes doy a los pobres; y si en algo he defraudado a alguno, se lo devuelvo cuadruplicado". La respuesta de Cristo, ante semejante gesto de gratitud, fue: "Hoy ha venido la salvación a esta casa; por cuanto él también es hijo de Abraham. Porque el Hijo del Hombre vino a buscar y a salvar lo que se había perdido" (vs. 9, 10).

El estilo de vida renovado y santificado de Zaqueo fue la evidencia visible —la punta del iceberg, podríamos decir— de la transformación interior e invisible que se había llevado a cabo. En otras palabras: la salvación había llegado a esa casa, y el fruto natural de esa salvación fue una vida renovada y santificada para la gloria de Dios.

El gran teólogo puritano John Owen escribió:

Es nuestro deber perfeccionar la santificación en el temor de Dios (2 Co. 7:1) y crecer en la gracia (2 P. 3:18). Sin embargo, estos deberes no pueden ser cumplidos sin la mortificación del pecado. El pecado se opone con toda fuerza contra cada acto de santidad, y contra cada grado de gracia que alcanzamos. Nadie debería pensar que puede progresar en la santidad sin la disciplina cotidiana de negarse a gratificar los deseos pecaminosos del corazón. Lector, usted siempre tendrá la oposición de estos deseos pecaminosos y siempre debe mantener la firme determinación de matarlas. Si esta no es su determinación, entonces usted está en paz con el pecado y no está progresando en la santidad.[1]

Como creyente he aprendido necesariamente, como parte de mi vida diaria, a mortificar el pecado. Sin esta práctica constante, uno se ve inmerso en fallar a Dios y apartarse de su comunión, como Él la ha establecido. La Biblia nos instruye para que vivamos nuestra santificación cada día al nivel que Dios la demanda. De esta forma, las pruebas y la fortaleza de quien tiene el alma llena son parte del vivir con Cristo en esta vida.

Por un lado, el creyente genuino vive pruebas delante de Dios (como he citado en el capítulo cinco), pero, por otra parte, vivirá el gozo de salir fortalecido de esas pruebas, y cuando pasen seguirá creciendo en la fe cada día. La prueba es una realidad viva y constante en un hijo de Dios, al igual que aprender a mortificar el pecado.

Hay un contexto histórico muy interesante que no puedo dejar de citar en este capítulo. Comienza con un hombre de Dios: Aurelio Agustín. Agustín nació en el año 354 d. C. en la ciudad de la Numidia proconsular, que se había convertido del Donatismo (cisma en la iglesia africana). Su padre Patricio era pagano y uno de los decuriones de la ciudad; las admirables

---

1.   John Owen, *La mortificación del pecado*, 12.

virtudes de Mónica, su madre, un ideal de madre cristiana, consiguieron que su esposo recibiera la gracia del bautismo y una muerte santa alrededor del 371. Su obra filosófica y teológica compila y transforma una serie de doctrinas griegas o helénicas que influyeron profundamente en su intelecto, sobre todo en la última etapa de su crisis, hasta que llegó su conversión. Agustín fue llevado a los pies del Señor a través del libro de Romanos, leyendo el capítulo 13, versículos 13 y 14: "No en glotonerías y borracheras, no en lujurias y lascivias, no en contiendas y envidia, sino vestíos del Señor Jesucristo, y no proveáis para los deseos de la carne". Después de la lectura de ese pasaje, llegó a ser salvo en el año 386 d. C.

Mil años después, Martín Lutero, monje agustino, estaba enseñando la carta a los Romanos a sus estudiantes de la Universidad de Wittenberg en Alemania; al leer el texto que estudiaban tuvo la convicción de la justificación por fe únicamente. El Señor abrió su entendimiento al ver cómo la Iglesia católica se apartaba y negaba la obra soberana de Dios, llevada a cabo por gracia, a través de la fe en el Señor Jesucristo.

Varios siglos más tarde, el ministro ordenado de la iglesia de Inglaterra John Wesley estaba atravesando una confusión similar acerca del significado del evangelio. Se encontraba en búsqueda de salvación. La noche del 24 de mayo de 1738, Wesley escribió:

> Estaba leyendo el prefacio de Lutero a la epístola a los Romanos, cerca de un cuarto antes de las nueve, mientras él describía el cambio que Dios obra en el corazón mediante la fe en Cristo, me di cuenta que si confiaba en Cristo y solamente en Él para mi salvación, también tendría la seguridad de que Él se había llevado mis pecados, y que me había salvado de la ley del pecado y de la muerte.[2]

Agustín, Lutero, Wesley y tantos hombres y mujeres en la historia se han visto inmersos en la reflexión sobre la obra de Dios en sus vidas por el poder del Espíritu Santo, y han dejado tremendos testimonios, como los que expresan estos legados.

A través de los años, el libro de Romanos también ha sido de particular importancia para mí. He sido cultivado por sus enseñanzas y las doctrinas que contiene en cuanto a nuestra salvación y posición como cristianos, a fin de vivir la fe en la vida diaria, incluyendo lo que los teólogos llaman

---

2. John D. Wooddridge, *Grandes líderes de la Iglesia*, 85, 187, 287.

"doctrina de la santificación" y, en este caso particular, "la mortificación del pecado", que es el tema de este capítulo.

El punto principal del libro de Romanos es la justicia que viene de Dios: la forma en la que Dios justifica a pecadores por su gracia a través de la sola fe en Cristo Jesús. Buscando mayor detalle teológicamente, pero sin caer en formulismos, en este capítulo hablo también resumidamente de la santificación del hijo de Dios. Louis Berkhof dice que la santificación "es la operación continua del Espíritu Santo, por medio de la cual purifica al pecador, renueva su naturaleza de forma total a la imagen de Dios y lo hace capaz para buenas obras".[3]

El cristiano tiene que vivir aspectos fundamentales en su vida para llegar a crecer como hijo de Dios. Dentro de esas acciones está el llamamiento que Dios nos hace de manera individual, la regeneración y la justificación, la cual nos provee de una posición legal correcta delante de Él. El resultado es la adopción: ser hechos miembros de su familia. Dentro de su obra maravillosa, vivimos el arrepentimiento de nuestros pecados y la confianza en Cristo como único Señor y Salvador a través de la fe (Ef. 2:8-9).

De esta forma, llegamos a la aplicación práctica de la redención, que es una obra progresiva. 2 Corintios 3:18 dice: "Por tanto, nosotros todos, mirando a cara descubierta como en un espejo la gloria del Señor, somos transformados de gloria en gloria en la misma imagen como por el Espíritu del Señor". Este mirar continúa a lo largo de nuestra vida y nos lleva a ver la gloria de Dios. Dentro de esta obra se encuentra nuestra participación: Dios toma el papel fundamental y nosotros debemos obedecerlo para que esa santificación se lleve a cabo según su diseño. Dice L. Berkhof:

> Cuando se dice que el hombre toma parte en la obra de santificación, no se da a entender que el hombre sea un agente independiente en esta obra, como para que en parte sea obra de Dios y en parte obra del hombre, sino en esencia, que Dios hace la obra en parte por medio de la instrumentalidad del hombre como un ser racional requiriendo de él asidua oración y cooperación inteligente con el Espíritu.[4]

Hay una diferencia entre la justificación y la santificación, como he citado antes, y creo que recordarlo no es reiterativo. Estas dos doctrinas, aunque

---

3. Louis Berkhof, *Un resumen de la doctrina cristiana*, 112.
4. Louis Berkhof, *Teología Sistemática*, 639.

trabajan de manera integral, tienen varios puntos específicos. La justificación contiene un aspecto legal, es de una vez y para siempre; es una obra completa de parte de Dios, que es perfecta en esta vida e igual para todos los cristianos. Por su parte, la santificación es una condición interna, que continúa toda la vida y requiere nuestra cooperación para buscar vivir llenos del Espíritu Santo. Colosenses 3:16 dice: "La palabra de Cristo more en abundancia en vosotros, enseñándoos y exhortándoos unos a otros en toda sabiduría, cantando con gracia en vuestros corazones al Señor con salmos e himnos y cánticos espirituales". Es importante decir que la santificación no es perfecta en esta vida, y será completada con nuestra muerte. Adicionalmente, es más amplia y profunda en unos que en otros, dependiendo del deseo por crecer en una vida en santidad.

Antes de la Reforma, en el desarrollo histórico de la doctrina de la santificación, la iglesia se preocupó por tres problemas: (1) La relación de la gracia de Dios con la fe en la santificación. (2) La relación de la santificación con la justificación. (3) El grado de santificación al que se puede llegar en la vida presente. Los escritos de los Padres de la Iglesia contienen muy poco sobre la doctrina de la santificación. Sin embargo, hubo un brote de moralismo que enseñaba al hombre que su salvación dependía de la fe y las buenas obras. Los pecados cometidos antes del bautismo quedaban lavados con el bautismo, pero, para los que se cometían después, se debía recurrir a la penitencia y las buenas obras.

Las tendencias manifiestas en las enseñanzas de Agustín fructificaron en la Edad Media y encuentran su forma más desarrollada en los escritos de Tomás de Aquino. La justificación y la santificación no se distinguen con claridad, pero se propone que la justificación incluya como algo substancial la infusión de la gracia divina dentro del alma humana. Dice L. Berkhof: "Esta Gracia es una clase de *donum superadditum,* por medio del cual el alma se levanta a un nuevo nivel, o (a un orden más alto del ser) y queda capacitada para alcanzar su destino celestial de conocer a Dios, poseerlo y gozar de Él". Considerados desde el punto de vista humano, los frutos sobrenaturales de la fe que obra por el amor tienen méritos delante de Dios y aseguran el crecimiento.

No obstante, tales frutos u obras son imposibles sin la operación continua de la gracia. El resultado de todo este proceso se conoce como justificación y consiste en hacer justo al hombre delante de Dios. Cuando los reformadores hablaron de santificación, acentuaron la antítesis pecado/redención más que la de natural/sobrenatural. Hicieron una diferencia clara entre justificación y santificación, considerando a la primera como un acto legal de la gracia divina, que afecta el estado judicial del hombre, y a la segunda como una obra moral o recreadora que cambia la naturaleza interna del hombre. Pero al haber hecho esa distinción cuidadosa entre las dos, acentuaron también su relación inseparable. Tenían una honda convicción de que el hombre es justificado solo por la fe, y entendieron también que la fe que justifica no está sola. La justificación va seguida de inmediato por la santificación: Dios envía al Espíritu Santo a los corazones tan pronto como son justificados. La fe y la regeneración actúan en el alma de la persona. La gracia en la santificación es una obra sobrenatural del Espíritu Santo, llevada a cabo principalmente por medio de la Palabra de Dios. La justificación es el acto libre y perdonador de Dios; la santificación hace necesaria la cooperación del hombre para evitar el peligro de pensar que la justicia es por obras.

En el Nuevo Testamento, la santidad se presenta como la característica especial del Espíritu de Dios, por la cual los creyentes son santificados, capacitados para servir y conducidos a su eterno destino (2 Ts. 2:13; Ti. 3:5). La palabra *hagios* se usa en relación con el Espíritu de Dios. Sin embargo, el concepto de santidad y santificación no es diferente en el Nuevo Testamento de lo que es en el Antiguo Testamento. Tanto en el Nuevo como en el Antiguo Testamento, la santidad se atribuye al hombre en un sentido derivativo. La santidad ética no es una mera rectitud moral, y la santificación no es nunca solo un mejoramiento moral. Actualmente, se confunden con frecuencia estas dos áreas al hablar de la salvación. Un hombre puede vanagloriarse a nivel moral, pero ser un ignorante en cuanto a la santificación.

Dado que la santificación es la mortificación del viejo hombre, quisiera entrar en tema de manera más amplia, a fin de comprender su importancia. Santificación es el acto de parte de Dios a través del cual la mancha y corrupción de la naturaleza humana —producto del pecado— se va removiendo en forma gradual. Se presenta en la Biblia como la crucifixión del viejo hombre, y de esta manera se relaciona con la muerte de Cristo en la cruz. El "viejo hombre" es la naturaleza humana controlada por el pecado (Ro. 6:6; Gá. 5:24). En el contexto de Gálatas, Pablo contrasta las obras de la carne y el fruto del Espíritu, y dice: "Pero los que son de Cristo han crucificado la carne con sus pasiones y deseos". Esto significa que el Espíritu ha ganado y predomina. La santificación es, entonces, una obra del Espíritu Santo en nosotros para purificarnos, separarnos del mal y conformarnos a la imagen de Cristo. De la misma manera que no podemos merecer nuestra salvación, tampoco podemos santificarnos mediante nuestros esfuerzos. Es Dios quien purifica nuestros corazones por la fe (Hch. 15:9). Y, en respuesta a nuestra fe, es Él quien nos santifica (Ex. 31:13; Lv. 20:7-8; 1 Ts. 5:23-24).

Cuando mi alma fue llenada, entendí que esta santificación, o sea mi estado práctico desde ese momento, incluía mi capacidad de entender quién soy delante de Dios. Al vivir este proceso diario de crecer en la fe, es obvio que el pecado acecha mi vida, pero la constante de buscar mortificarlo es también mi tarea. Debo separarme de la tentación para no ofender a Dios. Tengo el propósito de aprender a mortificar el pecado para vivir dentro de su voluntad. Dice Romanos 8:13: "Porque si vivís conforme a la carne, moriréis; más si por el Espíritu hacéis morir las obras de la carne, viviréis". Esta es la instrucción de Dios acerca de lo que debemos hacer los cristianos.

Nuestra responsabilidad es buscar una vida sin pecado. Debo buscar que mi mente esté protegida de cualquier contaminación, recordando que tengo los recursos para lograrlo. El instrumento más importante que Dios ha dado al creyente es precisamente su Espíritu que mora en cada uno. Todos los aspectos prácticos de mi vida, dentro de este proceso maravilloso de crecimiento, son posibles si como hijo de Dios aprendo a mortificar el pecado. John Owen dijo: "En la misma manera que un estado de pobre salud física le hace más propenso a enfermarse, así también un estado pobre de salud espiritual lo hace más propenso a caer en tentación. Para ser más específico, cuando la vida espiritual de una persona está debilitada, esa persona ha entrado en la tentación".[5]

Hay un contraste claro entre vivir conforme a los deseos de este mundo y vivir conforme al Espíritu para hacer morir las obras del pecado. Con el alma llena, no tengo ningún tipo de obligación hacia el pecado. Todo esto me ha llevado a aprender que lo primero que debo hacer es reconocer la presencia del pecado en mí. Tengo una naturaleza caída, peco contra Dios a diario y muchas veces de manera consciente. El apóstol Pablo dice en Romanos 7:21: "Queriendo hacer el bien, hallo esta ley; que el mal está en mí".

Cuando pecamos, si no admitimos que lo hemos hecho, nos engañamos a nosotros mismos y nos hacemos susceptibles a la influencia de ese pecado y sus resultados nefastos. Entiendo que el pecado puede convertirse en una fuerza poderosa y destructiva en mi vida si no lo reconozco y mortifico. Por influencia de nuestras debilidades y limitaciones humanas en nuestra manera de pensar, en ocasiones es difícil reconocer el pecado en nuestra vida. Y esto es muy peligroso. He podido ver que el pecado tiene un camuflaje, cambia

---

5. John Owen, *La tentación*, 38.

de color, aparece como algo simple, trivial, incluso como algo justo, bello y bueno. Por eso debemos orar como el rey David: "Examíname, oh Dios y conoce mi corazón; pruébame y conoce mis pensamientos; y ve si hay en mí camino de perversidad, y guíame en el camino eterno" (Sal. 139:23-24).

Nuestra obligación es con el Espíritu Santo, la tercera persona de la Trinidad, quien nos convenció de nuestra necesidad de un Salvador. Solo hay una alternativa para hacer morir las obras del pecado: vivir conforme al Espíritu. Cuando estamos enfermos, el doctor nos receta ciertas medicinas y nos recomienda tener algunos cuidados para que mejoremos. Si lo obedecemos, nuestra recuperación será más rápida.

De la misma manera, debemos obedecer lo que Dios nos dice en su Palabra, para que, a través de la obra del Espíritu, podamos mortificar el pecado. Romanos 8:1 dice: "Ahora, pues, ninguna condenación hay para los que están en Cristo Jesús, los que no andan conforme a la carne, sino conforme al Espíritu". Esto se refiere a aquellos que estamos en Cristo Jesús y, por lo tanto, pasamos de una incapacidad para hacer morir el pecado en nosotros a ejercer el dominio propio sobre nuestro cuerpo para reducirlo a servidumbre —como dice 1 Corintios 9:27: "Golpeo mi cuerpo y lo pongo en servidumbre, no sea que, habiendo sido heraldo para otros, yo mismo venga a ser eliminado". Está hablando de disciplina. Un deportista que no tiene disciplina, no puede competir para ganar. Y esta disciplina, en la vida cristiana, consiste prácticamente en apartar la vista, el oído, las manos y los pies de todo aquello que da combustible a la pasión que lleva al pecado. Guardar nuestro corazón es algo que corresponde a cada persona; así se puede huir de la tentación, porque la tentación es la antesala del pecado.

Debemos tener presente que usualmente el pecado lleva a lo peor. Cuando la tentación inicia su proceso, alumbrando nuestra concupiscencia para seducirnos, lo lógico es que —si no frenamos a tiempo esa intención—, nos lleve a pecar; cada pensamiento sucio o mirada lasciva es un adulterio en potencia. Cuando no es mortificado, el pecado, como un sepulcro, nunca se sacia. Dice John Owen: "Un aspecto principal de la naturaleza engañosa del pecado, es la forma en que comienza con pequeñas demandas. Los primeros ataques y sugerencias del pecado son siempre muy modestos".[6]

Ese fue el caso del rey David, quien no huyó de la tentación, no controló ni mortificó su pecado al ver a Betsabé (2 S. 11:2-7). Aprender a mortificar el pecado debe ser parte de la vida práctica de todo creyente que tiene el alma

---

6. Owen, *La mortificación del pecado*, 13.

llena para poder vivir una vida que tienda a la santidad. El pecado puede ser descrito como una "ley" (Ro. 7:21, 25). Es una tendencia, una terrible fuerza siempre dispuesta a actuar. Como una ley, el pecado tiene una inclinación y está en movimiento constante hacia el mal. El pecado es, en pocas palabras, un principio activo o una fuerza que todo el tiempo está preparado para actuar. El pecado fundamentalmente actúa en la mente del individuo y también en la voluntad y los afectos del corazón, o sea: en todas las facultades del alma. Lo hace mediante inclinaciones precisas, sugerencias y un sinnúmero de impulsos interiores y sentimientos no controlados. Como bien sabemos, el pecado utiliza al mundo y lo que ofrece, es siempre engañoso, usa la mentira y alimenta la vanidad para tentarnos y seducirnos.

El pecado es tan hábil en sí mismo, aprovecha los deseos naturales del cuerpo, los corrompe y convierte en concupiscencia y lascivia. El pecado enarbola y promete el placer, el poder, la satisfacción, el contentamiento y la felicidad. Solo hay un camino en el que podemos enfrentarnos contra esa fuerza destructiva: la mortificación.

"Así que amados, puesto que tenemos tales promesas, limpiémonos de toda contaminación de carne y de espíritu, perfeccionando la santidad en el temor de Dios" (2 Co. 7:1). Pero esta búsqueda es imposible sin la mortificación diaria del pecado. Esta es la parte práctica de la vida del creyente cada día, de alguien a quién Dios le ha llenado el alma. El pecado se opone con fuerza a toda búsqueda de santidad. Cada día debo mantener la firme determinación de matar el pecado. Sin esa determinación y disciplina, mi progreso en la santidad sería nulo. Estoy muy lejos de lo que Dios me pide, pero tengo un enorme deseo y propósito por alcanzarlo cada día. Al tener el alma llena, deseo mortificar el pecado en mi vida; la tendencia hacia una santificación realmente progresiva es la obra del Espíritu en cada verdadero creyente desde el comienzo de su vida como cristiano.

Entiendo que, en la regeneración que Dios me concedió, me dio la capacidad de arrepentirme de mi pecado y me otorgó una fe que me une a Cristo. De esta forma, me declaró justo sobre la base de la justicia imputada de Cristo en mí. He sido adoptado en la familia de Dios. Esta enorme bendición de vivir la santificación es el beneficio real de la aplicación de la redención —que inició con la regeneración de mi alma y seguirá siendo aplicada durante toda mi vida. En la santificación, Dios pone al creyente aparte para sí mismo. 1 Corintios 1:2 dice: "A los santificados en Cristo Jesús, llamados a ser santos". Por su gracia, nos hace cada día más santos, nos transforma de manera progresiva a la imagen de Cristo. Como dice Romanos 8:29: "Porque a los que antes conoció, también los predestinó para que fuesen hechos conformes a la imagen de su Hijo, para que él sea el primogénito entre muchos hermanos".

La verdad más importante en la santificación está fundamentada en la unión que Dios me ha dado con Cristo. Dios me libró del dominio del pecado. Soy consciente de que, aunque la justificación que me ha sido imputada me permite la libertad de la condenación del pecado, la santificación me otorga libertad total del poder del pecado sobre mí y llena mi alma de Dios. Por esa obra de Cristo soy libre del pecado que antes me acechaba y dominaba. Esa es precisamente la idea del apóstol Pablo en Romanos 6:1-7, donde declara que los creyentes han "muerto al pecado" como resultado de la unión con Cristo, sabiendo "que nuestro viejo hombre fue crucificado juntamente con él, para que el cuerpo del pecado sea destruido, a fin de que no sirvamos más al pecado".

Meditar en la Palabra de Dios nos lleva a la majestad de Dios. Esta práctica nos ayuda a reconocer lo poco que sabemos realmente de nuestro Dios. Pero con el tiempo se puede llegar a saber más de su naturaleza, de sus atributos, de la importancia de mantenernos humildes. En Proverbios 30:1-4, Agur se dio cuenta de lo ignorante que era acerca de Dios. Entre más nos demos cuenta de lo poco que sabemos o conocemos de Él, más humillado será nuestro orgullo. La gloria de Dios es tan grande que ninguna criatura, ningún ser humano puede mirarlo y vivir. Como dice 1 Timoteo 6:16: "El único que tiene inmortalidad, que habita en la luz inaccesible; a quien ninguno de los hombres ha visto ni puede ver".

Al pensar en la grandeza de Dios y lo poco que conocemos de Él, debemos orar para que este hecho nos lleve a humillarnos. Le pido a Dios que esta alma que llenó me ayude a vivir con un temor santo, que todos mis deseos pecaminosos no engendren pecado ni florezcan en mi alma. Debo poner atención para no tener suposiciones emocionales que confundan la paz del Espíritu Santo en mí. Cualquier paz que no esté acompañada por una real convicción de pecado, justicia y juicio, no es una paz genuina. Dice Juan 16:8: "Y cuando él venga convencerá al mundo de pecado, de justicia y de juicio".

Cuando Dios hace un pronunciamiento de paz, jamás lo hace solo en palabra. Siempre trae consigo el poder del Espíritu. Esa paz de Dios sana heridas. Dice John Owen:

Enfoque su fe sobre esta verdad maravillosa y medite sobre ella continuamente. Por una parte, es cierto que en su propia fortaleza usted nunca conquistará estos poderosos deseos pecaminosos, debe enfocar su fe hacia aquel que tiene el poder de capacitarle para triunfar en su fortaleza.[7]

Para tener certeza de que se posee un alma llena, debe haber una clara manifestación de una fe de origen divino y un deseo de ser obediente a Dios. El carácter de una persona se manifiesta en su conducta. Es un examen para ver si alguien es genuinamente guiado por Dios y vive con el alma llena.

El corazón y la mente del hombre deben ser gobernadores de su conducta, no sus emociones. La parte emotiva es la que debe someterse al pensamiento, y la consciencia debe estar gobernada por la Palabra de Dios. Dice Proverbios 4:23: "Sobre toda cosa guardada, guarda tu corazón; porque de él, mana la vida". Aquí, corazón se refiere a la mente como el centro del pensamiento y de la razón (Pr. 3:3; 6:21), pero desde luego incluye las emociones también (Pr. 15:15) y la voluntad (Pr. 11:20), todo el ser interior. El corazón es donde está depositada toda la sabiduría y es, por lo tanto, la fuente de todo lo que se habla, se ve y se lleva a la acción. Un corazón espiritual producirá acciones sometidas a los lineamientos que Dios manda. Un corazón guiado por los sentimientos, por el orgullo o la búsqueda de vanagloria personal producirá irremediablemente pecado.

La Biblia enseña que un buen árbol da buen fruto (Mt. 7:17). Dios conoce bien la ceguera del corazón humano y cuán fácil es engañarse a uno mismo, por eso pide que demostremos con nuestra conducta si de verdad le amamos. Para nutrir el alma, debemos darle alimento y atención especial. El alimento natural del alma es la fe, que nunca va separada de la Palabra de Dios. Esta es una tarea de la iglesia; el liderazgo debe edificar a cada creyente individualmente.

Pero antes de seguir viendo cómo la fe alimenta el alma que Dios ha llenado, es necesario cubrir aspectos que expliquen con más detalle la fe misma. A continuación, intentaré responder a preguntas comunes, algunas que llevan a confusión o controversia, como el hecho de si tiene vigencia el tema de la fe en estos tiempos. La respuesta es clara: desde luego que sí, a la luz de lo que los estudios de teología enseñan.

Hay un libro escrito por hombres de Dios como John MacArthur, R. C. Sproul, Joel Beeke, John Gerstner y John Amstrong, titulado *Justification by Faith Alone* (*Justificación por fe únicamente*), publicado en 1995. Este libro

---

7. Ibíd., 72.

y otros más certifican la vigencia de la fe y cómo funciona. A diferencia de otras religiones, el cristianismo habla de un Dios que se ha revelado primero a través de la revelación general de su creación, la hermosura y complejidad de la flora, la fauna y toda la maravilla del universo, incluyendo el epítome de la creación: el hombre; y segundo de manera indiscutible en la Biblia.

La Biblia es una obra que se compone de sesenta y seis libros. Fue escrita por treinta y seis autores, en tres continentes distintos, usando tres idiomas, durante un período de mil quinientos años. Lo maravilloso es que la Biblia representa una sola unidad de pensamiento. Su objetivo es único: la salvación del hombre. Nos da a conocer de principio a fin a Dios, quien es inmutable. Nos muestra que su ley moral es para siempre y nos da la certeza —desde el primer libro hasta el último— del Mesías prometido y enviado para redimir al hombre caído. Y, por último, afirma que Dios se reveló de manera particular en la persona de Jesucristo. Aunque Dios mismo es el autor de la Palabra y quien da la gracia, y a través de ella somos santificados, Él le ha dado a la iglesia los medios para obtener de manera constante esa gracia, por decirlo así. "La iglesia es la columna y estandarte —baluarte de la verdad" (1 T. 3:15). Dios usa medios humanos, cuyos dones, devoción y estudio de la Palabra son instrumentos especiales para guiarnos, fortalecernos, aconsejarnos, edificarnos y ayudarnos a crecer en la fe y santidad.

Así como un tenista profesional sabe pegarle a la pelota y la coloca en el lugar preciso, o el médico receta la medicina adecuada para curar a un paciente, de la misma forma, la cura de nuestra alma enferma por el pecado se administra por la gracia de Dios. El crecimiento de la fe está siendo alimentado al conocer mejor a Dios cada día y obedecerle. Sin duda, uno de los medios más efectivos desde el punto de vista personal para alimentar el alma es el estudio de la Palabra de Dios, al igual que la oración. Dios ha instituido la tarea de la enseñanza en la iglesia, que ha sido dada para nuestra edificación. Esa fe que Dios otorga al hombre es la fe que va creciendo y fortaleciéndose a través del tiempo; de ser una fe pequeña se convierte —al obedecer a Dios como establece en su Palabra— en una fe robusta que lleva a vivir una vida que honra a Dios.

Si nos preguntáramos qué necesitamos para conocer mejor a Dios, lo más probable es que el rango de respuestas sea muy variado y amplio: desde estudios bíblicos, tiempo y meditación en la Palabra de Dios, una buena iglesia bíblica, una comunión sólida, hasta estudios formales en un seminario teológico. Y todo esto es correcto, pero el apóstol Pablo decía en Filipenses 3:10 que el componente clave no es entenderlo intelectualmente. Podemos ver entonces una diferencia fundamental entre lo que Pablo dice y lo que muchos puedan creer.

No podemos limitar el conocimiento de Dios a mera información; de eso, hay mucha disponible, pero la mayoría no es muy precisa ni correcta al compararla con la fuente original que tenemos para conocerlo, la Biblia. Yo me emociono más allá de las palabras cuando veo la mano poderosa de Dios obrando con precisión al librarme de peligros y problemas, cuando me da la victoria en situaciones humanamente imposibles de resolver o me guía a conocerlo más de manera personal. También cuando dedico tiempo únicamente a adorarle, sin petición alguna, solo por el hecho de exaltar sus atributos, su esencia y su poder.

A Martín Lutero, la Biblia le dio la certeza de que había que actuar para manifestar que solo por fe el justo tiene vida. Mi estudio personal me llevó también a concluir que ese vivir nos viene por medio de la fe. Por lo tanto, hay que ir de lo abstracto a lo concreto, como decimos en la escuela. Relacioné el concepto de la justicia con una persona que llega a ser justa. En otras palabras, una persona recibe la aprobación de Dios por medio de la fe. Al entender eso, se abre no solo la Biblia, "sino el mismo cielo", porque siendo la fe "la certeza de lo que se espera, la convicción de lo que no se ve" (He.11:1), entonces, mi fe, dada por Dios, es fortalecida al vivir con la certeza de que todas sus promesas se cumplen dentro de su voluntad. Así, puedo comprender que Dios está presente en vida, no solo por el hecho claro de su plan perfecto para salvarme, sino que además lo está en su manifestación extraordinaria, en su revelación general, en todo lo que veo, lo que vivo y lo que no puedo entender también. Todo por medio de la fe.

Sabemos que Dios está presente y podemos ver de dos formas la gloria de Dios en Cristo: hoy y el día de mañana, en este mundo por medio de la fe y en el cielo por toda la eternidad. Cuando leemos la oración registrada en el evangelio de Juan, capítulo 17, donde Cristo pide que sus discípulos estén con Él en el cielo y vean su gloria, pero con una visión de su gloria en este mundo, la fe está implícita ahí. El único camino para que la obra de Cristo en la cruz nos haya sido imputada para justificación es por medio de la fe. A Cristo se le imputó todo mi pecado para que yo fuera justificado delante de Dios.

Ningún hombre verá la gloria de Cristo en la eternidad si antes no la vio en esta vida por medio de la fe y de su Palabra. Por eso, un hombre con el alma llena debe prepararse para la gloria futura por medio de la gracia para que, por medio de la fe, seamos capacitados para ver a Cristo plenamente cuando nos hallemos en su presencia. Lo más importante no es que tenga yo el privilegio de conocer a Dios, sino el hecho más maravilloso de que Él me conozca a mí. Aunque no pueda entenderlo en toda su profundidad, siempre estoy presente en su mente. Todo lo que yo pueda saber y conocer de Dios depende de principio a fin de su iniciativa de conocerme a mí. No solo lo conozco y lo amo porque Él tuvo la iniciativa de conocerme y amarme primero, sino que además lo sigue haciendo cada día.

Estamos hablando de un conocimiento trascendental. Esto lleva a un consuelo y gozo humanamente indescriptible, un consuelo que produce fuerza. Hay un alivio cuando nos damos cuenta del amor de Dios para con nosotros. Está basado en su omnisciencia —su conocimiento previo— de mí (que incluye mis peores cosas). Nada de lo que Dios pueda ver o "descubrir" lo desilusionará ni anulará su preciosa decisión de bendecirme. Dios me ha salvado, no por lo que era o soy, sino por lo que quiere que sea para su gloria.

Hoy vemos a muchas personas que no tienen una fe verdadera, que se imaginan que verán la gloria de Cristo, pero se están engañando a sí mismas. Los Apóstoles vieron esta "gloria como del unigénito del Padre, lleno de gracia y de verdad" (Jn. 1:14). Esta fe no es la que poseen los gobernantes en este mundo o los líderes religiosos, menos aún los exitosos hombres de negocios. Los Apóstoles vieron su gloria por medio del entendimiento espiritual, por medio de la fe. Si queremos tener una fe más activa y un amor más grande por Cristo, debemos buscar aún más ver su gloria en esta vida.

El resultado de esto hará que las cosas de este mundo se vuelvan cada vez menos atractivas, hasta que pierdan todo valor. Algunas son necesarias para sostenernos cada día, pero son indeseables e incomparables con las de valor eterno. Creo que no debemos esperar vivir experiencias diferentes en el cielo de las que estemos buscando tener en este mundo. En otras palabras: no esperemos ver la gloria de Cristo en la eternidad si no ha sido nuestro afán y deseo en la tierra. La maravillosa gloria de Dios emerge desde su naturaleza santa y en todas las cosas excelentes que hace, pero solo hay un camino para ver esta gloria y es por medio de Cristo Jesús. 2 Corintios 4:6 dice: "Porque Dios, que mandó que de las tinieblas resplandeciese la luz, es el que resplandeció en nuestros corazones, para iluminación del conocimiento de la gloria de Dios en la faz de Jesucristo".

Cristo no solo nos muestra la naturaleza de Dios, sino que además nos revela su voluntad hacia nosotros. Es importante recordar y entender que sin Cristo jamás podríamos ver a Dios hoy, mucho menos en el futuro. Juan 1:18 dice: "A Dios nadie le vio jamás; el Unigénito Hijo, que está en el seno del Padre, él le ha dado a conocer". Jonathan Edwards dijo: "No hay otra forma por la que cualquier medio de gracia pueda ser de beneficio, sino a través del conocimiento. Por lo tanto, la predicación del Evangelio no tendría sentido si no condujera a un conocimiento que llegue a la mente". Este conocimiento del que habla Edwards no es posible sin fe. Si no permanecemos fieles a la Palabra de Dios, no somos sus discípulos (Jn. 8:31-32).

Desde los primeros días como creyente, la pasión que viene impulsando mi vida crece para entender de la manera más clara posible la Palabra de Dios a fin de aplicarla correctamente a mi vida y a la de otros. No tengo la intención de ser un erudito. Sigo aprendiendo que polemizar es muy negativo, que no es lo mismo que buscar las explicaciones bíblicas a cada pregunta y tratar de ser un apologeta que defiende la verdad, sobre todo cuando los puntos a tratar se dilucidan en términos y conocimiento desiguales, más aún con perspectivas y posiciones no bíblicas o preferencias personales (que algunos piensan que son principios).

Sin embargo, la apologética nos lleva a defender lo que creemos, sobre todo lo que afecta a las doctrinas fundamentales y claramente descritas en su Palabra. Como apologista, peleo contra las herejías y las falsas doctrinas; debo prepararme, hacer decrecer mi ignorancia. Entiendo que nadie tiene la verdad porque la verdad solo la tiene Dios. Si hubiera algún escéptico de corazón endurecido o cegado, el simple relato de la profecía entre el Antiguo y el Nuevo Testamento debería ser suficiente para convencerlo a él o a cualquiera de su veracidad. La Biblia es capaz de transformar al pecador. Es la misma voz de Dios; al meditar en Él, tiene el poder de transformar tanto el corazón como la misma perspectiva de la vida. En Josué 1:8 leemos: "Nunca se apartará de tu boca este libro de la ley, sino que de día y de noche meditarás en él, para que guardes y hagas conforme a todo lo que en él está escrito; porque entonces harás prosperar tu camino, y todo te saldrá bien".

La meta no es solo el conocimiento, sino la obediencia. La Palabra de Dios no es difícil de entender para el corazón que cree. Dice J. I. Packer: "En la medida en que vamos profundizando más y más esta experiencia de ser humillados y exaltados, aumenta nuestro conocimiento de Dios y con él la paz, la fortaleza y el gozo". Y continúa: "Dios nos ayuda, por lo tanto, a transformar nuestro conocimiento acerca de él de este modo, a fin de que realmente podamos decir que conocemos al Señor".[8]

Vivimos un tiempo en el que la iglesia está llena de cristianos sin devoción, ligeros, sin compromiso con las cosas de Dios ni deseos de caminar

---

8.   J. I. Packer, *El conocimiento del Dios Santo*, 29.

como la Biblia enseña. Como creyente, soy consciente de que no fui yo quien encontró a Dios, Él ya me había encontrado por medio de su Palabra. Por los siglos, Dios se ha manifestado a sí mismo por medio de la Biblia. Dice John MacArthur: "Así como un artista pinta y el solista canta, porque tienen esas habilidades, Dios habla porque Él desea ser conocido por sus criaturas".[9] Y es precisamente por ese llamado que Dios me hizo para salvación, a través de su Palabra y de la obra del Espíritu Santo, que mi alma se llenó. Desde entonces, debe ser alimentada cada día con la Palabra de Dios.

Los apóstoles dijeron "Señor, auméntanos la fe". La fe es un don de Dios, y nos es otorgada en grados. La fe no es siempre la misma en cuanto a su grado, inclusive en el momento del nuevo nacimiento. Pero toda fe tiene la misma naturaleza, la misma calidad. Vemos al apóstol Pedro como ejemplo. En un tiempo fue de poca fe. Recordamos que se sentó en una ocasión para calentar sus manos junto al fuego en el palacio del sumo sacerdote; en ese lugar, una mujer le dijo: "Tú también estabas con Jesús el galileo", y tan débil era su fe que negó tres veces a su Señor. Pero días después, el mismo hombre estaba ante miles de personas en las calles de Jerusalén hablando con el mayor aplomo y autoridad a favor del Evangelio. Ya no había temor ni incredulidad en él, pues en Pentecostés había sido fortalecido. Es evidente que la fe crece. Ha habido miles de personas que han tenido fe y, sin embargo, han descubierto que su fe no era fuerte.

El creyente que crece en la fe es el que abraza de tal forma las verdades eternas que no podrán arrebatárselas. No es sacudido por cualquier viento de doctrina. Busca mantener el timón de su alma llena en la dirección correcta, está fijo en la dirección del puerto de su destino, como un barco bien orientado por su capitán. Sin embargo, a veces nos duele confesar que conforme nuestra fe crece en alcance, disminuye en intensidad, lo que produce un resultado muy pobre. Pero si creemos más y creemos todo con la misma intensidad que al principio, nuestra fe está creciendo verdaderamente, estamos avanzando de forma saludable y gozosa, dando fruto día a día. Tener una fe cuya meta sea crecer paulatinamente dará como resultado una comprensión clara de lo que Cristo hizo en la cruz por nuestros pecados. Por ello, la base de toda nuestra salvación es la *reconciliación*, que es el centro y alma de la justificación. Leemos en 2 Corintios 5:18-19:

> Y todo esto proviene de Dios, quien nos reconcilió consigo mismo por Cristo, y nos dio el misterio de la reconciliación; que Dios

---

9.   John MacArthur, *Cómo obtener lo máximo de la Palabra de Dios*, 11.

estaba en Cristo reconciliando consigo al mundo, no tomándoles en cuenta a los hombres sus pecados, y nos encargó a nosotros la palabra de la reconciliación.

Dios declara justo al pecador arrepentido y no toma en cuenta los pecados en su contra, dado que el pecador es cubierto con la justicia perfecta de Cristo desde el momento en que deposita la fe en su muerte como el único sacrificio perfecto (Ro. 3:24; Sal. 32:2).

A mediados de los años noventa, mientras vivía en la isla de Bonaire, al final de mi ministerio en Trans World Radio International, me sentí abrumado por la falta de certezas. El tiempo me corría; no solo contaba con escasos tres meses para encontrar dónde vivir, sino que necesitaba otra fuente de ingresos para sostener a mi familia. Yo sabía que Dios jamás me dejaría, no lo había hecho antes y estaba seguro de que no lo haría jamás. Tenía una fe muy fuerte, basada en lo que su Palabra dice, pero no tenía ningún panorama claro. Sin embargo, le aseguré a Lupita que, aunque no sabía adónde, Dios nos llevaría a otro lugar para servirlo. La oración fue muy intensa. La búsqueda era difícil, pero una vez más el Señor respondió de forma maravillosa; la fe se vio profundamente fortalecida cuando nos llevó al ministerio que él quiso.

Nos sacó humillados, pero airosos y fortalecidos para servirlo en Charlotte, Carolina del Norte. Recordé el gran milagro de cuando Josué pidió que el sol se detuviera (Jos. 10:12-13). Todo lo demás se estaba moviendo, pero aquel día el sol se detuvo y la luna se paró. La fe de Josué era muy grande en las promesas de Dios.

Cuando por la gracia de Dios vine a los pies de Cristo, la fe que Él me otorgó era pequeña, pero suficiente para salvarme. Pero tener una fe pequeña no es lo mejor; nuestra fe debe crecer cada día. Entendí temprano que donde hay poca fe, hay pecado. Ningún cristiano verdadero quiere quedarse con una fe débil. Cuando somos débiles en la fe, caemos en la tentación. La fe débil puede traernos una bendición en el anhelo de crecer, pero la debilidad en la fe es un mal; una fe débil arrastra enormes consecuencias. Me pregunto si hay otro pecado que traicione de forma más directa a la verdad, que nos manche tanto y deshonre más a Dios que la incredulidad.

Aprendo todos los días que debo aspirar a la más elevada fe para que mi alma llena y alimentada pueda desterrar la incredulidad y ser así librado del pecado que me asedia. Es por fe que el pecado es sometido y que todas nuestras actitudes de obediencia crecen. A menos que la fe sea robusta, no podemos esperar progresos hacia la perfección. La fe necesita ser diaria y constante, debe crecer y progresar. Es parte fundamental de la santificación. Obra en nuestros pensamientos y corazones por el Espíritu Santo. La fe robusta es también necesaria para nuestro servicio útil. Si nos dirigimos con timidez o titubeando a nuestro trabajo, sin confiar en Dios, podemos fallar. Pero si lo hacemos con interés y deseo de buscar conocer más y mejor a nuestro Señor y Salvador, con anhelo de servirlo y crecer en la fe, vamos a recibir una bendición.

He entendido también que mi fe es más fuerte al estar inmerso en la Palabra de Dios; por ello busco entenderla para poder discernir, a través de la obra del Espíritu Santo, lo que Dios ha dicho. Cualquier área de la vida del ser humano está cubierta por la Palabra de Dios. Las Escrituras no solo son Palabra de Dios, sino también su misma voz.

También comencé a leer diferentes libros de autores reconocidos y serios; sobre la historia de los puritanos, de los héroes de la fe, de los Padres de la iglesia. La maravillosa historia de la Reforma protestante que puso la base y el cimiento de lo que la iglesia es hoy en día. Esa sabiduría ha sido vital para mí. La forma de poder crecer en la fe es a través del compromiso con el estudio y la oración todos los días; esto lleva a un conocimiento cada vez más profundo de Dios, sus atributos, principios y persona.

La fe hace que el alma vacía sea llenada y se mantenga creciendo. La adoración nos ayuda a comprender mejor cómo vivir en una actitud de obediencia ante la majestad de Dios, que brota de lo profundo de nuestra alma. Jesús dijo a la mujer samaritana en Juan 4:23: "Mas la hora viene, y la hora es, cuando los verdaderos adoradores adorarán al Padre en espíritu y en verdad". El eslabón vital que motiva la vida de un hijo de Dios es la obediencia, resultado de la fe, que nos guía a vivir lo que el Señor demanda de sus hijos. En 2 Corintios 3:18 leemos: "Por tanto nosotros todos, mirando a cara descubierta como en un espejo la gloria del Señor, somos transformados de gloria en gloria en la misma imagen, como por el Espíritu del Señor".

Con el alma llena, hoy vivo para ver la gloria del Señor revelada en la faz de Jesucristo. Puedo ver a Cristo en toda su maravilla, belleza y gloria, tal como es descrita en 2 Corintios 4:6: "La luz resplandece de las tinieblas. El que resplandeció en nuestros corazones para iluminación del conocimiento de la gloria de Dios en la faz de Jesucristo". Y conforme vemos el rostro de Cristo, vemos también la gloria de Dios revelada. Hoy nada me oscurece esa visión. El creyente no tiene un velo sobre su rostro, como lo tuvo Moisés. Ya no hay nada oscuro, nada confuso, no hay sombras. El Nuevo Pacto es claro: la luz ha sido encendida y puedo ver sin obstrucciones la gloria de Dios revelada en Cristo.

En el mes de noviembre del año 1999, cuando llegué a California para buscar un lugar donde vivir —ya contratado por *Grace To You*—, visitamos Grace Community Church. El sermón que John MacArthur predicó, con motivo del día de acción de gracias, me dio una confirmación a mi entendimiento de que, como creyentes, ya con el alma llena, participamos por fe y por gracia en el Nuevo Pacto. Se nos colocó en una relación con Dios a través de la cual podemos ver su gloria, revelada en Jesucristo y manifestada sin obstrucción alguna en las páginas de la Escritura.

Esto presenta, por lo menos para mí, una pregunta muy práctica. Si decimos que vamos a concentrarnos en la gloria de Dios: ¿cómo lo hacemos? ¿Cómo es que realmente nos movemos de un nivel de gloria al siguiente? ¿Qué significa esto, de manera específica y práctica? La Biblia nos enseña cómo glorificar a Dios y andar en la vida. Entonces, si primero quiero glorificar a Dios, tengo que orientar mi vida a ese objetivo y propósito. En otras palabras, la meta misma de la vida es la gloria de Dios. Ese debe ser el enfoque de aquellos a quienes Dios ha llenado el alma.

Dice John MacArthur: "El propósito supremo de la vida de todo hombre o mujer —de cualquiera que haya nacido en este mundo— es glorificar a Dios".[10] El mismo Jesús lo hizo. De acuerdo con Juan 8:50 dijo: "No vine para mi propia gloria, sino la del Padre". Él no caminó haciendo lo que hizo para su propia gloria, no llevó a cabo su ministerio y vivió para cumplir su propia agenda, sino que, más bien, lo que hizo fue para agradar, exaltar y glorificar a Dios, aun si eso lo llevaba a humillarse a sí mismo. Significaba colocarse en el lugar de la maldición y estuvo dispuesto a hacer lo que fuera porque tenía el único objetivo de dar gloria a Dios. Así deben ser nuestras vidas. Como dice 1 Corintios 10:31: "Si pues, coméis o bebéis, o hacéis otra cosa, haced todo para la gloria de Dios".

Debemos entender que todo lo que se haga debe hacerse para la gloria de Dios. En otras palabras, estoy hablando de una forma de vida. Va más allá de comer y beber, se refiere a todo lo que está pasando en todo momento y lugar, inclusive algo tan simple, cotidiano y mundano como comer y beber. Podríamos pensar que esas acciones tan simples podrían quedar afuera, pero debemos glorificar a Dios con lo que pensamos, hablamos y hacemos. Por el simple hecho de que Dios ha transformado mi alma, me ha dado la capacidad para honrarlo, incluso con la conducta más simple de mi diario vivir. Como alguien dijo, para un hijo de Dios no hay

---

10. John MacArthur, *Las llaves del crecimiento espiritual*, 3.

diferencia entre lo secular y lo espiritual, porque entendemos que todo es para la gloria de Dios.

Desde que mi alma está llena, busco orientar mi vida a ese propósito: no hacer cosas que, de manera deliberada y consciente, no traigan honra y gloria a Dios. Todo hijo de Dios debe honrarlo con todo lo que hace. Debe exaltarlo, alabarlo y glorificarlo. Debe seguir el ejemplo del mismo Señor Jesucristo, que prefirió la gloria de Dios por encima de todo lo demás. El propósito mismo de mi vida debe consistir en traer gloria a Dios, a tal grado que su gloria trascienda cualquiera de mis deseos personales, relaciones, metas, sueños y ambiciones.

Orientar nuestra vida entera para glorificar a Dios puede ser muy costoso. Pero hay respuestas e ilustraciones en la Palabra de Dios que nos ayudan a comprender todo esto. Como hijo de Dios, tengo la demanda de glorificar a Dios porque Él creó todas las cosas —las que vemos y las que no vemos— para darle gloria. La maravillosa creación manifiesta de manera clara su poder, su amor, su misericordia, como también su sabiduría y su gracia. Dios recibe la gloria incluso de aquellos que lo rechazan, los incrédulos que no escogen dársela. Pero el Señor juzga a todos aquellos que se niegan a reconocer su majestad. Un ejemplo de esto es el faraón, quien ocupaba el trono cuando Dios liberó milagrosamente a Israel de la terrible esclavitud de los egipcios. Faraón luchó contra Dios, hasta que Dios declaró: "Yo me glorificaré en faraón" (Éx. 14:18). El Señor demostró su gran poder, lo que incluyó la muerte del faraón.

Cuando desobedecemos a Dios, su gloria está en juego, su nombre está siendo deshonrado. Dios quiere que algo quede muy en claro: la desobediencia es intolerable. Dios juzgó a Ananías y Safira en los primeros días de la Iglesia (Hch. 5:1-11) porque ambos incumplieron su compromiso con el Espíritu Santo. Dios es un Dios de gracia y aun en medio de su ira, siempre hay misericordia; no obstante, Él quería dar una lección muy clara: hay bendición y maldición, y desobedecer acarrea un alto precio. Pero con la obediencia viene la bendición.

Un creyente fiel, cuya alma ha sido llenada por Dios, puede estar siendo separado de amigos que no están dispuestos a vivir en ese nivel de devoción espiritual. Inclusive se podría pensar que por estar entregados a la gloria de Dios, se vuelven personas raras, no aceptadas en su propia familia. Vivir en el nivel más elevado de devoción espiritual trae a veces como resultado el ser repudiados en esos ambientes. Una vida que da gloria a Dios debe vivir por encima de cualquier otra cosa o persona, sin importar el costo. Este tipo de objetivo de vida definitivamente hace que mucha gente nos dé la espalda. Si estamos comprometidos con la gloria de Dios, debemos tener en claro que hay un precio que pagar. En palabras de Pedro: "Si alguno padece como cristiano, no se avergüence, sino glorifique a Dios por ello" (1 P. 4:16). Cuando vivimos la vida para la gloria de Dios, debemos estar dispuestos a sacrificar familia, amigos y hasta la propia vida.

Por la época en la que vivo, creo que no voy a ser sacrificado por lo que hago cada día; sin embargo, desde que mi alma fue llenada por la gracia de Dios, he tenido el valor de renunciar a las ambiciones que tuve antes y a mi enfoque en las cosas que este mundo caído ofrece. El Señor transformó mi corazón, mis deseos y mis metas. El meollo del asunto es tener un profundo entendimiento que lleve a ver con claridad la importancia de negarse a uno mismo.

Cuando estoy aconsejando a alguien —en la oficina, en la iglesia o durante mis viajes—, suelo preguntar a las personas a quién aman más: ¿quién tiene la mayor atención en el corazón? Nuestra esposa e hijos son algo muy preciado que Dios nos ha dado; todo lo que afecta sus vidas nos trae dolor. En mi caso, ver a mi querida esposa atravesando una enfermedad desgarra mi ser.

He aprendido que la vida debe estar orientada a preferir la gloria de Dios por encima de cualquier otra cosa. Cuando Dios es deshonrado, mi alma sufre. El Señor me ha ido enseñando y me ha hecho más sensible al respecto de Él. Hoy puedo decir con reverencia que siento empatía, compasión profunda hacia Dios. Antes de que mi alma fuera llenada, no sentía nada. Jamás pensé sentir dolor cuando el nombre de Dios es vituperado o deshonrado.

En el Salmo 69:9 hay una hermosa ilustración de esto. David dice: "El celo por tu casa me ha consumido". O sea: estoy tan profundamente involucrado con el honor y la gloria de Dios que me consume. "Celo" es una palabra maravillosa, un concepto tremendamente rico. Es una mezcla de afecto apasionado e indignación justa. Amo tanto algo que repudio cualquier cosa que lo manche o lo lastime. Eso es lo que David sintió. No puedo tomar a la ligera las cosas que pienso o hago, trayendo así vergüenza a quien afirmo amar.

Si dirijo mi vida a la gloria de Dios, voy a sentir el dolor que Él siente al ser deshonrado. Esta fue la actitud de Jesús en Juan 2, al comienzo de su ministerio, cuando fue al templo y encontró algo que no le gustó. Había cambistas vendiendo animales a precios exorbitantes para ser usados como sacrificios. Estaban engañando a gente que había viajado de diferentes lugares; era un sitio de comercio dirigido por pecadores. Y con látigo en mano, hecho por Él mismo, los expulsó del templo. Cuando pasó esto, los discípulos recordaron (Jn. 2:17) el Salmo 69: "El celo por tu casa me ha consumido".

Jesús practicó literalmente lo que David sintió en el Salmo 69. Fue la pasión por la pureza de la adoración a Dios lo que llevó a Jesús a hacer lo que hizo. El Señor sintió dolor cuando Dios fue deshonrado. Esa es la marca de quien vive para la gloria de Dios.

He aprendido que, para glorificar a Dios, debo primero confesar mi pecado. La confesión restaura la comunión con Dios, pero también —por decirlo de alguna forma— "libera" a Dios para que Él pueda hacer conmigo lo que le plazca hacer. Si confieso el pecado a Dios y Él me disciplina, entonces reconozco que tiene todo el derecho de hacerlo. Es una reacción santa contra mi pecado. Por otro lado, si confieso mi pecado y Dios no me disciplina, también estoy glorificando a Dios, porque entiendo la grandeza y magnanimidad de su gracia, su bondad y su amor. Pero cuando no reconocemos el pecado ni lo confesamos, si Dios ejerce su disciplina, la tendencia es blasfemar su nombre. Al entender el pecado, "libero" a Dios para que pueda disciplinarme —al saber que tiene todo el derecho de hacerlo— o mostrarme gracia —sabiendo que no lo merezco. De cualquier manera, por su justicia o su misericordia, voy a glorificar a Dios.

Cuando culpamos a otros por nuestro propio pecado, no glorificamos a Dios. Nadie es responsable por mi pecado más que yo mismo. Ni mi madre, ni mi padre, ni el orfanato, ni haber crecido como hijo de padres divorciados y con problemas en el hogar. Cuanto antes reconozcamos esa responsabilidad, más gloria daremos a Dios cuando ejerza su disciplina en nosotros.

En Josué 7 encontramos un relato interesante. Cuando los hijos de Israel fueron liberados de Egipto mediante el poder de Dios, el ejército de faraón se ahogó. El pueblo de Dios vivió en el desierto durante 40 años y eventualmente llegó a la Tierra Prometida. En el primer punto de entrada a la Tierra Prometida estaba Jericó, ciudad que tomaron después de una gran batalla: marcharon alrededor de sus muros por una semana y al séptimo día, los muros cayeron y tomaron la ciudad. Dios les había dicho que cuando conquistaran la ciudad de Jericó, no debían tomar nada del botín. Pero hubo un hombre, Acán, que no pudo resistir y desobedeció. No lo hizo solo, sino que tuvo complicidad con toda su familia. Como Acán sepultó y amontonó todo el tesoro en la mitad de su tienda, nadie de su familia permaneció ajena al hecho.

Habían entrado a la Tierra Prometida. Era un día nuevo, el amanecer de una nueva era. Dios quería que entendieran un mensaje: que la obediencia trae bendición, pero la desobediencia trae maldición. Acán y su familia habían desobedecido y debían ser confrontados. "Josué dijo a Acán: 'Hijo mío, da gloria a Jehová el Dios de Israel'" (Jos. 7:19). "Dale alabanza, y declárame ahora lo que has hecho, no me lo encubras". Lo que Josué está pidiéndole es que confiese su pecado. La Palabra de Dios nos dice: "Confiesa tu pecado, no lo ocultes, confiesa y da gloria a Dios". Cuando pecamos, debemos aceptar la responsabilidad por lo que hicimos. Nadie puede atreverse a acusar a Dios de ser injusto al juzgarnos. Dicen los versículos 20-21:

> Y Acán respondió a Josué diciendo: "Verdaderamente yo he pecado contra Jehová el Dios de Israel, y así he hecho. Pues vi entre los despojos un manto babilónico muy bueno, y doscientos siclos de plata y un lingote de oro, del peso de cincuenta siclos, lo cual codicié y tomé; y he aquí que está escondido bajo tierra en medio de mi tienda, y el dinero debajo de ello".

Podemos ver el poder y la trascendencia que encierra la confesión. El pasaje dice que Josué envió mensajeros que fueron corriendo a la tienda; efectivamente, el dinero estaba debajo del piso. El pecador quedó en evidencia: "Y levantaron sobre él un gran montón de piedras, que permanece hasta hoy. Y Jehová se volvió del ardor de su ira. Y por esto aquel lugar se llama el valle de Acor, hasta hoy" (vs. 26).

He aprendido que la obediencia a Dios, a lo que Él demanda de un hijo suyo, es la única opción que le da gloria. La obediencia es más sabia. Cada vez que una persona peca y desobedece, quizás Dios no la mata, pero le dará una lección. Dios ha dejado lecciones como esta para recordarnos que todo lo que hagamos implica bendición (para la obediencia) o maldición (para aquellos que desobedecen). Una persona con el alma llena solo quiere glorificar a Dios. Lo hace al confesar sus pecados de manera honesta y abierta, aceptando la disciplina justa, la bondad y el perdón misericordioso de Dios.

2 Timoteo 3:16-17 dice: "Toda la escritura es inspirada por Dios, y útil para enseñar, para redargüir, para corregir, para instruir en justicia, a fin de que el hombre de Dios sea perfecto, enteramente preparado para toda buena obra". Esta afirmación incluye al Antiguo y al Nuevo Testamento. Dios guió a los hombres que escribieron; en ocasiones dijo las palabras exactas que debían escribir, pero con mayor frecuencia usó la mente de los que escribieron, sus vocabularios y experiencias para dejar su propia Palabra, infalible e inerrante. Es importante dejar claramente establecido que esta inspiración es únicamente aplicable a los escritos bíblicos originales y no a otros documentos o escritos que editores, escritores o casas de publicaciones han insertado en la Biblia.

Es en la Biblia donde podemos conocer más a Dios, pero no debemos pasar por alto el hecho de que conocerlo es una clase de relación que tiene dos vías: por una parte, la emocional, y por otra la intelectual y volitiva. Ambas formas son necesarias para una relación realmente profunda. Dice J. I. Packer:

> El creyente está y debe estar emocionalmente en las victorias y vicisitudes de la causa de Dios en el mundo, del mismo modo en que los servidores personales de Sir Winston Churchill se sentían emocionalmente involucrados en los altibajos de la guerra. El creyente se regocija cuando su Dios es honrado y vindicado, y experimenta la más penetrante angustia cuando ve que Dios es escarnecido.[11]

"Conocer" es un vocablo usado al respecto de Dios, una expresión que muestra gracia soberana e indica que Dios tomó la iniciativa de amar, elegir, redimir, llamar y preservar. La iniciativa siempre parte de Dios; Él está siempre y totalmente por encima de nosotros. Leemos en Éxodo 33:17: "Mas Jehová dijo a Moisés: También haré esto que has dicho, por cuanto has hallado gracia en mis ojos, y te he conocido por tu nombre". Y en el libro de Jeremías leemos: "Antes que te formase en el vientre te conocí, y antes que nacieses te santifiqué, te di por profeta a las naciones" (1:5). Esto nos habla de conocimiento absoluto y pleno de parte de Dios sobre Moisés y Jeremías, y de un plan soberano para ellos tal como lo tiene para cada uno de nosotros.

La Palabra de Dios nos lleva a poner en orden nuestras prioridades de vida. El hombre que tiene el alma llena y por tanto conoce a Dios, va a ser vencedor y a vivir regocijándose en la suficiencia de Dios. Nada en el camino de la vida —desde su inicio hasta su final— puede separarnos del amor de Cristo, que por su gracia ha llenado nuestra alma, nos ha enseñado a mortificar el pecado y a entender la justificación, y nos lleva de su mano a vivir la santificación día a día.

«El Hijo del Hombre vino a buscar y a salvar lo que se había perdido».

LUCAS 19:10

---

11. J. I. Packer, *El conocimiento del Dios Santo*, 52.

El alma llena es la guía del papel de esposo y padre

La demanda es un amor desinteresado, como el de Jesús que "se entregó a sí mismo por nosotros".

SAMUEL PÉREZ MILLOS

Los evangelios no dejan constancia de que el Señor Jesús haya enseñado extensamente al respecto de la vida familiar. No encontramos en su ministerio un desarrollo organizado de pautas para el matrimonio o principios para la crianza de los hijos. Más que en los evangelios, encontramos estos asuntos sobre todo en las cartas del Nuevo Testamento.

Sin embargo, hay un lugar donde ambos roles —el de esposo y el de padre— aparecen juntos en los evangelios. Tanto en Mateo —capítulo 19, versículos 3 al 15— como en Marcos —capítulo 10, versículos 1 al 16— encontramos esta continuidad temática. Los evangelistas conectan de manera directa la enseñanza sobre el matrimonio con la bendición a los niños.

En primer lugar, ante la tentación de unos fariseos al respecto del divorcio, el Señor aclara que las pautas de la Ley de Moisés sobre el divorcio tenían que ver con la dureza del corazón humano, no con los planes de Dios (Mt. 19:8). Unos versículos más adelante, cuando traen unos niños ante Jesús para ser bendecidos, el Señor reprende a los discípulos que querían alejarlos: "Dejad a los niños venir a mí, y no se lo impidáis; porque de los tales es el reino de los cielos" (vs. 14).

"Al principio no fue así" (vs. 8), dice Jesús a los fariseos. Este es un valor teológico que debería iluminar todas nuestras ideas, relaciones y experiencias. Es decir: ¿cuál es el plan original de Dios? ¿Adónde apunta su obra desde los comienzos? ¿Qué cosas de nuestro alrededor han corrompido su propósito eterno? Entender este principio es clave para todo, pero en especial para conducir nuestra vida familiar.

Louis Berkhof dijo sabiamente: "El hombre está representado como la cúspide de todos los órdenes de la creación. Está coronado como rey de la creación, y se le ha dado dominio sobre todas las criaturas inferiores".[1] El hombre puede llegar a entender su importancia delante de Dios al ser consciente de su insignificancia. El rey David dijo: "¿Qué es el hombre, para que tengas de él memoria, y el hijo del hombre, para que lo visites?" (Sal. 8:4). Si el mismo universo es algo diminuto para Dios, su creador, cuánto más pequeño es el hombre a sus ojos. Entramos en el terreno de la antropología: cómo entender la relación del hombre con Dios.

Génesis 1:27 dice: "Y creó Dios al hombre [*adám*] a su imagen, a imagen de Dios lo creó; varón y hembra los creó"; y en 5:1-2: "Este es el libro de las generaciones de Adán [*adám*]. El día en que creó Dios al hombre [*adám*], a semejanza de Dios lo hizo. Varón y hembra los creó; y los bendijo, y llamó el nombre de ellos Adán [*adám*], el día en que fueron creados". En ambos pasajes, *adám* incluye al varón y a la hembra.

La antropología nos lleva a entender nuestro actuar y la forma en que, dentro del diseño de Dios, el hombre (mujer y varón) puede relacionarse con Él. En el contenido de las Escrituras, se afirma de manera amplia que Dios creó al hombre directamente. El Salmo 100:3 dice: "Reconoced que Jehová es Dios; él nos hizo, y no nosotros a nosotros mismos".

La imagen de Dios en el hombre podría estar vinculada a la personalidad misma, a la capacidad para comunicarse y buscar socializar, a hacer lo que hace en su operar diario, etc. Desde luego que podría relacionarse también con el pensamiento y la razón. Pero aquello que lleva al hombre a ser imagen de Dios no depende de definir de manera puntual o precisa alguna característica. Estamos hablando de cualidades que son sin duda complejas, ciertos atributos que hacen al hombre lo que es. Hay componentes de índole físico y también espiritual. Wayne Grudem hace un comentario al respecto:

---

1. Louis Berkhof, *Teología Sistemática*, 215.

Este concepto de lo que significa que el hombre está creado a la imagen de Dios queda reforzado por la similitud entre Génesis 1:26, donde Dios declara su intención de crear al hombre a su imagen y semejanza, y Génesis 5:3: "Cuando Adán llegó a la edad de ciento cincuenta años, tuvo un hijo a su imagen *[tselem]* y semejanza *[demut]*, y lo llamó Set".[2]

Esta creación directa quiere decir que el hombre, en primer lugar, no es Dios, no es divino. Entre Dios y el hombre hay un espacio metafísico u ontológico. Como criatura, el hombre tiene la obligación de someterse a su creador, no es libre de poder hacer lo que le plazca o desee, como si sus actos no tuvieran ningún tipo de consecuencias delante de Dios (Ec. 11:9). En palabras de John MacArthur, "el hombre fue creado para dar gloria a Dios", y por eso "llama a sus 'hijos' e 'hijas' a venir a Él".[3]

Isaías 43:7 describe el llamado de Dios: "Todos los llamados de mi nombre; para la gloria mía los he creado, los formé y los hice". Dios declara aquí que su pueblo ha sido creado para su gloria. Por lo tanto, no hay duda de que el propósito principal en toda la creación es dar gloria a Dios. En el *Catecismo menor* de Westminster, se incluye la primera pregunta: "¿Cuál es el fin principal del hombre?". La respuesta es: "El fin principal del hombre es glorificar a Dios y gozar de Él para siempre". Quienes escribieron el *Catecismo menor* creían que todo creyente debería entender que existe para la gloria de Dios. Cada creyente tiene la capacidad de "reflejar" la gloria de orden divino, tal como le sucedió a Moisés cuando bajó del monte (Ex. 34:30-35). Más aún, la gloria de Dios brilla desde la parte más profunda de cada cristiano: "Por tanto, nosotros todos, mirando a cara descubierta como en un espejo la gloria del Señor, somos transformados de gloria en gloria en la misma imagen, como por el Espíritu del Señor" (2 Co. 3:18).

A los creyentes del Nuevo Pacto ya nada les obstruye la visión de Cristo, como tampoco su gloria. Es con esa actitud y realidad que deben vivir el hombre y la mujer dentro del diseño de Dios, aprovechando la oportunidad de dar gloria a Dios con sus vidas y acciones al ser esposos y padres que honran a Dios en su responsabilidad.

Hemos de preguntarnos: ¿hay acaso una paternidad que se hereda de los padres? Sin duda alguna, la primera institución humana ordenada por Dios

---

2. Wayne Grudem, *Teología Sistemática*, 464.
3. John MacArthur, *Teología Sistemática*, 417.

es la familia, base del matrimonio. La herencia a los hijos incluye la guía moral y todo lo que tiene que ver con el entendimiento a la luz del diseño de Dios para la familia.

Después de casi cincuenta años de matrimonio con mi amada Lupita, veo cada día cómo usa Dios la unidad familiar para transmitir conocimiento de la verdad de una generación a la siguiente. El objetivo es ser "sal y luz" en el mundo. Dios guarda y cuida a la familia a pesar del pecado y todas sus influencias negativas. La familia no puede ser destruida porque, si lo fuera, se desintegraría la estructura social y un núcleo fundamental del cristianismo.

El fin fundamental de la familia lo estableció Dios en Génesis 1:28: "Y los bendijo Dios, y les dijo: Fructificad y multiplicaos; llenad la tierra, y sojuzgadla, y señoread en los peces del mar, en las aves de los cielos, y en todas las bestias que se mueven sobre la tierra". Al igual que otras doctrinas fundamentales de la fe cristiana, el origen del matrimonio se encuentra en Génesis. La unidad familiar nace precisamente ahí. El fundamento de la familia lo constituye el matrimonio de una esposa y un esposo. En Marcos 10:6-8 leemos: "Pero al principio de la creación, varón y hembra los hizo Dios. Por esto dejará el hombre a su padre y a su madre, y se unirá a su mujer, y los dos serán una sola carne; así que no son ya dos, sino uno".

Al leer estas palabras, uno se pregunta cuál es la importancia de esta declaración y por qué Dios hizo que dos personas de diferente sexo se unieran en uno (Gn. 2:24). La respuesta es la procreación, tener hijos como esposa y esposo, consumar la unión. Este es sin duda el mandato que Dios ha dado a todas las parejas: ser padres.

Este es un punto muy importante en el matrimonio. Lupita y yo podemos decir que, gracias a Dios, nuestro matrimonio ha sido una enorme bendición. Como esposo, padre y abuelo, desde que Dios llenó nuestra alma por su gracia, hemos entendido lo que significa cumplir el mandato "Creced y multiplicaos". Tristemente este principio establecido por Dios no se lleva a cabo hoy. Algunas veces por causas ajenas a la pareja, muchas otras por causa del pecado, la deformación y el desconocimiento de los propósitos y principios de Dios para el matrimonio. Esto sucede cada día sin importar el país o la región. Las parejas tienen cualquier cantidad de opiniones sobre lo que se supone que debe ser una familia y cómo educar y amar a sus hijos. No conocen que hay una clara directriz dada por Dios en la Biblia para instruir, corregir, ayudar y educar a los hijos.

Lupita y yo hemos aprendido que lo más importante es tener el alma llena y estudiar la Palabra de Dios, entender y aceptar cada principio y ordenanza que Dios da a los padres para guiar a sus hijos. Haber aplicado el principio y la responsabilidad principal de evangelizar a nuestros hijos nos llena de gozo. Esa es la meta primaria, al igual que orar por su salvación, para que puedan entender y abrazar el evangelio. Y que sean sensibles a la instrucción de Dios para que, como padres, también evangelicen a sus hijos.

La aplicación cabal de la instrucción bíblica juega un papel muy importante en el desarrollo de la familia. Dice la Biblia: "Instruye al niño en su camino, y aun cuando fuere viejo, no se apartará de él" (Pr. 22:6). En toda circunstancia de nuestra vida debemos tener presente que los hijos no son perfectos, pero a pesar de ello son una fuente de constante bendición y desafíos. Como padres, estamos agradecidos a Dios y orgullosos de que nuestros hijos quieran amar y obedecer a Jesucristo, nuestro Señor y Salvador.

Cuando pensé en escribir este libro, no tuve duda sobre la importancia de este capítulo. La enorme diferencia entre un matrimonio sin Cristo y uno con Cristo arrastra consecuencias eternas. Es vital compartir lo que dice la Biblia, lo que enseña a los padres sobre el plan perfecto de Dios para el matrimonio, el diseño distinto para el hombre y la mujer, y las tareas compartidas. Instruir a nuestros hijos en el camino de Dios es una meta de alta prioridad para cualquier padre hoy y en todo tiempo.

Durante los viajes que hago a diferentes países representando el ministerio en español del pastor John MacArthur —*Gracia a vosotros*— me han preguntado: ¿Cuál es la herencia o legado que crees que has construido de la mano de tu esposa para tu familia? Puedo confesar que los pensamientos, conceptos y objetivos que como padre tuve cuando vivía con el alma vacía eran diferentes y muchas veces diametralmente opuestos a los que tenemos como padres hoy, ya con el alma llena de Dios. Antes, la posición terrenal y las riquezas materiales guiaban nuestras metas cada día. Ese vacío fomenta el orgullo y la soberbia. Cuando no somos creyentes, nuestro ejemplo se hereda tristemente a los hijos. Pero la bendición de contar con la guía de Dios también tiene consecuencias en ellos. Lleva a los padres a guiarlos en el camino de Dios y a vivir bajo principios que exaltan a Dios. Todo esto da como resultado una vida plena de bendiciones a cada miembro de la familia al seguir la instrucción de su Palabra. Cuando miramos hacia adelante, nuestros pensamientos, deseos y metas son otros. Podemos dar testimonio del cambio; nuestros corazones han sido regenerados, nuestro pecado ha sido justificado por la gracia de Dios, gracias a los méritos y la obra en la cruz del Señor Jesucristo, por medio de la fe.

Lupita y yo creemos que estamos ayudando a construir una simiente para Dios, al aceptar nuestras responsabilidades como esposos, padres y abuelos, al ver a nuestros hijos —como ya lo hacemos— y a varios de nuestros nietos en camino a ser conformados a la imagen de Cristo. La meta sigue siendo criarlos en la verdad. Esto incluye el amor a través de la instrucción y, en ocasiones, la vara de la disciplina al considerar las advertencias y bendiciones que Dios nos ha prometido. Deseamos que nuestros hijos no sigan el camino de los paganos y sean capaces de discernir entre lo que Dios demanda y lo que el mundo sin Cristo ofrece. No solo ha sido un gran desafío, sino que además ocupa de manera recurrente nuestro corazón: que las generaciones de nuestros hijos y sus hijos mantengan sus ojos en el autor y consumador de la fe, el Señor Jesucristo.

Otra respuesta a la pregunta que me hacían en mis viajes tenía que ver con la herencia a los hijos. Podemos dejar un legado basado en la verdad de su Palabra, en oración para que el discernimiento permita un crecimiento espiritual preciso. Discernir no es un asunto bienvenido en una cultura como la nuestra. La perspectiva posmoderna es hostil hacia el discernimiento. De hecho, cualquier tipo de pronunciamiento que incluya una referencia a "la verdad" crea rechazo. Por este motivo, fomentar el estudio de la Palabra de Dios, con la ayuda del Espíritu Santo, para que esta generación y también las generaciones futuras disciernan entre lo que es bíblico y lo que no es vital y arrastra serias consecuencias. Una persona posmoderna tiene por impropio o inculto el hecho de que alguien dé opiniones extremas sobre temas espirituales, morales o éticos, ya que espera que la gente mantenga sus convicciones lo más débiles posibles. La tolerancia extrema del posmodernismo ha sido endosada por personas que hace décadas viven del entretenimiento de los medios.

Cuando encontramos personas que descubren "tres puntos" y creen que lo saben todo, esto sin duda nos desconcierta. En contraste con esto, la transigencia es la actitud que guía este tiempo posmoderno y pragmático. Para muchos, la palabra transigencia tiene mucho de positivo. Esto, en ciertos asuntos, es entendible, por ejemplo, en el ambiente del discurso político y social, o en los negocios. En el matrimonio también podemos decir que las pequeñas transigencias existen en ocasiones para mantener una relación saludable. Pero ¿qué sucede cuando se trata de asuntos o temas bíblicos? Escuchamos en ocasiones, tanto en la radio como en la literatura cristiana, que es un área gris. Se desea que esos temas sean negociables. Y, para mi sorpresa, líderes cristianos tienen muchas dudas al hablar con autoridad de temas donde la Escritura es precisa y no negociable. Las líneas que distinguen la verdad y el error, la sabiduría y la necedad del hombre, la iglesia y el mundo, todo ello está siendo destruido de forma sistemática. La transigencia jamás es apropiada al hablar de los principios morales de la teología y la revelación divina; transigir es comprometer la verdad revelada.

A pesar de este contexto, aun en este mundo impío se pueden criar hijos para Dios. Este es precisamente el primer componente de una generación fiel a Dios, el resultado de todo padre y esposo que tiene el alma llena. Debe crecer en sus responsabilidades y sabiduría para orientar, apoyar y aconsejar a sus hijos, y entender que Dios no tiene nietos. Cada persona es responsable de su vida y actos delante de Dios. En Efesios 2:8-10, el apóstol Pablo lo reitera de manera contundente. Y en Gálatas 6:14 define que no tenemos de qué gloriarnos, excepto de nuestro Señor Jesucristo. Cada uno debe llegar a él como persona, más allá de la influencia familiar. Cuando Él nos adopta como sus hijos, nadie puede decir que la fe de sus padres le corresponde.

La Biblia no pretende demostrar la existencia de Dios desde el punto de vista de los razonamientos humanos. Más bien, parte de la presuposición clara de que Dios existe. En este contexto, las únicas pruebas confiables y veraces de la existencia del único y verdadero Dios están descritas en sus propias palabras, las Escrituras. Toda la Escritura es inspirada o "soplada por Dios" (*Theópneustos*, en griego): "Toda la Escritura es inspirada por Dios, y útil para enseñar, para redargüir, para corregir, para instruir en justicia" (2 T. 3:16).

Hay mucha evidencia honesta e innegable de la existencia de Dios, incluyendo su creación misma, su revelación general. Romanos 1:19-20 dice:

Porque lo que de Dios se conoce les es manifiesto, pues Dios se los manifestó. Porque las cosas invisibles de él, su eterno poder y deidad, se hacen claramente visibles desde la creación del mundo, siendo entendidas por medio de las cosas hechas, de modo que no tienen excusa.

Las Escrituras afirman tajantemente la existencia del "único Dios verdadero" (Jn. 17:3). La Biblia de hecho comienza con una presuposición: que Dios ya existía "en el principio" (Gn. 1:1). Por todo esto, cada una de las declaraciones que la Biblia hace acerca de la naturaleza y las acciones de Dios es una prueba clara y contundente de Él mismo. La Biblia pide que, quien pretenda tener una relación correcta con Dios debe creer que existe "y que es galardonador de los que le buscan" (Heb. 11:6).

Nuestro papel como esposos y padres tiene sus retos y serios compromisos delante de Dios. No debemos procurar estudios en las universidades más afamadas del mundo; menos aún una posición social relevante que los impulse en la vida para tener "éxito". Todo esto no sería del todo malo, pero lo más importante es que conozcan a Dios, sean salvos y vivan vidas que lo honren con sus pensamientos y actos. ¡Qué lejos estaba yo de entender el papel correcto de un esposo y padre como a Dios le agrada! Estoy seguro de que no hay ningún hombre o mujer que llegue preparado para esas tareas, sobre todo con la capacidad de hacer todo de una forma que honre a Dios.

Como hijo de padres divorciados, pensaba que el mundo se acabaría. La situación es completamente diferente en el caso de una pareja que coordinadamente atiende a sus hijos, sobre todo en la edad formativa de la vida, en la que el consejo, el cuidado, la exhortación, la disciplina y el amor son tan necesarios. Sin esos cuidados, el carácter del niño puede ser afectado en su raíz. Como hijo, uno se siente provocado a ira por no recibir, por una parte, aliento, pero por la otra corrección, que también es sinónimo de amor. Son muchas las deficiencias en el crecimiento y desarrollo de una persona cuando estas prácticas —a menudo rechazadas socialmente— están ausentes o mal aplicadas.

Recuerdo cuando tenía siete u ocho años de edad; la visita de mi padre a mis hermanos y a mí en los días domingo era motivo de alegría, pero llevaba consigo la expectativa de saber qué resultado tendría el reporte semanal de mi madre, que no sería un consejo, sino un golpe con el cinturón.

Desde luego, esto tuvo su parte positiva, sobre todo dada la figura paternal ausente. Creo que fue solo la gracia común de Dios la que hizo posible que no se deformara mi deseo de contraer algún día matrimonio, formar un hogar con una mujer que me amara, vivir para quererla y servirla, y procrear hijos para cuidar y amar.

No guardo rencor, resentimiento ni malos pensamientos hacia mis queridos padres. Nunca me atreví a emitir juicio alguno sobre sus vidas, acciones o motivos, ni les pregunté la razón de su divorcio. Ya como adulto, con cuidado y respeto, le pregunté a mi madre qué había pasado en su matrimonio, ya que lo único que escuchaba de mi padre eran buenos comentarios hacia ella. Su respuesta fue escueta, conciliadora y amorosa.

Mi infancia transcurrió junto a mis hermanos en casa de mi querida madre. Ella se esforzaba con amor y tenacidad para que no nos faltara nada. Era muy dedicada y amorosa, y hacía lo que fuera necesario para sacarnos adelante. Por todo esto, siempre viviré agradecido por su amor y cuidado; mi padre, a la distancia, también intentaba apoyar nuestras necesidades. Mi gratitud a ambos ha sido siempre muy grande.

Llegó el tiempo en que tuve el privilegio de conocer a la compañera de mi vida, Lupita. Un 6 de febrero del año 1967, mi amigo Fernando Rossano nos presentó. Con Lupita he compartido los momentos más maravillosos de mi vida, lo que incluye a nuestros tres hijos. En esta maravillosa etapa, disfrutamos juntos de nuestros nietos, además de nuestras dos nueras y yerno. Cuando nos casamos teníamos el alma vacía, no éramos creyentes. Nuestra vida trajinaba día a día por las vertientes normales de cualquier pareja joven con objetivos centrados en la planificación del futuro. Eran sueños en general muy difíciles de alcanzar, pero eran nuestros deseos. En su momento, pensamos dar el paso hacia la paternidad.

Aquello que nos cautiva de nuestra pareja va cambiando de acuerdo al tiempo y a los intereses. Como resultado de mi trasfondo familiar, yo esperaba que el matrimonio fuera para toda la vida, así que necesitaba conocer más a Lupita, su carácter y los principios que guiaban su vida. Una de las cosas que me impactó fue su humildad, ya desde los primeros tiempos. La sujeción a sus padres también me atrajo, al igual que la firmeza de sus convicciones. Aunque en ese tiempo teníamos el alma vacía, sus valores morales y calidad humana ya eran maravillosos a mis ojos. Tiempo después también supe que eran cercanos a lo que la Palabra de Dios define para una mujer conforme al estándar de Dios.

Ya casados, como marido y mujer, fuimos testigos de lo que varias parejas cercanas padecían en su relación de esposos como resultado del orgullo, la soberbia y la falta de principios bíblicos. Era la clásica lucha del matrimonio: el hombre tratando de someter a la mujer y ella tratando de usurpar el papel del marido.

En ese tiempo comencé a hacer algo que sigo haciendo hoy: pensar primero en Lupita antes que en mí mismo. Aunque tenía el alma vacía, tenía el claro objetivo de ponerla como prioridad en mi vida. Creo que esto nació en mí como resultado de mi infancia, por el deseo de tener una familia que viviera en cordialidad y respeto; es algo que logré por medio de la gracia común de Dios. Aunque era joven, procuraba de manera regular su comodidad y bienestar antes que el mío. Con el paso del tiempo me di cuenta de que lo que hacía era erradicar el egoísmo de mi ser, servirla de la mejor forma posible. La agradable sorpresa fue descubrir que Lupita estaba haciendo lo mismo. No nos pusimos de acuerdo en hacerlo —aunque más adelante lo hablamos y procuramos seguir haciéndolo hasta el día de hoy. Era una práctica que nos ayudaba a proteger nuestra relación —que, a pesar de todo, estuvo al borde de fracasar varias veces, principalmente como resultado de mi orgullo.

Gracias a Dios, hemos tenido mucho amor y respeto en nuestra relación desde el principio y durante estos casi cincuenta años. No conocíamos la Palabra de Dios ni las bendiciones a una pareja que sigue los principios de Dios. Fuimos testigos del desmoronamiento de matrimonios de primos, amigos y otras personas. Los divorcios se acumulaban de manera acelerada. Nuestra cultura se está desintegrando rápidamente en lo moral, lo ético y sobre todo lo espiritual. De forma constante se está destruyendo la primera institución que Dios creó: el matrimonio. Mis propios padres fueron afectados directamente por esa falta de fundamentos y terminaron divorciándose. Los valores que la sociedad tiene y práctica chocan de forma directa con los de orden divino.

En mi casa éramos tres hermanos: el mayor Manuel, el menor Eduardo y yo. Vivimos en la casa de mi abuela materna después del divorcio de mis padres, adonde acudían dos tíos hermanos de mi madre también divorciados. El cáncer social y moral estaba a flor de piel en mi propia familia. Por la falta de entendimiento sobre el papel tanto del hombre como de la mujer, y de ambos como padres, hubo ocasiones en las que fui disciplinado físicamente por un mismo hecho por dos de mis tíos en horas diferentes, y después también por mi madre. Mis tíos sentían el derecho sobre nosotros, sus sobrinos, para intervenir directamente en nuestra educación y corrección. Desde luego que adolecían de la autoridad moral para hacerlo, pero no se daban cuenta de que eran nuestros tíos, no nuestros padres, y que sus vidas también estaban destruidas.

No tengo ninguna duda de que estamos siendo testigos de la muerte del centro y corazón de la sociedad, la familia, y que en ocasiones su efecto también toca negativamente a la iglesia. Durante los últimos cuarenta años o más hemos visto, a veces como testigos directos, divorcios, abortos, crecimiento de la delincuencia, desarrollo del feminismo, hogares sostenidos por uno de los cónyuges y otras señales de varios tipos. Las razones para el conflicto en el matrimonio pueden ser diversas, pero el centro de todo es sin duda el pecado de origen que fue heredado y está por naturaleza en toda relación matrimonial. Diferentes elementos definen la destrucción de la institución del matrimonio. Uno de ellos, sin duda, es lo que se llama la revolución sexual, sin hacer a un lado al movimiento feminista. Quienes enarbolan la revolución sexual quieren dar a la verdad bíblica otro enfoque y entendimiento. Tuercen los conceptos y la verdad de Dios.

Aida Besancon Spencer, ministra ordenada de la Iglesia presbiteriana, afirma que la palabra hebrea *neged* —que se puede traducir como "enfrente de" o "a la vista de"— infiere superioridad o igualdad.[4] Asimismo establece que *neged* es "una ayuda correspondiente", de allí viene la traducción adecuada.[5] Es importante afirmar que Dios no creó a Eva para que fuera supe-

---

4. Aida Besancon Spencer, *Beyond The Curse*, 24.
5. John Piper y Wayne Grudem, *Recovering Biblical Manhood and Womenhood*, 103.

rior a Adán ni para ser esclava de él. Les dio, por lo contrario, una relación perfecta. El hombre como cabeza, con la disposición de apoyarla y proveer para ella, y la mujer con un deseo sincero de someterse a él. Adán, al mirar a Eva, la vio como partícipe a su lado en todos y cada uno de los aspectos y momentos de sus vidas. Ese era precisamente el diseño correcto de Dios para el matrimonio perfecto.

Sin embargo, hay elementos de la maldición que deben ser tocados. El pecado de Adán sin duda "precipitó" la maldición que afecta tanto la vida como la muerte (Gn. 2:17). Los dolores que la mujer sufre cuando está embarazada y da a luz a un hijo (Gn. 3:16) son una realidad evidente; hay gozo por concebir a un hijo, pero va acompañado de dolor y angustia. Por otra parte, están las dificultades que el trabajo conlleva (3:17-19). El hombre fue maldecido con un trabajo duro y una frustración para obtener ingresos que le permitan proveer a su familia para las necesidades de la vida diaria. Esto no exime del conflicto que tiene el matrimonio (3:16) como resultado de la desobediencia de Eva. Dios dijo: "Tu deseo será para tu marido y él se enseñoreará de ti", o sea, "gobernará sobre ti". Podemos ver que la maldición anticipa el conflicto dentro del matrimonio, producido por "el deseo del marido sobre su esposa por dominarla y al mismo tiempo controlar sus relaciones, con excusa de sentirse que debe dominar la relación a toda costa".[6]

Cuando analizamos esta distorsión de las relaciones en el matrimonio se confirma que han sucedido más del lado del hombre. En muchas de las culturas del mundo antiguo, las mujeres han sido maltratadas como si fueran esclavas o peor. Por otro lado, en nuestros días podemos ver que la agresión de la mujer está teniendo cada día más cabida. Las feministas de nuestro tiempo han dado inicio a una manifestación de rebelión contra el orden divino, buscando imitar las características de los hombres en principio caídos, con brutalidad y crueldad inclusive, con un amor arrogante que manifiesta machismo. El mandato de Dios es claro para el esposo cristiano: que pastoree y ame a su esposa de la forma en la que Cristo pastorea y ama a la iglesia (Ef. 5:23-33).

Entender que los hombres creyentes están llamados a seguir a Cristo en todos sus caminos es un principio de parte de Dios. Leemos en 1 Juan 2:6: "El que dice que permanece en él, debe andar como Él anduvo". Tenemos el ejemplo perfecto de Cristo en todas las cosas. Tenemos otros ejemplos en las Escrituras, algunos buenos y otros malos; con todo eso podemos ver de manera clara el patrón de Dios. Dice Stuart Scott:

---

6. Susan Foh, *Women and The Word of God*, 68-69.

Te sorprenderías al aprender cuánto tiene que decir la Escritura acerca de ejemplos. También podrías sentir que un ejemplo bíblico es un calzado que nunca podrías llenar. En las Escrituras los términos griego para ejemplo (*typos*), modelo (*hypodaigma*) e imitador (*mimetes*) son palabras claves. *Typos*, en particular, puede arrojar mucha luz a nuestro esfuerzo de ser *ejemplo*.[7]

Podemos notar que esta palabra no implica perfección pero sí la intención de un ejemplo y propósito determinado. Como esposos, tenemos que estar enfocados en nuestro ejemplo perfecto, el Señor Jesucristo. Esforzarnos por imitarlo, sin importar cuán ineficiente sea nuestro intento, sobre todo al principio. A medida que busquemos con dedicación, estudio, devoción y obediencia, sin duda podremos por su gracia lograrlo y llegar a ser un ejemplo para otros. Pero solo es posible lograr esto al tener, primero, el alma llena.

Cristo es nuestro ejemplo; el entendimiento básico de quién Él es funciona como base para ser como Él. Cristo es completamente Dios (Jn. 1:1; Col. 1:15-18). La Palabra nos enseña que Dios es trino. Esto significa que es un Dios en tres personas: Padre, Hijo y Espíritu Santo. Cristo es la segunda persona de nuestro Dios trino, es Dios el Hijo (Mt. 28:19). Esta es una verdad fundamental que un esposo no debe perder de vista jamás. La percepción exacta de Dios es parte del entendimiento fundamental de un esposo.

Tener presente que Dios es perfecto, sin ningún tipo de tiniebla, nos ayuda a ver su soberanía de forma correcta. Pero Él no solo es perfectamente soberano, sino que, además, es perfectamente bueno, amoroso y sabio. La soberanía de Dios a la luz de su carácter puede traer consuelo al respecto de situaciones o eventos pasados, presentes y futuros. En su soberanía, Dios tiene un plan perfecto para cada esposo. En otras palabras, nadie podría hacer nada mejor para el marido que lo que Dios tiene diseñado para él. Cada hombre que espera honrar a Dios debe estar completamente convencido de que los caminos de Dios son siempre perfectos.

Es importante tener una comprensión correcta de la soberanía de Dios porque Él es quien puede poner a los esposos en el lugar en el que necesitan estar. Puede también ayudarlos a ser humildes y siempre agradecidos. Este simple hecho debería hacernos más cuidadosos para entender que el Dios soberano desea estar íntimamente relacionado con nosotros (Sal. 8:4; Ro. 9:19-21).

---

7. Stuart Scott, *El esposo ejemplar*, 6.

Dios es más compasivo que cualquier otra persona: "Por la misericordia de Jehová no hemos sido consumidos, porque nunca decayeron sus misericordias" (Lam. 3:22). Dios es perfecto en su maravillosa compasión; es decir: Él es compasivo con nuestro sufrimiento, cualquiera que sea. En su omnisciencia, sabe y se identifica con lo que nos sucede. Él no está alejado. El Señor Jesucristo se identifica plenamente con cada uno de nosotros en nuestra humanidad. Entiende y se preocupa por nuestras circunstancias.

Por tanto, teniendo un gran sumo sacerdote que traspasó los cielos, Jesús el Hijo de Dios, retengamos nuestra profesión. Porque no tenemos un sumo sacerdote que no pueda compadecerse de nuestras debilidades, sino uno que fue tentado en todo según nuestra semejanza, pero sin pecado. Acerquémonos, pues, confiadamente al trono de la gracia, para alcanzar misericordia y hallar gracia para el oportuno socorro (Heb. 4:14-16).

Dios se preocupa por los suyos como buen pastor y padre único. Tenemos la provisión perfecta de parte de Dios, como dice el Salmo 23:1: "Jehová es mi Pastor, nada me faltará". Jehová es responsable, es quien cuida, alimenta, protege y guía a sus ovejas. En el Salmo 28:9, David también dice: "Salva a tu pueblo, y bendice a tu heredad. Y pastoréales y susténtales para siempre". En ambos textos vemos el paralelo del pastor, que todo suple y que sustenta siempre. David usa la metáfora de pastor porque él mismo había sido pastor de ovejas desde su juventud.

Cuando Jehová habló a David por medio de Natán le dijo: "Yo te tomé del redil, detrás de las ovejas" (2 S. 7: 8). En los Salmos 23 y 28, David contempla al Señor una vez más con el mismo oficio. El Nuevo Testamento también habla de Cristo como pastor y de sus discípulos como ovejas: "Yo las conozco y me siguen" (Jn. 10:27). El Señor Jesucristo sabe quiénes son, sabe incluso el número de "los cabellos de nuestra cabeza" (Lc. 12:7). Dios tiene un cuidado particular para sus hijos: nos protege y nos da todo lo que necesitamos: "Por tanto os digo: No os afanéis por vuestra vida, qué comeréis; ni por el cuerpo, qué vestiréis. La vida es más que la comida, y el cuerpo que el vestido" (Lc. 12:22-23).

Jesús aprovecha este momento para iniciar una importante enseñanza sobre la visión terrenal y la visión eterna. Como hijos de Dios, debemos distinguir las cosas importantes de la vida de las que no lo son. El Señor nos prohíbe ser irresponsables al respecto de la subsistencia diaria; el trabajo es necesario, fue instituido como mandato, y fue enseñado por los apóstoles en la iglesia primitiva (1 Ts. 4:11-12).

Dios es el pastor y proveedor de toda necesidad; el corolario de esta afirmación es que Dios prohíbe la preocupación. Dice Juan Bunyan (1628-1688):

> Vemos aquí a David cantando esta pastoral incomparable con el corazón tan lleno de gozo y alegría como pueda estar; suponiendo que el Salmo fuera escrito en los años de su madurez, vemos aquí con certeza cómo su alma regresa a la contemplación de los arroyos solitarios que serpenteaban susurrantes entre los pastos del desierto, donde había morado durante años de su juventud.[8]

David es un ejemplo de paz y confianza en Dios y su provisión. Por el contrario, la ansiedad evidencia una falta de fe que nos priva del gozo y produce turbación de espíritu.

Cada esposo puede verse a sí mismo de manera continua en sumisión a Dios como proveedor de todo. La Palabra es su autoridad. Su deseo será enfocar su vida en el consejo de Dios y vivir buscando caminar como Cristo. El esposo cuya alma ha sido llenada por Dios no tendrá que esforzarse por lograr su propia iniciativa (Jn. 8:28-29), sino que pondrá la voluntad de Dios sobre la suya (Lc. 22:41-42).

Dice 1 Corintios 11:3: "Pero quiero que sepáis que Cristo es la cabeza de todo varón, y el varón es la cabeza de la mujer, y Dios la cabeza de Cristo". El papel del esposo es buscar vivir lleno del Espíritu Santo (Col. 3:16). De lo contrario, el correcto papel de cabeza de su esposa y padre de sus hijos puede fallar y arrastrar serias consecuencias. Cuando mi alma es llenada por el Espíritu Santo, recibo la capacidad de vivir de acuerdo al plan de Dios para el matrimonio y la familia.

Dios debe ser lo más importante. La pregunta por la voluntad de Dios es la de mayor relevancia. No importa tanto lo que el hombre decida hacer o pensar, sino cuánto conoce a Dios. Por medio de la fe, el cristiano debe alinear su forma de pensar con la persona de Dios. Si por alguna razón no ve a Dios de forma adecuada, tampoco podrá verse a sí mismo de forma correcta. Como cristiano, tiene la responsabilidad de conocer la persona, el carácter, los atributos y todo lo que es y lleva a cabo en su providencia mediante el estudio de las Escrituras y el entendimiento que el Espíritu Santo otorga.

---

8. Juan Bunyan, *El Progreso del Peregrino*. Segunda parte: *La Peregrina*, XI.

Desde siempre, el hombre ha sido dependiente de Dios. Dios provee de tal forma que aun el elemento más vital para la vida, el oxígeno, viene de Él. Dios provee el aire, lo que comemos, el agua necesaria para la vida, el lugar donde vivimos y la fortaleza que necesitamos para cada día. Necesitamos a Dios en absolutamente todo. En la interdependencia con la cual el hombre fue creado, tiene un lugar especial la relación con otros (y en particular el matrimonio). La contienda y tensión social surge cuando grupos determinados manejan conceptos y acciones pecaminosas que evidencian un desconocimiento de la verdad, lo que los lleva a prácticas que la misma Biblia ha siempre condenado, como afirma Romanos 1, en particular los versículos 18-25:

> Porque la ira de Dios se revela desde el cielo contra toda impiedad e injusticia de los hombres que detienen con injusticia la verdad; porque lo que de Dios se conoce les es manifiesto, pues Dios se lo manifestó. Porque las cosas invisibles de él, su eterno poder y deidad, se hacen claramente visibles desde la creación del mundo, siendo entendidas por medio de las cosas hechas, de modo que no tienen excusa. Pues habiendo conocido a Dios, no le glorificaron como a Dios, ni le dieron gracias, sino que se envanecieron en sus razonamientos, y su necio corazón fue entenebrecido. Profesando ser sabios, se hicieron necios, y cambiaron la gloria del Dios incorruptible en semejanza de imagen de hombre corruptible, de aves, de cuadrúpedos y de reptiles. Por lo cual también Dios los entregó a la inmundicia, en las concupiscencias de sus corazones, de modo que deshonraron entre sí sus propios cuerpos, ya que cambiaron la verdad de Dios por la mentira, honrando y dando culto a las criaturas antes que al Creador, el cual es bendito por los siglos. Amén.

El ejemplo dramático de la influencia de la revolución sexual ha sido estudiado por diferentes personas a través de los años, entre ellas los doctores Miguel y Catherine Núñez. Miguel es pastor y fundador de la Iglesia Bautista Internacional en República Dominicana; su esposa, Catherine, es médica internista, endocrinóloga. Ambos llevan a cabo una extraordinaria tarea en defensa de la verdad. Luchan por todo aquello que afecta la predicación de todo el consejo de Dios al mundo de habla hispana. Han estado estudiando por varios años el problema del género, los roles y las diferencias sexuales desde la perspectiva de las ciencias médicas y la Escritura, manifestando que las nuevas corrientes han realmente erosionado la sociedad y su núcleo, el matrimonio. Juntos escribieron un libro titulado

La revolución sexual. Esta revolución es encabezada por el feminismo y la unión de personas del mismo sexo, entre otros. Miguel y Catherine Núñez comentan en la conclusión de su libro:

A lo largo del estudio de este libro, vimos cómo Dios nos diseñó para procrear, no simplemente al proveer los órganos sexuales que son necesarios para hacerlo, sino que también proveyó todo un sistema de hormonas y estructuras cerebrales que facilitan la conexión entre la madre y el hijo e incluso entre el padre y la criatura. El sistema funciona con tal grado de precisión que es imposible concebir algo similar por medio de la evolución de aminoácidos que forman células, luego órganos y que por último se unen de manera tan compleja hasta constituir las redes de comunicación que presentamos a lo largo de los capítulos que hemos estudiado. El diseño de Dios fue perfecto en el momento de la creación, pero no podemos olvidar que hubo una caída, descrita en Génesis 3, que trastornó la creación incluyendo el funcionamiento completo de los seres humanos. De esa manera que, no solamente el corazón, los pulmones, el hígado y el resto de los órganos frecuentemente funcionan mal, sino que de esa misma forma la sexualidad humana, como fruto de la caída, también experimenta sus propias disfunciones... Entonces, cuando la sexualidad humana experimenta un mal funcionamiento, deberíamos tratar de llevar esa función en la dirección del diseño de Dios y no simplemente reforzar aquello que está funcionando mal.[9]

Aun la mayoría de los sociólogos seculares consideran la decadencia de la familia como un desastre de proporciones enormes. Reconocen que la familia es un instrumento esencial para una sociedad civilizada, y que la familia no está sobreviviendo —mucho menos prosperando— como institución. Su destrucción va de la mano con la destrucción de la sociedad en general. Estamos hablando de voces no cristianas que expresan su preocupación por la cantidad de familias que se rompen cada día. Estos profesionales observan la cantidad de niños que están solos en sus casas sin supervisión de ningún adulto, sin padres que los esperen al regreso de la escuela.

Los únicos valores que pueden sostener y salvar a una familia son los valores bíblicos. Cuando Lupita y yo vinimos al conocimiento de la verdad

---

9. Miguel y Catherine Núñez, *Revolución sexual*, 265-66.

pudimos ver la gran diferencia entre un matrimonio sin Cristo y uno que sí lo tiene. Lo que la familia necesita de manera apremiante es, primero, el Evangelio, y después conocer los principios bíblicos para la relación matrimonial y la crianza de los hijos.

Lupita y yo nos dimos cuenta al estudiar esos principios que los hijos son una bendición más que una carga o dificultad. Cuando Dios maldijo la tierra por el pecado de Adán, multiplicó el dolor que lleva el proceso de dar a luz (Gn. 3:16), pero no anuló la enorme bendición que significa tener hijos. Hemos sido creados desde el principio para relacionarnos el uno con el otro, hombre y mujer, y al mismo tiempo para ser interdependientes. Debemos hacer a un lado el orgullo que dice: "Yo puedo hacer esto y mucho más por mí mismo", o que usa el amor a otras personas como excusa. Para ser como Cristo, debemos necesariamente involucrarnos con otros.

El matrimonio es una excelente institución. El esposo que está buscando imitar a Cristo querrá saber y cumplir los propósitos de Dios. Al hacer esto, también tomará parte de las enormes bendiciones que trae honrar a Dios en el precioso acuerdo del matrimonio. Sabemos que el diseño divino conlleva propósitos perfectos y el propósito de Dios para el matrimonio es dar gloria a su nombre. Esto solo se logra a través de cada una de las áreas de compañerismo, servicio mutuo, ayuda, satisfacción sexual y procreación.

El hombre debe ser cuidadoso para no ver a la mujer únicamente como una obrera de la cual servirse. Ella debe ser su compañera. Tiene responsabilidades en su relación con Dios, sus hijos y la iglesia (Col. 2:2-7; Pr. 31:10-31; Tit. 2:3-5; 1 P. 4:10). El esposo debe tener consideración de las otras responsabilidades y deberes de la esposa, no debe esperar que ella esté a su lado ayudándolo todo el tiempo. Un esposo que tiene el alma llena de Dios no debe ser egoísta. Entender con claridad este propósito del matrimonio debe motivar esfuerzos para involucrar a la esposa en su vida y en todas las decisiones. Esto incluye la cuestión financiera, la educación de los hijos, el trabajo de la esposa fuera del hogar (en caso necesario), el uso del tiempo libre y las actividades en el ministerio. La meta del esposo es cumplir los propósitos de Dios dentro del matrimonio; para ello necesita la cooperación activa y decidida de su esposa.

Este trabajo coordinado lleva a una sumisión del uno al otro. Somete deseos, preferencias y objetivos tanto del hombre como de la mujer dentro de la relación. Y si a las mujeres por naturaleza se les demanda sumisión, al esposo se le reclama amor. Aquí se trata de un amor sincero, sin límites ni egoísmo.

El matrimonio es símbolo de la relación de amor entre Cristo y la iglesia. De este amor se hace referencia en Efesios 5:2: "Y andad en amor, como también Cristo nos amó, y se entregó a sí mismo por nosotros, ofrenda y sacrificio a Dios en olor fragante". Los hijos de Dios deben ser imitadores de Cristo, que se entregó a sí mismo como expresión de amor sacrificial. No se trata de amar de forma puntual o genérica, sino de andar en amor. En otras palabras: el amor no es una expresión de la vida, sino la razón misma de ella, una vida que gobernada, impulsada y conducida por el amor. Dice Pérez Millos:

> La demanda es un amor desinteresado, como el de Jesús que "se entregó a sí mismo por nosotros". Es un amor abarcante, en el sentido de que comprende a todos. Nadie está fuera del amor divino y, de forma especial, cada creyente ha sido, es y será objeto directo de ese amor. Este admirable Señor fue "entregado por nuestras transgresiones" (Ro. 4:25). El Padre entregó al Hijo en una manifestación de amor, pero no es menos cierto que el Hijo "se dio a sí mismo por nuestros pecados, para librarnos del presente siglo malo, conforme a la voluntad de nuestro Dios y Padre" (Gá. 1:4).[10]

El amor que se nos demanda a los maridos no es el amor *eros*, que es natural y está fundado en la belleza de la mujer, sino el ágape, que expresa un amor sin interés, de entrega total. El marido debe amar a su esposa con amor ágape. Amar plenamente como Cristo amó a la iglesia es algo imposible, pero debemos imitarlo para cumplir así la tarea de esposos. El apóstol Pablo nos recuerda de manera precisa que ese tipo de amor busca solo el beneficio del ser amado, no tiene otro tipo de interés. Esta ha sido la enseñanza más grande que he recibido en cuanto al tipo de amor que demanda mi relación con mi esposa. Entender que la autoridad del marido es una autoridad de amor es fundamental. El liderazgo dentro del hogar y del matrimonio solo es posible en amor.

Dice Efesios 5:28: "Así también los maridos deben amar a sus mujeres como a sus mismos cuerpos. El que ama a su mujer, a sí mismo se ama". Esta es una de las descripciones más claras y profundas sobre la unidad del matrimonio. No debe entenderse de manera literal; más bien, el marido debe amarla porque ella es de hecho su propio cuerpo. En otras palabras, hay una

---

10. Samuel Pérez Millos, *Efesios. Comentario exegético al texto griego del Nuevo Testamento*, 399.

unidad espiritual, del mismo modo que la Iglesia es el cuerpo y Cristo la cabeza de ese cuerpo. La intimidad de la relación matrimonial hace que Dios la considere como una sola carne (Gn. 2:24).

El cuidado del marido a su esposa es un cuidado para edificación y santificación. En todo esto está incluido también el cuidado, el amor y la educación de los hijos. Efesios 5:4 dice: "Y vosotros, padres, no provoquéis a ira a vuestros hijos, sino criadlos en disciplina y amonestación del Señor". Es una ordenanza dirigida particularmente a los padres, con énfasis en el marido y no tanto en la esposa. El apóstol Pablo centra su exhortación en la disciplina y la corrección, que corresponden principalmente a los padres varones; para la madre se reserva la orientación de los hijos: "Oye hijo mío la instrucción de tu padre, y no desprecies la dirección de tu madre" (Pr. 1:8).

Dentro del contexto social de esos tiempos, el ejercicio de autoridad sobre los hijos era llevado a cabo por el padre; la madre también participaba, pero la disciplina correspondía finalmente al padre. Aunque la dirección, educación, instrucción y disciplina de los hijos es un trabajo coordinado de la pareja, Pablo muestra que la tarea de conducir a los hijos es privilegio y santificación de la mujer.

Es importante decir que la disciplina no es una acción punitiva, sino correctiva. Disciplina tiene que ver con *pedagogía,* que es la ciencia que se encarga de la educación. El padre cría a sus hijos en *disciplina,* es decir: una enseñanza positiva, nunca un mero castigo como resultado de su enojo, ira o venganza.

La primera condición para el correcto funcionamiento de la relación entre hijos y padres tiene que ver con el hecho de que la Biblia debe ejercer autoridad absoluta sobre los padres. "Estas palabras… estarán sobre tu corazón". No basta tener el recuerdo de la Palabra en la mente, es necesario que gobierne las acciones desde el corazón. Es allí donde radican los sentimientos y la voluntad que guía nuestra acciones. En la vida de un padre cuya alma ha sido llenada por Dios, las buenas obras son clara evidencia de la fe salvífica. El creyente no se salva por obras, pero una fe que no obra, en la que no hay manifestación de una vida transformada, no es una fe verdadera. Es, más bien, una simple credulidad o profesión de fe (Stg. 2:17-26). Las obras no se hacen para llegar a ser santo, sino justamente porque somos santos. En otras palabras: no se hacen para santificación, sino como expresión visible de la fe.

Dios guió mi vida como esposo al enseñarme cómo servir y amar a mi querida Lupita. La herramienta que Dios usó fue, desde luego, su Palabra, guiada por el Espíritu Santo en todo momento, pero el campo de desarrollo ha sido mi querida esposa. Sin ella, sin su dulzura, sumisión y carácter no hubiera podido llevar a cabo mi papel como padre y esposo hasta el día de hoy; tampoco hubiéramos logrado la unidad que tenemos hoy. Es cierto que aún estoy lejos de lo que Dios demanda de mí, pero he visto cambios en todos los sentidos. Somos una pareja que, por la gracia de Dios, busca exaltarlo y glorificarlo en nuestro matrimonio a través de nuestro amor por Él, por su Palabra, por la iglesia y por nuestros hijos, nueras, yerno y nietos. Es importante reiterar que, si la Biblia no está en el corazón del marido, si no dedica tiempo a su lectura, meditación personal y a la instrucción de su esposa, no será capaz de vivir sabiamente con ella. Dice Pérez Millos:

> El temor respetuoso a Dios, impide la falta de respeto hacia la esposa. Esto comprende todos los aspectos de la vida matrimonial: físicos, psíquicos y espirituales. El marido que ama a su esposa conforme al amor de Cristo da *honor* a la esposa (1 P. 3:7). Esta debe ser tratada con todo honor. No enseña el texto que la mujer sea más frágil, pero el trato debe ser como si lo fuera. La esposa se compara con un vaso de cristal de altísimo valor; en ese sentido, es un vaso único, que Dios lo entrega como la mayor bendición para el esposo. El trato respetuoso hacia la esposa es el que corresponde a quien es igual en cuanto a herencia y posición espiritual en Cristo (Gá. 3:28). De la misma manera, quien ama a la esposa en amor desinteresado y entregado, le manifiesta caballerosidad.[11]

Un marido que tiene el alma llena es capaz de obedecer a Dios para vivir sabiamente en el matrimonio, sirviendo a Dios al servir y amar a su esposa. "El principio de la sabiduría es el temor de Dios" (Sal. 111:10). A este temor reverente somos llamados todos los que hemos experimentado el alma llena gracias a la obra de Dios.

«Al principio no fue así».

Mateo 19:8

---

11. Ibíd., 462.

El alma llena aplica la verdad y lleva fruto

Nada puede ser mayor que Cristo, por tanto, su amor está por encima de toda circunstancia y de toda criatura.

SAMUEL PÉREZ MILLOS

Uno de los últimos encuentros que tuvo Jesús antes de ascender a los cielos fue con dos discípulos que viajaban de camino a Emaús. Tenían el alma destrozada después de haber experimentado los sucesos de la Pasión: creían que habían hallado al Mesías anunciado y esperado por Israel, pero lo habían visto crucificado cruelmente en una colaboración impía entre las autoridades políticas romanas y los líderes religiosos judíos.

Jesús caminó con los discípulos, pero ellos no podían reconocerlo porque sus ojos estaban velados. Los discípulos también mencionaron una misteriosa noticia comunicada por las mujeres: que la tumba estaba vacía. Estaban apabullados por las emociones y no acababan aún de comprender el sentido de la resurrección. Pero el Señor, lenta y organizadamente les fue ayudando a entender los sucesos más trascendentes de la historia: "Comenzando desde Moisés, y siguiendo por todos los profetas, les declaraba en todas las Escrituras lo que de él decían" (Lc. 24:27).

Luego se quedó con ellos en una aldea. Se sentaron juntos a la mesa para comer, y cuando Jesús tomó el pan, lo bendijo, lo partió y les dio, sus ojos fueron abiertos: ¡era Jesús! El Señor resucitado había estado todo ese tiempo junto a ellos. En ese momento, Cristo desapareció de su vista, pero los discípulos se quedaron meditando en lo que habían vivido. "¿No ardía nuestro corazón en nosotros, mientras nos hablaba en el camino, y cuando nos abría las Escrituras?" (vs. 32). Los discípulos de Emaús escenificaron aquello que los cristianos vivimos, de una y mil maneras distintas, desde hace casi dos mil años: nuestros ojos se abren ante el Cristo resucitado, nuestro corazón arde cuando escuchamos su Palabra y entendemos las Escrituras que nos guían a Él.

Después de varios años dedicado a escribir este libro —que incluye experiencias y sucesos de mi vida, pero también las pruebas de parte de Dios y los aprendizajes que son resultado de su obra en mí—, he podido comprender de manera clara lo que es la verdad a los ojos de Dios y cómo es que un alma llena es sinónimo de una vida con sentido. En todo este recorrido he mostrado que el sufrimiento y dolor que vienen con las pruebas, finalmente nos fortalecen y ayudan en el crecimiento de la fe, nos llevan a la madurez. Las pruebas son obra de Dios para que sus hijos cambien, maduren y crezcan en diferentes áreas, para llegar así a ser mejores hombres y sobre todo siervos de Dios.

El aprendizaje obtenido hasta aquí me ha llevado a ser más transparente al reconocer mis errores y me ayuda cada día a mortificar mi pecado. Cuando veo la diferencia práctica que existe entre mi vida actual y mi vida como un esposo y padre que no entendía con profundidad mis responsabilidades como la Biblia las señala, puedo entender mejor el camino que me lleva a ser un hombre de Dios. Todavía me encuentro muy lejos de lo que Él demanda de mí, pero estoy en camino de crecer y ser un mejor esposo y padre. Doy gracias al Señor porque existe un cambio real en mis motivos y actitudes, que me va llevando a ser cada día más parecido a la imagen del Señor Jesucristo.

En este último capítulo quiero resaltar las consecuencias eternas de la relación que Dios estableció (inmerecidamente) conmigo. Desde que el Señor regeneró mi corazón, nació un vínculo espiritual maravilloso que apunta a una vida con sentido, propósito y fin eterno a su lado. Sin dejar de lado el hecho de que también otros, por medio de la fe en la obra redentora de Cristo en la cruz, pueden también tener ese mismo y maravilloso vínculo con el Dios trino, mi intención es ahora vincular la realidad de la obra de Dios en mí y el trabajo que Él hace en una persona a la que le cambió su vida y razón de ser.

Sin duda, la aplicación práctica de todo se encuentra en los cambios llevados a cabo por el Espíritu Santo en mí, entre los que se encuentran entender la doctrina y comprender el pecado y sus consecuencias desde la perspectiva de Dios. Esto sucede cuando somos conscientes de que Dios mismo mora en nosotros: el propio Espíritu Santo viene a regenerarnos y asegura la salvación desde el momento en que uno se arrepiente del pecado y cree por fe en la muerte, la sepultura y la resurrección de Jesucristo. Maravilloso es también que el Espíritu de la promesa (Ef. 1:13) haya sido dado a nosotros por Dios como una real garantía del futuro que encierra la herencia del creyente en gloria.

Importante es decir, en el contexto de la obra del Espíritu Santo en la salvación, que el sello define que Dios es propietario de cada creyente. Hemos sido comprados por precio: la sangre del Hijo de Dios (1 Co. 6:19-20). De esta forma, Dios lleva a cabo el sello de los creyentes (2 Co. 1:22; 5:5) con el Espíritu Santo, de la misma forma que antes selló a Cristo (Jn. 6:27). Luego, el Espíritu Santo es el sello verdadero (2 Co. 1:22) que autentifica a un cristiano como hijo de Dios. Ese cambio en mi manera de pensar, con todo lo que encierra, es obra del Espíritu Santo. Los principios bíblicos me han llevado a tener una perspectiva diferente de objetivos, metas y deseos; ahora busco dar gloria a Dios, persigo hacer todo para Él, lo que incluye fortalecer mi carácter bajo sus estándares.

Todo esto es importante, al igual que la correcta interpretación y aplicación de la doctrina bíblica en todo asunto en la vida de un hombre de Dios. Es un asunto que tiene consecuencias eternas. La obra del Dios trino, la sustancia de todo lo hecho y las circunstancias de cada cambio sufrido en mí me han llevado a la comprensión de que Dios existe en tres personas distintas —esto se conoce como *subsistencia hipost*ática. Diferentes pasajes de la Biblia nos revelan que hay tres personas divinas que son el mismo Dios (Mt. 3:16-17; 4:1; Jn. 1:18; 3:16; 5:20-22; 15:26; 16:13-15). Cada una de las personas de la Trinidad es de tal importancia que, aunque son distintas entre sí, son coiguales (Dios Padre, Dios Hijo y Dios Espíritu Santo) en la total perfección de su esencia divina. Dice John MacArthur:

> La doctrina de la Trinidad, debe aceptarse por fe basándose en cómo se revela la Deidad en las Escrituras. Y debe articularse que la esencia de Dios no esté dividida y que las distinciones y la coigualdad entre las tres personas no queden comprometidas y cómo es la obra del Dios Trino en la vida de sus hijos. La doctrina de la Trinidad necesita tanto la teología positiva como la negativa.[1]

Dios obra por gracia haciendo cambios radicales en aquellos a los que salvó. Dicho lo anterior, se hace necesario establecer elementos que lleven

---

1. John MacArthur, *Teología Sistemática*, 197.

buscar: primero, la importancia de un elemento crucial en la vida diaria, la conciencia; y segundo, cómo es que Dios ha hecho su obra llevándonos a vivir bajo sus principios, aprendiendo a "escuchar" lo que dicta nuestra conciencia alimentada por la guía de su Palabra y la dirección del Espíritu Santo. La conciencia es un instrumento de la santificación progresiva del creyente.

Pero creo necesario hacer algunas definiciones. Primeramente, que "conciencia" es conocimiento que un individuo tiene de sus pensamientos, sentimientos y actos. La "conciencia tiene su filosofía propia", por decirlo así. Es una palabra que proviene del latín *conscientĭa*, y esta a su vez del griego συνείδησις *(syneídesis)*, compuesta por el prefijo συν- *(syn-)*, que significa "con", y είδησις *(eídesis)*, que se traduce como *conocimiento*; es decir: "con conocimiento". La conciencia es la capacidad —dada por Dios a los seres humanos— de reconocerse a sí mismos, de poseer conocimiento y percepción de la propia existencia y el entorno. En este sentido, la conciencia está asociada con la actividad mental y el dominio del individuo sobre sus sentidos. Así, una persona que se preocupa por su conciencia, tiene conocimiento de lo que ocurre consigo y en su entorno, mientras que la inconsciencia o falta de conciencia es lo opuesto, y supone que la persona no es capaz de percibir lo que le sucede ni lo que pasa a su alrededor. Dice John MacArthur:

> Una conciencia educada y sensible es un monitor de Dios. Nos alerta sobre la calidad moral de lo que hacemos o planeamos hacer, prohíbe la ilegalidad y la irresponsabilidad, y nos hace sentir culpa, vergüenza y miedo a la retribución futura que nos dice que merecemos, cuando nos hemos permitido a nosotros mismos desafiar sus restricciones.[2]

La conciencia también tiene una connotación en cuanto al sentido del deber. Lleva a la reflexión sobre la conducta y los actos propios. De allí que tenga también un carácter o significado ético.[3] La conciencia moral nos señala si las acciones o actitudes que tenemos son correctas o incorrectas. Está sustentada por el conjunto de valores morales que tiene o debe tener cada individuo. Son los valores los que orientan el comportamiento y las acciones;

---

2. John MacArthur, *Una conciencia decadente*, 41.
3. La ética es una disciplina que estudia el bien y el mal, sus relaciones con la moral y el comportamiento humano. Permite que una persona tenga la capacidad de distinguir entre lo que está bien y lo que está mal, de tal forma que a la hora de actuar pueda conducirse de acuerdo a sus valores morales —sobre todo, los principios que Dios ha establecido en su Palabra.

quien se rige por ellos procura obrar bien, correctamente, en conformidad con los principios que emanan de la verdad de las Escrituras.

La ausencia de valores, por el contrario, implica un vacío de conciencia; el individuo no se sentirá impelido a actuar de tal o cual manera. Su libertad lo llevará inclusive al libertinaje. No tendrá límites morales, éticos ni sociales. Por su parte, quien a pesar de actuar a conciencia, obra malamente, empieza a experimentar un "cargo de conciencia". La conciencia implica el hecho de que una persona pueda darse cuenta de lo que ocurre a su alrededor, fuera del "Yo", como resultado de un conjunto de reflexiones sobre sus propias acciones y las realidades de su entorno.

Todas estas definiciones, sin embargo, dejan fuera el aspecto más importante para el hombre: la perspectiva objetiva de la conciencia como instrumento de Dios en cada persona para guiarla y hacerle ver su pecado. Cuando estudiamos la conciencia y su actuar como hijos de Dios, nuestra alma misma es advertida sobre la calidad moral de lo que hacemos y pensamos, nos alerta sobre lo que es incorrecto, ilegal e irresponsable.

El mundo moderno usualmente ve a la conciencia como un defecto que roba a las personas la autoestima. Pero lejos de ser un defecto o un desorden, la capacidad que cada quien tiene para sentir su propia culpa es un excelente regalo divino. Dios diseñó la conciencia dentro del alma humana. Richard Sibbes escribió lo siguiente en el siglo XVII: "La conciencia es el alma reflexionando sobre sí misma. Es la esencia de lo que distingue a la criatura humana".[4] O sea, es una habilidad innata, cuya función es discernir lo que es correcto de lo que no lo es. La conciencia es el instrumento de Dios que nos suplica que pongamos en práctica lo que creemos y que nos impide hacer lo que es incorrecto. Pero es de suma importancia no confundir o equiparar la conciencia con la voz de Dios o la ley de Dios, que nos habla y guía en las Escrituras.

Cuando fallamos a nuestra conciencia, ella tiene la capacidad de condenarnos, produciendo diferentes sentimientos como vergüenza, angustia, arrepentimiento, ansiedad y consternación, nos lleva en ocasiones a la desgracia y provoca el miedo. Cuando la obedecemos, nuestra conciencia nos trae alegría, tranquilidad, inclusive autoestima, sentimos bienestar y regocijo. La conciencia conoce los motivos del ser humano, está por encima de la razón, más allá del intelecto. Un cristiano debe intentar oír su conciencia en todo acto y decisión. Humanamente podemos racionalizar y justificar aspectos de nuestra conducta, pero una conciencia violada no se convencerá fácilmente.

---

4. Richard Sibbes, *Commentary on 2 Corinthians*.

La conciencia, sin embargo, no es infalible. Su función no es mostrarnos lo que es moralmente ideal, sino que nos hace responsables frente a los más altos estándares de lo correcto e incorrecto que realmente conocemos. No debemos olvidar que la conciencia está informada por la tradición, la experiencia y, fundamentalmente, por la Palabra de Dios. Los estándares que nos obligan no son necesariamente bíblicos (1 Co. 8:6-9); la conciencia puede estar condenando innecesariamente ciertas áreas en las cuales no hay un problema bíblico. Más aún, puede intentar mantenernos en el mismo asunto del que el Señor está tratando de liberarnos (Ro.14:14, 20-23). Por lo tanto, la conciencia, para poder operar de manera plena y en relación con la verdadera santidad, necesita ser educada por la Palabra de Dios.

Con el alma llena y buscando una vida cuya santidad exalte a Dios, he podido entender que mi conciencia reacciona a las convicciones precisas de la mente; por lo tanto, puede ser motivada y afinada según la Palabra de Dios. Un creyente sabio desea tener control y conocimiento de la verdad bíblica para que su conciencia se mantenga totalmente instruida y juzgue de manera objetiva como respuesta a la Palabra de Dios. 1 Corintios 2:15 dice: "En cambio el espiritual juzga todas las cosas; pero él no es juzgado de nadie". Los cristianos son capacitados por la Palabra de Dios y el Espíritu para hacer lo que Dios ha instruido que debe hacerse. Leer de manera regular la Palabra de Dios, meditar en ella, escudriñarla con profundidad, fortalecerá la conciencia débil o restringirá una hiperactiva.

La Palabra de Dios moldea y construye una conciencia con el alma llena de Dios. Por el contrario, los errores, todo lo que ofrece la sabiduría humana y las influencias moralmente erradas que llenan la mente corromperán o paralizarán la conciencia. La conciencia opera como un filtro de luz, no como un foco o lámpara. Un comentarista ha usado la ilustración de que la conciencia debe dejar entrar la luz en el alma llena, no producir la suya propia. La eficiencia de la conciencia está centrada en la cantidad de luz pura a la que es expuesta; también por lo limpia que la mantengamos. Ahora entiendo por qué el apóstol Pablo hizo mención de la importancia de mantener una conciencia limpia: "Que guarden el ministerio de la fe con limpia conciencia" (1 Ti. 3:9). Era una advertencia contra cualquier cosa que contamine o enturbie la conciencia. En otras palabras, nuestra conciencia es como las terminaciones nerviosas de nuestros dedos; la sensibilidad a los estímulos puede ser afectada por callosidades. Como dice MacArthur: "La conciencia está al tanto de todos nuestros pensamientos y motivos. Por lo tanto, es un testigo más preciso y formidable en la sala del tribunal del alma que cualquier observador externo".[5]

Uno de los aspectos más maravillosos del milagro de la salvación es precisamente el efecto limpiador que "rejuvenece" a la persona con el nuevo nacimiento en su conciencia. Con la salvación, el corazón del creyente es "purificado de una conciencia culpable" (He. 10:22). Y el medio por el que la conciencia es limpiada es la sangre preciosa de Cristo (He. 9:14). No se refiere únicamente a un líquido, sino a todo lo que constituye la obra expiatoria y el sacrificio perfecto de Cristo en su muerte. No es la sangre real de Cristo que tenga alguna fuerza mística o mágica, como si fuera un agente limpiador de la conciencia. Podemos ver que los conceptos teológicos que se involucran en esto son sencillos y al mismo tiempo profundos. La ley del Antiguo Testamento demandaba sacrificios de sangre para expiar el pecado; pero a pesar de eso, los sacrificios eran incapaces de hacer nada por la conciencia. En Hebreos 9:9-10 leemos:

Lo cual es símbolo para el tiempo presente, según el cual se presentan ofrendas y sacrificios que no pueden hacer perfecto, en cuanto a la conciencia, al que practica ese culto, ya que consiste solo de comidas y bebidas, de diversas abluciones, y ordenanzas acerca de la carne, impuestas hasta el tiempo de reformar las cosas.

El sacrificio de Cristo en la cruz hizo que la sangre de los animales y las cenizas fueran solo un símbolo. La culpa de nuestros pecados fue borrada totalmente con su muerte. Su justicia intachable se acredita a nuestra cuenta. El Señor nos ha declarado sin culpa y nos acepta como completamente justos. Esto es lo que llamamos, como hemos explicado en otros capítulos, doctrina de la justificación. La expiación que Cristo llevó a cabo satisfizo de manera completa las demandas de justicia de Dios; por lo tanto, el perdón y la misericordia están garantizados para quienes reciben a Cristo y viven con una fe humilde, creciente y arrepentida. El fruto maravilloso de todo esto es, sin duda alguna, una vida en proceso de maduración y santificación a través de las Escrituras.

Encontramos un maravilloso resumen de los capítulos 1 al 8 de Romanos en el pasaje de 8:31-39. Allí se ve lo que el pecador necesita. Es un himno de alabanza desde el alma cristiana ante la magnificencia y las manifestaciones

---

5.   John MacArthur, *Una conciencia decadente*, 47.

de la gracia. Es una posición justa ante Dios, que no se puede obtener a través de ningún esfuerzo o mérito humano. "¿Qué pues diremos a esto?" (Ro. 8:31), dice Pablo usando un término fuerte y preciso en la primera persona del plural. Es una exhortación incluyente para cada cristiano. Nos habla de la necesidad de compromiso con una justicia total.

En medio de los problemas y conflictos de la vida de cada día, Pablo levanta un canto de gratitud y certeza; si Dios ha llevado a cabo lo más grande, hará también lo pequeño. Si Dios ha salvado, además nos protegerá. Este pasaje da por hecho que un cristiano está sometido a Dios como siervo de la justicia, que lo lleva necesariamente a cumplir con la voluntad de Dios.

Como creyentes, estamos sometidos a presiones desde muchos frentes, comenzando por nuestro pecado. También debemos considerar aspectos materiales y hostilidad humana, asuntos que todo hijo de Dios enfrentará. A todos nos esperan tribulación, persecución, pruebas constantes y, en ocasiones, necesidad y hambre. La privación externa es un hecho y el peligro está presente, pero "¿quién nos separará del amor de Cristo?" (Ro. 8:35). Como dijo Pablo a los convertidos de su primer viaje misionero, "es necesario que a través de muchas tribulaciones (pruebas) entremos en el reino de Dios" (Hch. 14:22). Y pienso en algunos ejemplos: un cristiano atormentado por el simple recuerdo de una caída moral; un creyente cuya integridad ha hecho que perdiese un amigo o su mismo trabajo; padres cristianos cuyos hijos son una seria carga de tristeza y desilusión por su desobediencia a Dios y a ellos mismos; un cristiano fiel que se siente como extraño en su propia casa y familia por causa de su fe.

Pablo retoma la certidumbre cristiana con energía al decir: "Ahora pues, ninguna condenación hay" (Ro. 8:1); finalmente expresa: "Ninguna cosa creada nos podrá separar del amor de Dios, que es en Cristo Jesús Señor nuestro" (vs. 39). El apóstol no disculpa a los creyentes de lo que dice el capítulo 7 —las imperfecciones que la ley detecta en nosotros—, sino que les enseña a regocijarse en la gracia soberana, que es infinitamente superior al pecado: un antídoto a la vergüenza y miseria que se experimenta cuando somos medidos por la ley. Romanos 8 cumple sobradamente la tarea de librarnos de lo que se dice en Romanos 7, de forma total y efectiva.

He aprendido a pensar sin dejarme arrastrar por sentimientos, a apartar la vista de los problemas y buscar que el pensamiento bíblico corrija al pensamiento emocional: que la mente domine a las emociones. El Espíritu Santo mora en nosotros, y su ministerio consiste en darnos seguridad de que somos hijos y herederos de Dios. Romanos 8:15 dice: "Pues no habéis recibido el espíritu de esclavitud para estar nuevamente en temor, sino que habéis recibido el espíritu de adopción, por el cual clamamos: ¡Abba, Padre!". El gozo que nos da sabernos seguros en las manos de Dios sobrepasa cualquier tipo de pensamiento. "Si Dios es por nosotros, ¿quién contra nosotros?" (vs. 31) es un principio que nos enseña que ninguna oposición tendrá la capacidad de abatirnos de manera definitiva. Nos habla de la suficiencia de Dios como protector soberano y de su compromiso según su pacto con cada uno de los que somos cristianos. Dios demuestra su soberanía de manera constante, como cuando libró a Israel de la cautividad de Egipto y después de Babilonia (Is. 49:9), y más tarde quien también resucitó a Jesús de la tumba. Esa misma soberanía es la que arrebata de la ruina espiritual a los pecadores muertos espiritualmente.

Romanos 1:18 dice: "La ira de Dios se revela desde el cielo contra toda impiedad e injusticia de los hombres". A pesar de ello, "muestra su amor para con nosotros" (5:8). Dios justifica y tiene el poder de glorificar a los que desde la eternidad "predestinó para que fuesen hechos conformes a la imagen de su Hijo" (8:29). J. I. Packer dice:

> La carta de Pablo a los Romanos, constituye el punto culminante de las Escrituras como quiera que se considere. Lutero la llamó "el más claro de los evangelios". "El hombre que la entienda—escribió Calvino—tiene abierto para sí, un camino seguro para entender toda la Escritura".[6]

Los llamados por Dios son aquellos que "Él conoció de antemano". Solo por su gracia los llamó para que fuesen salvos de acuerdo a su plan. Es de alguna forma la misma expresión que el apóstol Pedro usó al hablar de la predestinación de Cristo en relación con la redención: "Ya destinado desde antes de la fundación del mundo, pero manifestado en los postreros tiempos por amor de vosotros" (1 P. 1:20). Dice Francisco Lacueva:

> Todo lo que Dios programó para la gloria y felicidad de sus hijos decretó que fuese llevado a cabo por la vía de la gracia y de la santidad. Dice el Jesuita Vicentini: *Proegno* ("conoció de antemano") no significa un acto de pura presciencia, abstracción hecha de toda determinación voluntaria; al contrario, el término implica la idea de elección.

---

6.   J. I. Packer, *El conocimiento del Dios Santo*, 329.

En efecto, no cabe duda alguna de que el verbo tiene aquí el sentido bíblico de conocer íntimamente con amor.[7]

Poder ir de la seguridad del maravilloso amor de Dios a la seguridad inmerecida de la salvación eterna, de vivir la glorificación, es un privilegio. Se hace necesario citar ese estado de transformación radical del cuerpo y el alma del creyente: la glorificación, que es, según Murray:

La redención completa y final de la persona en su totalidad, cuando el pueblo de Dios será transformado, en la integridad del cuerpo y espíritu, según la imagen del Redentor resucitado, exaltado y glorificado, cuando el mismo cuerpo de la humillación de ellos será transformado según el cuerpo de la gloria de Cristo (Fil. 3:21).[8]

La glorificación es la etapa culminante de la aplicación de la redención. Es lo que completa el proceso que inicia con el llamamiento eficaz de Dios. Es el objetivo, por decirlo así, de todo el proceso y camino de redención. A la glorificación llegan quienes tienen el alma llena por Dios, los predestinados, los escogidos, los hijos de Dios dentro del propósito eterno del Padre. Es la consumación de la redención alcanzada de forma segura por la obra gloriosa de Cristo. Es muy importante entender lo que es realmente la glorificación y cómo será llevada a cabo.

Los santos en cuanto a su espíritu (sin el cuerpo) son hechos perfectos en santidad y pasan de inmediato a la presencia del Señor. Estar ausente del cuerpo quiere decir estar presentes con el Señor (2 Co. 5:8). Y encontrarse en la presencia de Cristo en su estado de gloria no puede coincidir con ninguna circunstancia de las contaminaciones del pecado. El espíritu de un santo a quien Dios llenó su alma es el espíritu de un justo que ha llegado a la perfección (Heb. 12:23). Podemos ver cómo el *Catecismo menor* recapitula este importante punto cuando dice: "Las almas de los creyentes son en su muerte hechas perfectas en santidad, y pasan de inmediato a la gloria; y sus cuerpos, estando aún unidos a Cristo, reposan en sus sepulcros hasta la resurrección". La redención que Cristo ha asegurado para su pueblo no es solo la redención del pecado, sino también de todas sus consecuencias. La muerte es la paga del pecado y la muerte de los creyentes no los libera de esto; el último enemigo, la muerte, no

---

7. Francisco Lacueva, *La persona y la obra de Jesucristo*, 304.
8. John Murray, *La redención consumada y aplicada*, 170.

ha sido todavía destruido, no ha sido aún devorado por la victoria. Por ello, la glorificación tiene como meta la destrucción de la misma muerte. Se deshonra a Cristo y se mina la naturaleza de la esperanza cristiana cuando se sustituye la dicha en la que entran los creyentes al morir por la gloria que ha de ser revelada: "Y cuando esto corruptible se haya vestido de incorrupción, y esto mortal se haya vestido de inmortalidad…" (1 Co. 15:54).

Nosotros, los que tenemos el alma llena, las primicias del Espíritu, "gemimos dentro de nosotros mismos esperando la adopción, la redención de nuestro cuerpo" (Ro. 8:23). En esto consiste la glorificación. Es la redención completa y final de la persona. El pueblo de Dios será transformado en la integridad de cuerpo y espíritu según la imagen de nuestro redentor resucitado, exaltado y glorificado. El mismo cuerpo de humillación será transformado según el cuerpo de la gloria de Cristo (Fil. 3:21). Dios no es Dios de muertos, sino de vivos, y por ello nada menos que la resurrección al pleno goce de Dios puede constituir la gloria a la que Dios conducirá a sus redimidos. Cristo es el primogénito de la resurrección, primicia de los que murieron, el primogénito entre muchos hermanos.

Cada santo de Dios que muere tiene su momento determinado, su propio tiempo para partir y estar con Cristo. No pasará lo mismo con la glorificación. El hecho de que la glorificación deba esperar a la resurrección del cuerpo nos advierte que la glorificación es algo en lo que todo el pueblo de Dios entrará en el mismo momento. No habrá diferencia ni prioridad alguna de unos sobre otros. El Nuevo Testamento pone un énfasis peculiar sobre este importante punto. El apóstol Pablo consideró que era vital recordar a los creyentes tesalonicenses que en la glorificación no tendrían ningún tipo de ventaja sobre los que durmieron: "Porque el Señor mismo con voz de mando, con voz de arcángel y con trompeta de Dios, descenderá del cielo; y los muertos en Cristo resucitarán primero". De esta forma, los vivos y los muertos resucitados que murieron en Cristo serán arrebatados para encontrarse con el Señor en el aire (1 Ts. 4:16-17). Es decir: no todos moriremos, pero todos seremos transformados en un instante, en un abrir y cerrar de ojos: "Sonará la trompeta y los muertos serán resucitados incorruptibles, y nosotros seremos transformados" (1 Co. 15:51-52).

La glorificación es el cambio instantáneo que tendrá lugar entre todos los redimidos cuando Cristo retorne por segunda vez para salvación de su pueblo. Descenderá del cielo con clamor de triunfo sobre el último enemigo: "Y cuando esto incorruptible se haya vestido de incorrupción, y esto mortal se haya vestido de inmortalidad, entonces se cumplirá la palabra que está escrita: Sorbida es la muerte en victoria. ¿Dónde está, oh muerte, tu aguijón? ¿Dónde, oh sepulcro, tu victoria?" (1 Co. 15:54-55).

Tengo en claro que hay mucho por aprender al respecto del acto final de la aplicación de la redención. Sabemos que la compañía de todos los redimidos será glorificada. Esta es la maravillosa y gloriosa unión con Cristo, lo que vincula todas las fases del amor y la gracia redentora. El pueblo de Dios fue escogido en Cristo antes de la fundación del mundo para este fin: vivificados, resucitados y sentados en lugares celestiales en Cristo (Ef. 5:25; 2:5-6).

Cristo llevó a cabo la redención de su iglesia con el propósito "de presentársela a sí mismo, una iglesia gloriosa, radiante que no tuviese mancha ni arruga ni cosa semejante, sino que fuese santa y sin mancha" (Ef. 5:27). La glorificación es un acontecimiento que afectará al pueblo de Dios reunido en un mismo instante según el cumplimiento del propósito redentor de Dios, quien llevará a cabo la culminación final de su propósito y de la gracia dada en Cristo Jesús (2 Ti. 1:9). Estas verdades al respecto de la glorificación del pueblo de Dios son de vital importancia en la vida de un hijo de Dios. Es el corolario, por decirlo así, de la vida de un creyente.

La glorificación es también el epítome de la santificación de un hijo de Dios. En Romanos 8:33, Pablo hace uso de un término de índole jurídico —*acusará*— como un fiscal que presenta cargos en contra de alguien. Nadie puede poner cargo legal alguno contra quien es salvo. Como hijos de Dios, todo cargo o pena por nuestro pecado fue cancelado y absuelto en la cruz por Cristo. No se trata de algo llevado a cabo por nosotros; la justicia que justifica no es propia, es únicamente de Dios. No por ningún tipo de obra, sino por gracia divina (Ef. 2:8-10).

El propósito glorioso de Dios garantiza la salvación de aquellos a quienes llamó, justificó, santificó y glorificó. Gálatas 3 y 4 enseña que todos aquellos que depositan su fe en Cristo, tanto gentiles como judíos, son incorporados a través de la obra de Cristo en la simiente de Abraham. De esta forma, se constituyen en beneficiarios del pacto. Y, una vez en vigencia, el pacto permanece, porque Dios es quien se encarga de que esto suceda. Dios se revela como Padre, Esposo o Rey; son modelos humanos que se aplican al pacto para hacer clara su revelación. Dios siempre permanece fiel a sus promesas y propósitos.

Las palabras "Si Dios es por nosotros" (Ro. 8:31) tienen también un lenguaje de pacto. Dios está proclamando allí el compromiso de sostenernos y protegernos cuando seamos amenazados, de suplir nuestras necesidades durante el tiempo de nuestro peregrinar, tribulación o prueba, sin importar su momento o duración. Dios nos conduce hacia el pleno disfrute de sí mismo, sin importar los obstáculos que en el momento parecen interponerse entre nosotros, sus hijos, y el destino definido por Él.

La simple y llana afirmación "Si Dios es por nosotros" constituye una de las más ricas, gloriosas y valiosas declaraciones que contiene la Palabra de Dios. En el Salmo 56, tenemos una respuesta amplia de lo que significa para el cristiano poder decir "Si Dios es por nosotros". Allí encontramos la declaración: "Esto sé, que Dios está por mí" (vs. 9); es como un eje alrededor del que gira todo lo demás. El salmista está, como decimos, entre la espada y la pared: "Todo el día mis enemigos me pisotean; porque muchos son los que pelean contra mí con soberbia" (vs. 2). Y hay una nota del conocimiento de que Dios está con él a su lado. Es un punto de fe, de triunfo en su oración. Le da seguridad de que Dios está ahí y no lo ha olvidado ni ha pasado por alto su necesidad. Dios también le da confianza de que "sean luego vueltos atrás mis enemigos, el día que yo clamare" (vs. 9), ofreciendo así la base de una confianza que tranquiliza el temor, la duda y el sufrimiento. "En el día que temo, yo en ti confío" (vs. 3).

Es importante entender que, sea lo que fuere que el hombre pudiera hacerle al salmista, también me lo podrían hacer a mí o a cualquier hijo de Dios. Sin embargo, "no puede tocarlo", porque su verdadera y auténtica vida es la vida interior de la comunión con el Dios amante. Dios nos cuida sin duda alguna y protege nuestra vida a través y a pesar de todas las situaciones que vivamos.

Desde que Dios llenó mi alma, ya no puedo temer por mi futuro eterno, menos aún por aquellos que buscan mi mal o quieren perturbar mi vida. El propósito de Pablo en Romanos 8:31, al hacer esa pregunta, era combatir el temor que siente un hijo de Dios tímido ante las fuerzas que pudieran confabularse contra él, sobre todo en los momentos de prueba y aflicción. Sabemos que tarde o temprano, esta es una realidad a enfrentar. Pablo nos dice que debemos pensar en el hecho de que Dios es por nosotros y considerar quién está en nuestra contra; así podemos hacer una comparación entre ambos bandos, por decirlo así. Al respecto de la traducción "¿quién contra nosotros?", una nota de la Biblia de Estudio MacArthur señala:

La construcción en griego se traduce mejor: "Puesto que Dios es por nosotros". Lo que está pidiendo el apóstol es un examen realista y objetivo de la oposición humana y demoníaca, y no una romántica simulación de que no existe tal oposición. Porque la oposición en nuestra vida es una realidad innegable, es un hecho real; el cristiano que no tiene conciencia de que vive cada día con oposición, debería mejor cuidarse porque peligra.

Esa falta de realismo no es un requisito del discipulado cristiano, sino definitivamente, más bien una señal de fracaso. No estamos hablando de temer, de vivir con miedo. La suficiencia de Dios en nuestra vida es una realidad. Debemos comprender y buscar hacer nuestras esas promesas para que las certezas de esas palabras se manifiesten y hagan impacto en nosotros. Al conocer mejor a Dios, podremos confiar con mayor profundidad y certeza en que es nuestro protector soberano. No solo en la liberación del temor, sino, además, en las nuevas fuerzas para la lucha de cada día.

En Romanos 8:32 leemos: "El que no escatimó ni a su propio Hijo, sino que lo entregó por todos nosotros ¿cómo no nos dará también con él todas las cosas?". Esto quiere decir de manera precisa que cualquier cosa, no importa el tamaño o la dimensión que pueda tener la misma, es siempre muy poco comparada con lo que el Hijo es en relación con el Padre. Dios soberano nos regala con su Hijo absolutamente todas las cosas. De ahí que se pueda afirmar que un hijo de Dios es *heredero de Dios* porque somos, asimismo, *coherederos con Cristo*.

El Señor nos animó a no preocuparnos ni inquietarnos por nuestro futuro en esta tierra y menos por el futuro eterno. El Padre nos ama y sabe de qué cosas tenemos necesidad (Mt. 6:32). No creo que haya nada mejor para entender el enorme alcance de esta gloriosa afirmación que las palabras mismas del apóstol Pablo a los Corintios: "Porque todo es vuestro: sea Pablo, sea Apolos, sea Cefas, sea el mundo, sea la vida, sea la muerte, sea el presente, sea lo por venir, todo es vuestro, y vosotros de Cristo, y Cristo de Dios" (1 Co. 3:21-23). En palabras de F. F. Bruce: "La expresión 'todas las cosas' debe entenderse consecuentemente en un sentido irrestricto: cosas materiales tanto como espirituales (Ro. 8:28), donde tiene el mismo significado amplio".[9]

El clímax de esta maravillosa certeza llega cuando aparece la cláusula "que también intercede por nosotros" (Ro. 8:34). No podemos imaginar que el Padre se niegue a entender la oración intercesora del Hijo, que de manera plena y maravillosa cumplió la tarea que le fue dada (Jn. 17:4). John MacArthur escribió:

Cuando Dios mandó a Abraham que sacrificara a Isaac, el hijo único de la promesa, tanto Abraham como Isaac obedecieron de buena

---

9.   F. F. Bruce, *The Epistle of Paul to the Romans*, 653.

voluntad. La disposición de Isaac a ser sacrificado es una prefiguración de la disposición que tuvo Cristo para ir a la cruz. Dios intervino para librar a Isaac y proveyó un carnero que ocupara el lugar del hijo de Abraham (Gn. 22:1-13). Sin embargo, en ese punto la analogía pasa de la comparación al contraste, porque Dios "no escatimó ni a su propio Hijo, sino que lo entregó por todos nosotros" (Ro. 8:32).[10]

Leemos en Isaías 53:4-6, 10:

Ciertamente llevó él nuestras enfermedades, y sufrió nuestros dolores; y nosotros le tuvimos por azotado, por herido de Dios y abatido. Mas él herido fue por nuestras rebeliones, molido por nuestros pecados; el castigo de nuestra paz fue sobre él, y por su llaga fuimos nosotros curados. Todos nosotros nos descarriamos como ovejas, cada cual se apartó por su camino; mas Jehová cargó en él el pecado de todos nosotros. Con todo eso, Jehová quiso quebrantarlo, sujetándole a padecimiento. [...] Cuando haya puesto su vida en expiación por el pecado, verá linaje, vivirá por largos días, y la voluntad de Jehová será en su mano prosperada.

Todo esto sucede no por el amor que un cristiano tenga por Dios, sino por el amor de Dios por cada uno de ellos.

El sacrificio y la obra del Señor Jesucristo es vasta y suficiente, inclusive para ayudar en cualquier situación que un hijo de Dios viva o sufra. Como dice uno de los versículos que anteceden a esta porción de las Escrituras: "Y sabemos que los que aman a Dios, todas las cosas les ayudan a bien, esto es, a los que conforme a su propósito son llamados" (Ro. 8:28). En consecuencia, son más que vencedores.

Dios perdona nuestros pecados; no es posible presentar ningún tipo de acusación o cargo contra los escogidos de Dios. Es Dios quien justifica, y entonces, "¿quién es el que condena?". Hay certeza de que todo pecado ha sido borrado y la base es que Cristo murió por nosotros y el Padre lo resucitó de los muertos. Este es el hecho mediante el cual el Padre demostró que su muerte había sido aceptada de forma definitiva como expiación adecuada por nuestros pecados.

---

10. John MacArthur, *Romanos. Comentario MacArthur del Nuevo Testamento*, 563.

También tenemos la certeza de que nuestro Salvador está sentado a la diestra de Dios y, desde ese lugar, está intercediendo por nosotros, haciéndose cargo sin descanso de que los méritos de su sacrificio sean aplicados a nosotros (vs. 31-34). Dentro del trabajo u oficio sacerdotal de Jesucristo, podemos ver actividades que ejerce a la diestra del Padre. Como abogado, presenta de forma continua la cancelación de demandas judiciales por el pecado, siendo "nuestro representante" ante Dios (Heb. 9:24). El Señor Jesucristo oró así por los suyos antes de ir a la cruz (Jn. 17:11, 12, 15, 20):

A los que me has dado, guárdalos en tu nombre. […] Cuando estaba con ellos en el mundo, yo los guardaba en tu nombre. […] No ruego que los quites del mundo, sino que los guardes del mal. […] Mas no ruego solamente por estos, sino también por los que han de creer en mí por la palabra de ellos.

Es maravilloso que, en esa misión intercesora, pida al Padre una protección eficaz por todos aquellos que, siendo ya de Él, están en el mundo. Y como cristianos podemos estar seguros de que podemos descansar en estas palabras de Jesús a Simón Pedro: "He aquí Satanás os ha pedido para zarandearos como a trigo; pero yo he rogado por ti, que tu fe no falte" (Lc. 22:31-32).

Al estar en medio de la prueba, el cristiano debe recordar que no está solo. Todos tenemos al Señor en su Palabra. En momentos de sufrimiento, dificultad, tentaciones y pruebas, Él Señor dice: "He rogado por ti, que tu fe no falte". La función sacerdotal de Cristo (Heb. 7:23-25) implica su intercesión. El apóstol Pablo también declara que el poder para una vida victoriosa viene de Jesús (Fil. 4:13). El Dr. L. S. Chafer dice:

Por medio de su muerte sustitutoria, Cristo proporciona al Padre justa libertad para impartir bendiciones eternas a los creyentes por medio de su resurrección. Cristo proporciona al cristiano una vida resucitada imperecedera, por medio de su abogacía, contrarresta el efecto condenatorio de cada uno de los pecados del creyente, según estos pecados son vistos por Dios en el Cielo; y, por medio de su intercesión, empeña el infinito poder de Dios —incluyendo su propio pastoreo— a favor de los creyentes. Cada paso de este incomprensible servicio del Salvador es en sí mismo completamente suficiente para alcanzar la meta requerida. Lo que el Salvador lleva a cabo —especialmente como Abogado e intercesor— sucede de acuerdo con sus provisiones, salva y preserva simplemente porque la salvación que Él proporciona es eterna por su misma naturaleza.[11]

Romanos 8:39 nos da la conclusión maravillosa de nuestra seguridad eterna: "Ni lo alto, ni lo profundo, ni ninguna otra cosa creada nos podrá separar del amor de Dios, que es en Cristo Jesús Señor nuestro". Ninguna de estas cosas puede separarnos del amor de Dios, manifiesto en la entrega de su Hijo. Dice Pérez Millos: "Nada puede ser mayor que Cristo, por tanto, su amor está por encima de toda circunstancia y de toda criatura. El cristiano puede descansar en tranquilidad, no hay posibilidad alguna de que sea separado del amor de Dios".[12] Como creyente, estoy seguro de que Dios inmerecidamente me ama. Y lo sé porque su Palabra lo reitera y porque cada día me hace crecer en el conocimiento de la verdad, que es Él mismo.

He vivido conflictos y aflicciones que marcaron con profundas huellas mi alma. No tengo dudas de que hay circunstancias adversas, pero Dios siempre ha estado a mi lado. Gracias a Él, la consistencia de mi fe no ha sido afectada. En cada momento en que pareciera que todo se derrumba, mi tarea principal es asirme del amor de Dios y confiar en Él. "Si dio a su Hijo por mí", ¿cómo no me dará con Él todas las cosas?

Es posible que enemigos, acusadores y personas falsas se reúnan para destruirnos, pero en ese momento, teniendo el amor de Dios y sus cuidados, podemos salir adelante. La paz retorna al alma en la medida en que el corazón descansa en la comunión y el conocimiento de Dios. De esta forma enseñó el profeta Isaías: "Tú guardarás en completa paz a aquel cuyo pensamiento en ti persevera; porque en ti ha confiado" (26:3). Es sin duda la disposición constante de confianza en el Señor la que nos trae la paz que los malos jamás podrán conocer (Is. 48:22; 57:21). Es esta confianza la que excluye cualquier tipo de doblez o cambio de ánimo (Stg. 1:6-8), la que impide servir a dos señores (Mt. 6:24). Dios nos ha dado todo lo que necesitamos para vivir una vida que le agrade y dé gloria a su nombre. El apóstol Pedro, de forma brillante, deja testimonio de que Dios ya nos ha dado todo para tener una vida centrada en la práctica de la piedad que el Señor demanda de nosotros. Dice 2 Pedro 1:3-4:

Como todas las cosas que pertenecen a la vida y a la piedad nos han sido dadas por su divino poder, mediante el conocimiento de aquel

---

11. L. S. Chafer, *Teología Sistemática*, 1974.
12. Samuel Pérez Millos, *Romanos. Comentario Exegético al Texto Griego del Nuevo Testamento*, 687.

que nos llamó por su Gloria y excelencia, por medio de las cuales nos ha dado preciosas y grandísimas promesas, para que por ellas llegaseis a ser participantes de la naturaleza divina, habiendo huido de la corrupción que hay en el mundo a causa de la concupiscencia.

El maravilloso poder que actúa en los creyentes es el mismo poder del Espíritu Santo, el mismo que resucitó a Cristo (Ro. 1:4; 1 Co. 6:14; 15:16-17; 2 Co. 14:4; Col. 2:12). Es el poder que ayuda a los santos y les permite llevar a cabo obras que le agraden y lo glorifiquen (1 Co. 3:6-8; Ef. 3:7).

El Señor evita que sus bendiciones espirituales se corten o suspendan en la vida de los creyentes, quienes podrían distanciarse de la gran fuente divina por pecado o por no aprovechar la gracia disponible. Pero, en el momento en que experimentan la fe en Jesucristo, las bendiciones espirituales dadas por Dios para fortalecerlos están presentes. El término griego *dedórémenés* ("han sido dadas") significa que lo dado en el pasado tiene resultados continuos en el presente y ha sido otorgado de manera permanente a los creyentes. Cada cristiano ha recibido de Dios no una o varias cosas, sino todas las cosas que pertenecen a la vida y a la piedad (2 P. 1:3).

El poder que realmente dio vida espiritual al creyente sustenta esa vida con toda plenitud. Como creyentes, tenemos los recursos espirituales para perseverar y caminar dentro de una vida santa. La vida y la piedad son parte de la santificación, de vivir en todo lo que se hace para la gloria de Dios. Esta vida sucede entre la salvación al inicio y lo que será la glorificación final gracias a la maravillosa dádiva de la nueva vida en Cristo (Jn. 3:15-16; 5:24; 6:47). Por todo esto, quienes tienen el alma llena por Dios deben estar eternamente seguros (Jn. 6:35-40; Jud. 1, 24-25) de que nuestro Dios les dará poder para perseverar en la fe hasta el final (Mt. 14:13; Jn. 8:31; He. 3:6, 14; Ap. 2:10).

Los creyentes no pueden poner en duda la suficiencia de Dios. Su gracia es tan grande y poderosa como para salvar a los perdidos y también sustentarlos y otorgarles la posibilidad de llevar una conducta digna, recta, honrosa y ejemplar (Ro. 8:29-30; Fil. 1:6). La vida de un hijo de Dios es vivida bajo la mano poderosa de Dios, muchas veces invisible a la vista humana, otras veces de manera clara, precisa y maravillosa. La parte del hombre en todo este proceso se encuentra en la obediencia a Dios. La obediencia es el instrumento toral que nos lleva a crecer en la fe y hacer reales sus promesas en nosotros.

En la Confesión de fe de Westminster de 1647, leemos un resumen de la doctrina de la santificación:

Los que son realmente llamados y regenerados, en los que han sido creados un nuevo corazón y un nuevo espíritu, son después santificados, real y personalmente, por virtud de la muerte y resurrección de Cristo, por la Palabra y el Espíritu que mora en ellos; el dominio del pecado es destruido, las diferentes codicias son más y más debilitadas y mortificadas, ellos son más y más reavivados y fortalecidos en todas las gracias salvadoras, para la práctica de la verdadera santidad, sin la cual nadie verá al Señor. Pese a que la corrupción que queda puede prevalecer fuertemente por algún tiempo, por medio de la continua aportación de fortaleza del Espíritu Santificador de Cristo, la parte regenerada obtiene la victoria; y así, los santos crecen en gracia, perfeccionando la santidad en el temor de Dios.

Es mi oración que el Señor oriente con su amor y en la firmeza de la fe a aquellos a quienes Él ha llenado su alma para que perseveren y sean fieles en todo acto y pensamiento de su vida. Y que quienes no tengan todavía el alma llena, quienes necesiten arrepentirse de su pecado, puedan reconocer que Él es Dios y Señor del universo.

Jesús ejerce una verdadera convicción soberana sobre la persona que lo confiesa como quién Él es. Dice Romanos 10:9-13:

Si confesares con tu boca que Jesús es el Señor, y creyeres en tu corazón que Dios lo levantó de los muertos, serás salvo. Porque con el corazón se cree para justicia, pero con la boca se confiesa para salvación. Pues la Escritura dice: Todo aquel que en él creyere, no será avergonzado. Porque no hay diferencia entre judío y griego, pues el mismo que es Señor de todos, es rico para con todos los que le invocan; porque todo aquel que invocare el nombre del Señor, será salvo.

Confesar a Jesús supone arrepentimiento del pecado y un sometimiento incondicional a Él como Señor y Salvador. De esta forma, la verdad es aplicada en la vida del hombre; ya conoce a Dios y tiene una relación con Él. Y conocerlo es un asunto diario y personal, igual que toda relación que tenemos con personas en nuestra vida. Conocer a Dios es mucho más que conocimiento teórico acerca de su persona: es una relación en la cual Él se va revelando a nosotros y demanda de nuestra parte fidelidad en proporción directa a la medida en que va formándonos a su imagen.

El conocimiento de Dios es una condición previa muy necesaria para lograr confiar en él. "¿Cómo creerán en aquel de quien no han oído?" (Ro. 10:4). Sin embargo, la amplitud de nuestro conocimiento acerca de Dios no es de ninguna manera indicio o muestra de la profundidad de nuestro conocimiento de Él. Dice J. I. Packer:

> John Owen y Calvino sabían más teología que Bunyan o Billy Bray, mas ¿quién negaría que los dos últimos (Bunyan y Bray) conocían a su Dios tan bien como los otros dos? [Los cuatro, desde luego, eran asiduos lectores de la Biblia, lo cual vale mucho más que la preparación teológica formal]. Si el factor decisivo fuera la precisión y la minuciosidad de los conocimientos, entonces obviamente los eruditos bíblicos más destacados serían los que conocerían a Dios mejor que nadie. Pero no es así; es posible tener todos los conceptos correctos en la cabeza, sin haber conocido jamás en el corazón las realidades a las que los mismos se refieren; y un simple lector de la Biblia, o uno que solo escucha sermones pero que es lleno del Espíritu Santo, ha de desarrollar una relación mucho más profunda con su Dios y Salvador que otros más preparados que se conforman con ser teológicamente correctos. La razón está en que los primeros tratan con Dios en relación con la aplicación práctica de la doctrina a su propia vida, mientras que los otros no.[13]

Por ello, la relación personal con Dios está directamente relacionada con la comunión con Él y la correcta aplicación de la doctrina en la vida diaria. Dice Martin Lloyd Jones:

> Todos compareceremos ante el tribunal de Cristo para recibir las cosas hechas en el cuerpo, sean buenas o malas. "Por eso", digámoslo con el gran apóstol [Pablo], "conociendo, pues, el temor del Señor", proseguimos poniendo en práctica la enseñanza referida a esclavos y amos, a hijos y padres, a maridos y esposas. "Conociendo el temor del Señor" vivamos para él y para su Gloria; recordemos siempre que eso es lo que realmente importa. Este mundo, aunque transitorio y pasajero, tiene no obstante su influencia sobre el otro reino, determinando si hemos de sufrir pérdida o recibir recompensa grande y

---

13. J. I. Packer, *El conocimiento del Dios Santo*, 50.

maravillosa. Por eso vivamos siempre a la luz de la eternidad; vivamos sabiendo que estamos siempre bajo su mirada y ante la presencia de "nuestro Amo celestial".[14]

Podemos decir que la historia de la redención se lleva a cabo en el contexto de la historia común. Todo sucede en un tiempo y espacio que son reales. A pesar de ello, tenemos certeza de un espacio o dimensión que no tiene límites. En la historia de la redención, lo que es eterno se cruza, por decirlo así, con lo que es temporal. Y así, lo que es infinito alcanza a lo que es finito o temporal. Pero dado que se cruzan, son una realidad que solo es posible entender por y dentro del plan de Dios.

Este es el resumen de una vida a la que Dios llenó el alma, que lo llevó de las tinieblas de este mundo a su luz admirable. Él quiere que proclamemos que es Dios encarnado, que se humilló a sí mismo para morir por nosotros, se convirtió en sacrificio sin pecado, pagó el precio de nuestra culpa y se levantó de entre los muertos para declarar que es Señor sobre todo y ofrece vida eterna sin reserva a todo pecador que humildemente se entrega con fe y arrepentimiento genuino. El evangelio de Jesucristo no promete nada al altivo o rebelde; sin embargo, a los pecadores arrepentidos, ofrece todo: "Todo lo que pertenece a la vida y a la piedad nos ha sido dado por su divino poder" (2 P. 1:3).

«¿No ardía nuestro corazón en nosotros, mientras nos hablaba en el camino, y cuando nos abría las Escrituras?»

LUCAS 24:32

---

14. Martyn Lloyd Jones, *La vida en el Espíritu*, 331.

Bibliografía

Agustín de Hipona, *Confesiones*. Madrid: Editorial Verbum, 2015.

Bavinck, Herman, *Reformed Dogmatics*. Vol. 2: *God and Creation*. Ed. John Bolt, trad. John Vriend. Grand Rapids: Baker, 2004.

Berkhof, Louis, *Teología Sistemática*. Grand Rapids: Libros Desafío, 2005.

Bruce, F. F., *The Epistle of Paul to the Romans*. Tyndale Bible Commentary. Grand Rapid: Intervarsity Press, 1963.

Bunyan, Juan, *El progreso del peregrino*. Segunda parte: La Peregrina, XI. Barcelona: Editorial CLIE, 2008.

Buswell, Oliver, *Teología Sistemática*. Grand Rapids: Zondervan, 1962.

Butterworth, G. W., *On First Principles*. Society for Promoting Christian Knowledge, 1936.

Calvino, Juan, *Commentaries in the Epistle of Paul*. Trad. John Owen. Vol. 19. Virginia: Calvin Society, 1849.

Caspary, G. E., *Politics and Exegesis: Origen and the Two Swords*. Berkeley: University of California Press, 1979.

Einstein, Albert, *Cosmic Religion*. New York: Covici, Friede, 1931.

Foh, Susan, *Women and The Word of God*. Phillipsburg: N. J. P&R, 1979.

Freud, Sigmund, *The Future of an Illusion*. Londres: W. W. Norton, 1927.

González, Justo L., *Breve historia de las doctrinas cristianas*. Miami: Arbington Press, 1988.

Grudem, Wayne, *Teología Sistemática*. Miami: Editorial Vida, 2007.

Harris, Greg, *La copa y la gloria*. The Woodlands: Kress Christian, 2006.

El Universal. Historias de Reportero. México, 23 de agosto de 2011.

Lloyd-Jones, Martyn, *La vida en el Espíritu.* Grand Rapids: Libros Desafío, 1998.

MacArthur, John, *Biblia de estudio MacArthur.* Miami: Vida, 2012.

————— *Difícil de creer.* Nashville: Editorial Caribe, 2004.

————— *El poder del sufrimiento.* Grand Rapids: Editorial Portavoz, 2003.

————— *Esclavo.* Nashville: Thomas Nelson, 2011.

————— *La libertad y el poder del perdón.* Grand Rapids: Editorial Portavoz, 1998.

————— *Lecciones prácticas de la vida.* Barcelona: Editorial CLIE, 2018.

————— *Nuestro extraordinario Dios.* Grand Rapids: Editorial Portavoz, 2005.

————— *Romanos. Comentario MacArthur del Nuevo Testamento.* Grand Rapids: Editorial Portavoz, 1991.

————— *Teología sistemática.* Grand Rapids: Editorial Portavoz, 2017.

————— *Una conciencia decadente.* Weston: Editorial Nivel Uno, 2020.

McCarthy, C. C., *Colección científica de Time-Life.* México: Ediciones Culturales Internacionales, 1984.

Messner, Reinhold, *Las grandes paredes.* Barcelona: Editorial RM, 1978.

Meyer, F. B., *The Epistle to the Philippians.* Grand Rapids: Baker, 1952.

Morris, Leon, *The Apostolic Preaching of the Cross.* Grand Rapids: William B. Eerdmans, 1959.

Murray, John, *La redención consumada y aplicada.* Grand Rapids: Libros Desafío, 2007.

————— "The Imputation of Adam Sin: Second Article", *WTJ* 19, no. 1, 1956.

Núñez, Miguel y Catherine, *Revolución Sexual.* Nashville: B&H, 2018.

Owen, John, *La mortificación del pecado.* Graham: Faro de Gracia, 2001.

————— *La tentación.* Graham: Faro de Gracia, 1999.

————— *Sin and Temptation.* Portland: Multnomah, 1983.

Packer, J. I., *El conocimiento del Dios Santo.* Miami: Editorial Vida, 2006.

Pérez Millos, Samuel, *Efesios. Comentario exegético al texto griego del Nuevo Testamento.* Barcelona: Editorial CLIE, 2010.

————— *Romanos. Comentario exegético al texto griego del Nuevo Testamento.* Barcelona: Editorial CLIE, 2010.

Pierson, Arthur T., *The Wise Saying of George Muller, George Muller of Bristol.* Fleming H. Revell, 1899.

Pink, A. W., *Attributes of God.* Pensacola: Chapel Library, 1921.

Scott, Stuart, *El esposo ejemplar.* Graham: Faro de Gracia, 2000.

Sibbes, Richard, *Commentary on 2 Corinthians. The Works of Richard Sibbes*, 7 vols., Alexander B. Grosart (ed.). London: Banner of Truth, 1981.

Spencer, Aida Bensancon, *Beyond The Curse*. Peabody: Hendrickson, 1989.

Spurgeon, C. H., *El tesoro de David*. Barcelona: Editorial CLIE, 2015.

Thompson, Les, *El triunfo de la fe*. Grand Rapids: Editorial Portavoz, 2003.

Trigg, J. W., *Orígenes: La Biblia y la filosofía en la Iglesia del siglo III*. Columbia University Press, 1983.